新能源汽车职业教育理实一体化系列教材

U0571694

新能源汽车电力电子技术

主　编　谢立果　吴　刚　林志钿

副主编　郑锦汤　李茂华　马　丽

参　编　张运花　宋燕娜

北京理工大学出版社

BEIJING INSTITUTE OF TECHNOLOGY PRESS

内容简介

本书包括7个职业情境共32个单元，主要介绍了新能源汽车直流电路的认知与实验、交流电与电容、电感的认知与实验、磁电路及车用电磁元件的认知与实验、直流电动机和交流发电机的认知与实验、模拟电路的认知与实验、数字电路的认知与实验和安全用电等，书内附有大量的实训项目，以汽车的电路为案例编写，通俗易懂，简单易学，为学习新能源汽车电气设备检修、新能源汽车电机及电机控制系统检修、新能源汽车电气系统检修等课程打好扎实的基础。

本书可作为职业院校新能源汽车技术专业的教学用书，也可作为新能源汽车维修专业培训用书和相关技术人员的参考书。

版权专有　侵权必究

图书在版编目（CIP）数据

新能源汽车电力电子技术 / 谢立果，吴刚，林志钿
主编 . -- 北京：北京理工大学出版社，2022.6（2024.6 重印）
ISBN 978 - 7 - 5763 - 1403 - 8

Ⅰ . ①新… Ⅱ . ①谢… ②吴… ③林… Ⅲ . ①新能源
- 汽车 - 电力电子技术 Ⅳ . ① U469.7

中国版本图书馆 CIP 数据核字（2022）第 103614 号

责任编辑：王梦春　　　文案编辑：闫小惠
责任校对：周瑞红　　　责任印制：边心超

出版发行 / 北京理工大学出版社有限责任公司
社　　址 / 北京市丰台区四合庄路 6 号
邮　　编 / 100070
电　　话 /（010）68914026（教材售后服务热线）
　　　　　　（010）68944437（课件资源服务热线）
网　　址 / http：// www.bitpress.com.cn

版 印 次 / 2024 年 6 月第 1 版第 3 次印刷
印　　刷 / 定州启航印刷有限公司
开　　本 / 889 mm×1194 mm　1/16
印　　张 / 15
字　　数 / 301 千字
定　　价 / 42.00 元

图书出现印装质量问题，请拨打售后服务热线，负责调换

前言

随着新能源汽车技术的快速发展和国家政策扶持力度的增大，新能源汽车行业产业发展迅猛，产销量大幅增长，新能源汽车的生产制造与售后服务人员需求必将逐步增加，职业教育必将承担起新能源汽车前后市场技术技能人才的培养重任。

近年来，各职业院校根据市场需求，相继开设或准备开设新能源汽车技术相关专业。新能源汽车涉及很多全新的技术领域，目前市场上关于混合动力汽车、纯电动汽车维修方面的书籍较少，尤其是针对职业院校开展常规教学任务的书籍就更少，大部分都是关于理论研究的。为了让更多人特别是使用和维修新能源汽车的售后服务人员对新能源汽车有更深入的了解，由广东省新能源汽车产业协会、广州市新能源校企合作协会统筹，协会内几十家新能源汽车相关企业专家和职业院校专业核心骨干教师，以及一线汽车品牌主机厂新能源汽车工程师等人员共同参与，以新能源汽车厂家作业规范为实操标准编写了这套职业教育新能源汽车专业教材。

本套教材根据国家最新的专业目录进行编写，主要面向职业院校新能源汽车专业核心专业课程，可以满足中等职业学校"新能源汽车运用与维修"、高等职业学校"新能源汽车技术""新能源汽车检测与维修技术"等专业的教学基本需要。全套教材按照新能源汽车结构及专业教学实施规律编写，共 12 本，包含了新能源汽车专业技术主干课程学习领域：《新能源汽车概论》《新能源汽车电力电子技术》《新能源汽车高压安全与防护》《新能源汽车售后服务管理》《新能源汽车电池及管理系统检修》《新能源汽车电机及控制系统检修》《新能源汽车底盘检修》《新能源汽车电气技术》等。本套教材的内容编写具有以下特点。

1. 该套教材具有浓厚的行业和职业特色

这是一套由新能源相关"行业、企业和院校"三位一体编写的全系列新能源汽车专业教材，由广东省新能源汽车产业协会会长担任编委会主任，在选题调研和定稿过程中，均专业严谨，三方取长补短，汇集 2 个省市协会、8 家著名企业、22 所汽车专业骨干校（包括本科、高职、技师学院和中职院校）三方面的力量和优质资源进行编写，例如广东省新能源汽车产业协会、广州市新能源校企合作协会、东风日产、欧纬德智能科技（广州）有限公司、广州轩宇教育科技发展有限公司、华南农业大学、广东轻工职业技术学院、湖南汽车工程职业技术学院、佛山职业技术学院、广东番禺职业技术学院、广州工贸技师学院、广州华商职业学院、广州市增城区职业技术学校等，很多案例和技术来自一线的生产，技术成熟，具有独特的教学特色。

2. "基于工作过程"的一体化开发理念

在对新能源汽车技术技能人才岗位调研的基础上，分析岗位典型工作任务，提炼代表性行动领域，构建了工作过程系统化的课程体系。将企业真实的案例引入教学任务，学习任务更加贴近新能源汽车维修企业实际工作及职业教育的特点。

3. "立体化"的教材资源整合

本套教材不仅具有传统教材的优点，还加入了互联网教学应用资源，辅以大量的视频资源二维码，让整套教材更加立体化，更加方便院校师生、企业售后人员学习。

4. 企业院校的适用性强

本套教材以国内最大的自主品牌吉利和比亚迪汽车为主体，横向对比国内主流新能源汽车相关厂家，如北汽、特斯拉等相关车型的共性和差异，解决了品牌地域性问题。

5. 更加丰富的资源配套

本套教材配套有课件、教学微课、测试题、工作页、教学资源库等资源，围绕"教、学、考、培、互联网+"的五位一体教学模式开发配套，可以说解决了教师们开展现代化教学的大部分问题，教学理念先进，适合现代职业教育和培训的多方面需要。

本教材为中等职业技术院校新能源汽车技术、汽车检测与维修技术、汽车电子技术应用、应用电子技术等专业教材，也可作为汽车电子技术和汽车网联技术等汽车类专业教材，或作为电器爱好者自学用书。

本教材由广州市番禺区职业技术学校谢立果、广州华商职业学院吴刚、广东省国防科技技师学院林志钿担任主编，广州华商职业学院郑锦汤、广州市增城区职业技术学校李茂华、湖北工业大学马丽担任副主编，欧纬德智能科技（广州）有限公司张运花、广东省科技职业技术学校宋燕娜担任参编。

在本教材的编写过程中，欧纬德智能科技（广州）有限公司提供了大量的设备支持和技术支持，广州轩宇教育科技发展有限公司提供微课拍摄、后期制作等技术支持，在此表示衷心的感谢。本教材在编写过程中参考了大量国内外相关著作和文献资料，在此一并向相关作者表示感谢。

由于编者水平有限，书中难免有错漏之处，恳请读者批评指正。

编　者

目录

直流电路的认知与实验

 单元 1 电路的组成及工作状态认知

学习目标

◆ 了解简单电路的组成。

◆ 掌握电路的三种状态。

◆ 能够认识电路的基本物理量(电压、电流、电阻),测量电压、电流和电阻。

观察思考

手电筒及其电路如图 1-1-1 所示。

(a)

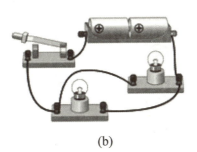
(b)

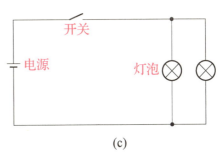
开关
电源
灯泡
(c)

图 1-1-1 手电筒及其电路

(a)电器实物;(b)实际电路;(c)电路图

想 一 想

点亮一个灯泡,要具备哪些条件?

答案是具备电源、线路、灯泡,还要正确的接线,对吗?现在,我们来学习这方面的知识。

一、电路及电路图

1. 电路的概念

电路是指电流的通路，任何一个完整的电路，不论其结构和作用如何，通常都是由电源、负载、连接导线和开关等基本部分组成。例如，如图1-1-1所示的手电筒电路就是由电源开关、灯泡和导线组成的。

①电源：把其他形式的能量转换成电能的装置，如发电机、蓄电池等。

②负载：把电能转化成其他形式能量的装置，如汽车灯、起动电动机等。

③连接导线：起传输和分配电能的作用。

④开关：接通或断开电路的控制元件。

2. 电路图

如图1-1-1(b)所示为手电筒的实物图形表示的实际电路，直观形象，但画起来复杂，不便于分析和研究。因此，在分析和研究电路时，总是把这些设备抽象成理想化的模型，用规定的图形符号表示，如图1-1-1(c)所示。这种用统一规定的图形符号画出的电路模型图称为电路图，能帮助人们了解整个电路的工作原理和电器安装顺序，了解各部分的作用和工作原理，如表1-1-1所示为电路中常用的部分电工图形及文字符号。

表1-1-1　常用的部分电工图形、文字符号

电器部件名称	图形符号	文字符号（图中部件的符号）
开关	─o∕─	K
蓄电池	─┤├─	E
电阻	─▭─	R
可变电阻	─⊘─	R
灯泡	⊗	RL
电流表	Ⓐ	A
电压表	Ⓥ	V
电阻表	─Ⓞ─	Ω
接地	⏚	E

二、电路的基本物理量

1. 电流

在如图1-1-1所示的电路中，合上开关时灯泡发光，说明灯泡中有电流通过。电流虽然

用肉眼看不见，但是可以通过它的各种表现，如灯泡发光、电动机转动等现象被人们所觉察。那么，什么是电流呢？

电荷有规则的定向移动称为电流。在金属导体中，电流是电子在外电场作用下有规则的运动形成的；在某些液体或气体中，电流则是正离子或负离子在电场作用下有规则的运动形成的。

电流的大小取决于在一定时间内通过导体横截面的电荷量的多少。在相同时间内，通过导体横截面的电荷量越多，就表示流过该导体的电流越强，反之电流越弱。电流的大小用符号 I 表示。其单位为安培（A），常用的单位还有千安（kA）、毫安（mA）和微安（μA），换算关系如下：

$$1 \text{ kA} = 10^3 \text{ A} \qquad 1 \text{ A} = 10^3 \text{ mA} \qquad 1 \text{ mA} = 10^3 \text{ μA}$$

电流不仅有大小，还有方向。在不同的导电物质中，形成电流的运动电荷可以是正电荷，也可以是负电荷，甚至两者都有。习惯上规定正电荷移动的方向为电流的正方向。如图1-1-2所示为金属导体中电流的形成，电子的运动方向由 $B \rightarrow A$，电流的方向则是由 $A \rightarrow B$。

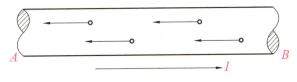

图 1-1-2　电流的方向

2. 电压

在如图1-1-1所示的电路中，合上开关时灯泡发光，如果用电压表去测量，则电压表会有指示，这说明电源两端有电压，也就是我们通常所说的"有电"。那么，什么是电压呢？

当工人把车子从甲地推到乙地，或者吊车把货物从地面吊起时，车子和货物都受到了力的作用，并且在力的方向上移动了一段距离，这时我们说作用在物体上的力对物体做了功。同理，当电场力使电荷移动时，我们就说电场力对电荷做了功。电压是衡量电场力做功能力大小的物理量。如图1-1-3所示，正电荷 $+Q$ 在电场中受电场力 F 的作用，若电场力 F 将正电荷 $+Q$ 由 A 点移到 B 点所做的功为 W_{AB}，则电场力移动单位正电荷从 A 点到 B 点所做的功，就称为该两点间的电压。电压的大小用符号 U 表示。

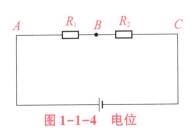

图 1-1-3　电场力做功

电压的单位为伏特（V），常用的单位还有千伏（kV）、毫伏（mV）、微伏（μV）。其换算关系如下：

$$1 \text{ kV} = 10^3 \text{ V} \qquad 1 \text{ V} = 10^3 \text{ mV} \qquad 1 \text{ mV} = 10^3 \text{ μV}$$

3. 电位

电压又称为电位差，它表示电场中两点间电位的差别。那么，什么是电位呢？

如果选择电路中任一点为参考点，即如图1-1-4所示中的 B 点，那么电路中某点的电位就是该点到参考点之间的电压，即某

图 1-1-4　电位

点的电位等于电场力把单位正电荷从该点移到参考点所做的功。

参考点的电位等于零，参考点可以任意选择，通常选大地为参考点。电位的大小用符号 φ 表示，如 φ_A 表示 A 点的电位，φ_B 表示 B 点的电位。电位的单位也是伏特（V）。

在电场中，任意两点（如 A、B）之间的电压就等于这两点间的电位之差，即

$$U_{AB} = \varphi_A - \varphi_B$$

例 1：如图 1-1-5 所示电路中，已知 $U = -5$ V，$U_{ab} = 2$ V，试求：①U_{ac}；②分别以 a 点和 c 点作为参考点时，b 点的电位和 b、c 两点之间的电压 U_{bc}。

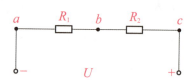

图 1-1-5　电位之差

解：①$U_{ac} = -U = -(-5)\,V = 5$ V

②以 a 点为参考点，则 $U_a = 0$，因为 $U_{ab} = U_a - U_b$，

所以 $U_b = U_a - U_{ab} = 0 - 2\,V = -2$ V

$U_c = U_a - U_{ac} = 0 - 5\,V = -5$ V

$U_{bc} = U_b - U_c = -2\,V - (-5)\,V = 3$ V

若以 c 点为参考点，则 $U_c = 0$，因为 $U_{ac} = U_a - U_c$，所以

$U_a = U_c + U_{ac} = 0 + 5\,V = 5$ V

$U_b = U_a - U_{ab} = 5\,V - 2\,V = 3$ V

$U_{bc} = U_b - U_c = 3\,V - 0 = 3$ V

由上面计算结果可见，电路中某两点间电压的大小是绝对的，与参考点无关；而某点电位的大小则是相对的，随参考点而改变，这是电压和电位的根本区别。

电压和电流一样，不仅有大小还有方向。电压的方向总是从高电位到低电位，即电位降的方向。对于负载来说，规定电流流进端为电压的正端，电流流出端为电压的负端，电压的方向由正指向负。

电压的方向在电路图中有两种表示方法：一种用箭头表示，如图 1-1-6（a）；另一种用极性符号表示，如图 1-1-6（b）所示。

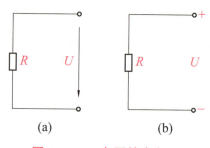

图 1-1-6　电压的方向

4. 电动势

在如图 1-1-1 所示的电路中，由于电源两端有恒定的电压，所以灯泡能持续发光。要维持恒定的电压，电源内部就必须通过其他形式能量的作用，产生一种外力克服电场力，将正电荷源源不断地移到正极，如图 1-1-7 所示，这种力称为电源力。电池中的电源力是电解液和极板间的化学作用产生的，发电机的电源力是电磁作用产生的。

电动势是衡量电源力做功本领的物理量。在图 1-1-7 中，若电源力克服电场力将正电荷 $+Q$ 由电源的负极移到电源的正极所做的功为 W，则电源力移动单位正电荷从电源的负极到电源的正极所做的功，就称为电源的电动势，用符号 E 表示。

电动势的单位与电压的单位相同，也是伏特（V）。电动势的方向规定：在电源内部由负极

指向正极。图 1-1-8(a)、图 1-1-8(b)所示分别表示直流电动势的两种图形符号。

对于一个电源来说，既有电动势，又有端电压。电动势只存在于电源内部，而端电压不仅存在于电源两端，也存在于电源外部；电动势的方向与端电压的方向是相反的；一般情况下，电源的端电压总是低于电源内部的电动势，只有当电源开路时，电源的端电压才与电源的电动势相等。

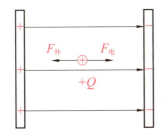

图 1-1-7　外力克服电场力做功

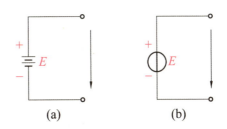

图 1-1-8　直流电动势的图形符号

5. 电阻

如图 1-1-1 所示，当电路接上不同的灯泡时，其亮度是不同的，即电路中电流大小是不同的。可见，不同的导体对电荷有不同的阻碍作用。电阻就是反映导体对电流起阻碍作用大小的物理量。

电阻在电路中用符号 R 表示，其大小也用 R 表示，单位为欧姆（Ω）。如果导体两端的电压为 1 V，通过的电流为 1 A，则这段导体的电阻为 1 Ω。电阻常用的单位还有千欧姆（$k\Omega$）和兆欧姆（$M\Omega$），其换算关系如下：

$$1\ M\Omega = 10^3\ k\Omega = 10^6\ \Omega$$

导体的电阻是客观存在的，即使没有外加电压，导体仍然有电阻。金属导体的电阻大小与其几何尺寸及材料有关。实践证明，导体的电阻还与温度有关，一般金属的电阻随温度的升高而增大。如 220 V、40 W 的灯泡不通电时，其灯丝电阻为 100 Ω；正常发光时，其灯丝电阻高达 1.210 $k\Omega$。半导体和电解液的电阻，通常随温度的升高而减少。

三、直流电路的三种工作状态

1. 有载工作状态

如图 1-1-9 所示，R_0 与 E 构成实际电源模型，R_0 为电源内阻，E 为电源电动势，R 为负载电阻。当开关 K 闭合时，电路便处于有载工作状态。正如观察思考中，拨动开关，手电筒正常发光。

2. 断路状态

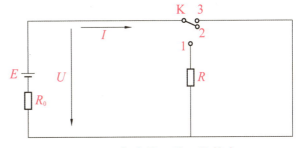

图 1-1-9　电路的三种工作状态

如图 1-1-9 所示，当开关 K 接通 2 号位时，电路便处于断路状态。断路状态又称为开路状态，电路处于这种状态下，电源和负载未构成闭合电路，这时外电路所呈现的电阻对电源来说是无穷大的。正如手电筒的开关断开时，灯泡不能正常发光, 其电路出于断路状态。

3. 短路状态

如图 1-1-9 所示, 当开关 K 接通 3 号位时, 电路便处于短路状态。电路处于这种状态下, 外电路所呈现的电阻对电源来说等于零, 而电流却很大。这种状态是不允许的, 很容易使电路起火, 造成火灾。因此, 一般在电路中串联一个合适的熔断器, 当电流超过熔断器的额定电流时, 熔断器断开, 起到保护电路的作用, 避免事故发生。

学生互动

提问:

1. 电路是什么?
2. 电路的基本物理量有哪些?
3. 灯泡所在电路中, 导线的电阻越大越好还是越小越好?
4. 电路负载可以短路吗? 为什么? 采取什么方法可以避免事故发生?
5. 电路有哪几种工作状态? 电路工作在哪种状态下最不可取? 为什么?

思考与练习

1. 电路是由哪几部分组成的? 各部分的作用是什么?
2. 电压与电位有什么异同点?
3. 1 Ω 和 1 MΩ 的换算关系是多少?

单元 2　欧姆定律的认知

学习目标

◆了解欧姆定律, 能分析电流、电压、电阻之间的关系。
◆掌握电路的欧姆定律应用。
◆能够认识电阻的三个重要参数, 会测量和选用电阻。

观察思考

如图 1-2-1 所示, 当接入电路的电阻为 2 Ω 时, 电流表的读数为 0.75 A, 而当改变电阻值为 6 Ω 时，发现电流表的读数发生变化，其读数为 0.25 A，试分析产生上述变化的原因。

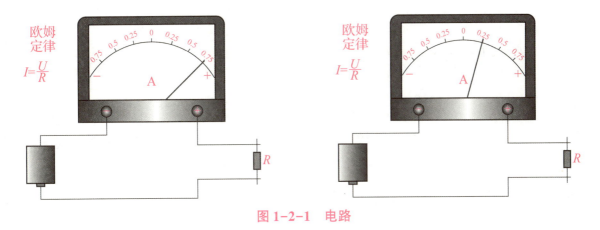

图 1-2-1　电路

一、部分电路欧姆定律

不含电源的部分电路如图 1-2-2 所示。当在电阻 R 两端加上电压 U 时，电阻中就有电流流过。通过实验可以知道：如果加在电阻 R 两端的电压 U 发生变化时，流过电阻的电流也随之变化，而且这种变化是成比例的，即电压和电流的比值是一个常数，这个常数就是电路中的电阻，写成公式为 $R = \dfrac{U}{I}$，得 $I = \dfrac{U}{R}$。

图 1-2-2　部分电路

上式说明：流过导体的电流强度与这段导体两端的电压成正比，与这段导体的电阻成反比。这一规律，称为欧姆定律，它揭示了电流、电压、电阻三者之间的联系，是电路的基本定律之一，应用非常广泛。由上式还可得 $U = IR$。

二、全电路欧姆定律

全电路是指含有电源的闭合电路，如图 1-2-3 所示。电源内部一般都是有电阻的。这个电阻称为内电阻，用符号 R_0 表示。当开关闭合时，负载 R 上就有电流通过了，这是因为电阻两端有了电压 U 的缘故。电压 U 是由电动势 E 产生的，它既是电阻两端的电压，又是电源两端的电压。

我们知道，当开关打开时，电源的端电压在数值上等于电源的电动势（方向是相反的）；当开关闭合时，电源的端电压小于电源的电动势。这是因为当电流流过电源内部时，在内电阻上产生了电压降 U_0，$U_0 = IR_0$。可见当电路闭合时，端电压 U 应该等于电源电动势减去内电压降 U_0，即 $U = E - U_0$，把 $U_0 = IR_0$，$U = IR$ 代入得 $I = \dfrac{E}{R + R_0}$。

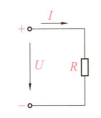

图 1-2-3　全电路

上式表明，在一个闭合电路中，电流强度与电源的电动势成正比，与电路中内电阻和外电阻之和成反比，这个规律称为全电路欧姆定律。

例1：有一标有 100 Ω 4 W 字样的电阻，试问使用时其所允许的最大电压和最大电流分别为多少？

解：由式 $P = UI = I^2R = \dfrac{U^2}{R}$ 得

$$U = 20 \text{ V} \quad I = \frac{E}{R + R_0} \quad I = \frac{U}{R} = \frac{20}{100}\text{A} = 0.2 \text{ A}$$

欧姆定律适用于金属导体和通常状态下的电解质溶液，对气态导体和其他一些导电原件（电子管，热敏电阻）不适用。对电路而言，它只对一段不含电源的导体成立。

在这里，将观察思考中的电压值和电阻值代入欧姆定律的计算公式，即

$$I = \frac{U}{R} = 1.5/2 \text{ A} = 0.75 \text{ A} \quad I = \frac{U}{R} = 1.5/6 \text{ A} = 0.25 \text{ A}$$

计算结果与观察思考中的实际读数相一致。

三、电功和电功率

1. 电功

当电流通过灯泡时，灯泡会发光；当电流通过电炉时，电炉将会发热。这说明，电流通过不同的负载时，负载可以将电源提供的电能转换成其他不同形式的能量，这些能量的转换和传递，说明电流做了功，电流所做的功称为电功，用符号 W 表示。

电功的大小与通过电器的电流、加在电器两端的电压及通电时间有关，其计算公式为

$$W = IUt$$

将公式 $I = \dfrac{U}{R}$ 代入又可得

$$W = I^2Rt = \frac{U^2t}{R}$$

式中：U——加在负载上的电压，单位为 V；

　　　I——流过负载的电流，单位为 A；

　　　R——电阻，单位为 Ω；

　　　t——时间，单位为 s；

　　　W——电功，单位为 J。

在实际中，电功还有一个单位是度（kW·h），换算关系如下：

$$1 \text{ 度} = 1 \text{ kW·h} = 3.6 \times 10^6 \text{ J}$$

2. 电功率

电功表示电流做功的多少，但不能表示做功的快慢。电流在单位时间内所做的功称为电功率，用符号 P 表示，其公式为

$$P = \frac{W}{t}$$

式中：W——电功，单位为 J；

t——时间，单位为 s；

P——电功率，单位为 W。

在实际工作中，电功率常用的单位还有千瓦（kW）、毫瓦（mW）等，其换算关系如下：

$$1\ kW = 10^3\ W \qquad 1\ W = 10^3\ mW$$

根据式 $W = I^2Rt = \dfrac{U^2t}{R}$、$P = \dfrac{W}{t}$ 可得电功率与电流、电压、电阻的关系为

$$P = IU = I^2R = \frac{U^2}{R}$$

由上式可知：

①当负载电阻一定时，由 $P = I^2R = \dfrac{U^2}{R}$ 可知，电功率与电流的二次方或电压的二次方成正比；

②当流过负载的电流一定时，由 $P = I^2R$ 可知，电功率与电阻值成正比；

③当加在负载两端的电压一定时，由 $P = \dfrac{U^2}{R}$ 可知，电功率与电阻值成反比。

3. 电气设备的额定值

当电阻元件通过电流时，会产生热量，这种现象称为电流的热效应。由于电流的热效应，导体及其周围的温度将升高。这不但会使能量白白浪费掉，还可能造成因温度过高而烧坏设备。为了保证电器元件和设备能够长期工作，通常规定了一个最高工作温度。显然，工作温度取决于热量，而热量又是由电流、电压或功率决定的。所以，通常把电器元件和设备安全工作时所允许的最大电流、电压和功率分别称为额定电流、额定电压和额定功率。一般元器件和设备的额定值都标在其明显位置，如灯泡上标有的 220 V、40 W 和电阻上标有的 100 Ω、2 W 等，都是它们的额定值。电动机的额定值通常标在其外壳的铭牌上，故其额定值也称铭牌数据。

当电器元件和电气设备的实际电压和电流等于额定电压和额定电流时，其实际功率才等于额定功率，元件和设备才能安全可靠、经济合理地运行。

电器元件和设备在额定功率下的工作状态称为额定工作状态，也称满载；低于额定功率的工作状态称为轻载；高于额定功率的工作状态称为过载或超载。电器元件在过载状态运行下很容易被烧坏，一般不允许过载。预防过载的保护器件有熔断器、热继电器等。

例2：一个 100 Ω 的电阻流过 50 mA 的电流时，试求：①电阻上的电压降；②电阻消耗的功率；③当通过电流的时间为 1 min 时，电阻消耗的电能为多少？

解：①根据欧姆定律得电阻上的电压降：$U = IR = 0.05 \times 100\ V = 5\ V$

②电阻消耗的功率：$P = UI = 5 \times 0.05\ W = 0.25\ W$

③电阻消耗的电能：$W = Pt = 0.25 \times 60\ J = 15\ J$

例3：一个 220 V、100 W 的灯泡正常发光时通过灯丝的电流是多少？灯丝的电阻多大？

解：由 $P = UI$ 得：

$$I = \frac{P}{U} = \frac{100}{220} \text{ A} = 0.454\ 5 \text{ A}$$

由 $P = \dfrac{U^2}{R}$ 得：

$$R = \frac{U^2}{P} = \frac{220^2}{100} \text{ } \Omega = 484 \text{ } \Omega$$

4. 电阻的重要参数

电阻的指标有标称阻值、允许偏差、标称功率、最高工作电压、稳定性、温度特性等。一般只考虑其标称阻值、允许偏差和标称功率。

（1）标称阻值

为了便于生产，同时考虑能够满足实际使用的需要，国家规定了一系列数值作为产品的标准，这一系列数值称为电阻的标称系列值。几个系列的标称系列值如表 1-2-1 所示。电阻的标称阻值为表中所列数值的 10^n 倍，其中 n 为正整数、负整数或零。

（2）允许偏差

电阻的标称阻值与实际阻值不完全符合，存在误差。当 R 为实际阻值、R_H 为标称阻值时，允许偏差的表达式为 $(R - R_H)/R_H$。允许偏差表示电阻阻值的准确度，常用百分数表示，如 $\pm 5\%$、$\pm 10\%$ 等，如表 1-2-1 所示。

表 1-2-1　电阻的标称系列值

系列	允许偏差	标称系列值					
E24	+5%（J）	1.0	1.1	1.2	1.3	1.5	1.6
		1.8	2.0	2.2	2.4	2.7	3.0
		3.3	3.6	3.9	4.3	4.7	5.1
		5.6	6.2	6.8	7.5	8.2	9.1
E12	+10%（K）	1.0	1.2	1.5	1.8	2.2	2.7
		3.3	3.9	4.7	5.6	6.8	8.2
E6	+20%（M）	1.0	1.5	2.2	3.3	4.7	6.8

（3）标称功率

标称功率也称为额定功率，是指在一定条件下，电阻长期连续工作所允许消耗的最大功率。

学生互动

提问：

1. 部分电路欧姆定律是什么？

2. 全电路欧姆定律是什么？

3. 电阻有哪几个重要指标？

4. 电路为什么要用不同的电阻？

5. 某车间原使用 50 只额定电压为 220 V、额定功率为 60 W 的白炽灯照明，现改为 40 只额定电压为 220 V、额定功率为 40 W 的日光灯。若每天使用 8 h，问 1 年（按 300 个工作日计算）可为国家节约多少度电？

思考与练习

1. 如题图 1-2-4 所示，已知电源电动势 $E = 220$ V，内电阻 $R_0 = 10$ Ω，负载电阻 $R = 100$ Ω，求：①电路的电流；②电源端电压；③电源内电阻上的电压降；④负载消耗的功率。

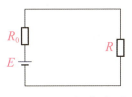

图 1-2-4　闭合电路

2. 要使 55 Ω 的电阻流过 4 A 的电流，需在该电阻两端加多大的电压？

3. 额定值为 220 V、100 W 的灯泡和 220 V、25 W 的灯泡，哪只灯泡的灯丝电阻较大？哪只灯泡的灯丝较粗？

4. 已知某电池的电动势 $E = 1.65$ V，在电池两端接上一个 $R = 5$ Ω 的电阻，实测得电阻中的电流 $I = 300$ mA。试计算电阻两端的电压 U 和电池内阻 R_0 各是多少？

单元 3　简单电路的计算与实验

学习目标

◆了解串联、并联电路的定义和特点。
◆掌握串联、并联电路的计算。
◆能够分析简单直流电路。

观察思考

　　如图 1-3-1 所示，两个同样的灯泡接在同一电压中，当连接方式不同时它们的亮度也不同，这说明流过两个灯泡的电流并不相同。已知电源电压为 5 V，所接的灯泡电阻为 2 Ω，试判断图中两个电路的连接类型，并计算流过灯泡的电流大小。

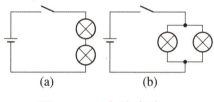

图 1-3-1　灯泡电路

一、电阻的串联电路

　　在电路中，若两个或两个以上的电阻按顺序一个接一个地连成一串，使电流只有一个通路，则电阻的这种连接方式称为电阻的串联，如图 1-3-2 所示。

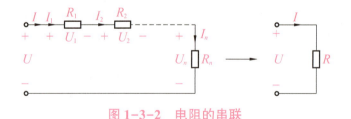

图 1-3-2　电阻的串联

串联电路检测

电阻串联电路有以下 4 个特点。

①串联电路中流过每个电阻的电流都相等：$I=I_1=I_2=I_3=\cdots=I_n$。

②等效电阻：几个电阻串联的电路，可以用一个等效电阻 R 替代，即 $R=R_1+R_2+R_3+\cdots+R_n$。

③电路两端的总电压等于各个电阻两端的电压之和：$U=U_1+U_2+U_3+\cdots+U_n$。

分压公式：$U_1=IR_1=(R_1/R)U$，$U_2=IR_2=(R_2/R)U\cdots$

④功率分配：各个电阻上消耗的功率之和等于等效电阻吸收的功率，即 $P=P_1+P_2+P_3+\cdots+P_n=I_1^2R_1+I_2^2R_2+I_3^2R_3+\cdots+I_n^2R_n=I^2R$。

可以判断出，观察思考中图 1-3-1(a) 所示为串联电路，通过将电压值和电阻值代入串联计算公式，即

$$I = \frac{U}{R_1 + R_2} = \frac{5}{2 + 2} \text{ A} = 1.25 \text{ A}$$

例 1：图 1-3-3 为某万用表直流电压挡等效电路，其表头内阻 $R_g = 3 \text{ k}\Omega$，满偏电流 $I_g = 50 \text{ μA}$，各挡电压量程分别为 $U_1 = 2.5 \text{ V}$、$U_2 = 10 \text{ V}$、$U_3 = 50 \text{ V}$、$U_4 = 250 \text{ V}$、$U_5 = 500 \text{ V}$，试求各分压电阻 R_1、R_2、R_3、R_4、R_5 的大小。

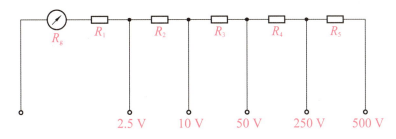

图 1-3-3　某万用表直流电压挡等效电路

解：

由于 $U_{R_1} = U_1 - U_g = U_1 - I_g R_g$，$IR_1 = I_g = I$，所以有

$$R_1 = \frac{U_{R_1}}{I_{R_1}} = \frac{U_1 - I_g R_g}{I_g} = \frac{2.5 - 3 \times 10^3 \times 50 \times 10^{-6}}{50 \times 10^{-6}} \Omega = 4.7 \times 10^4 \ \Omega$$

$$R_2 = \frac{U_{R_2}}{I_{R_2}} = \frac{U_2 - U_1}{I_g} = \frac{10 - 2.5}{50 \times 10^{-6}} \Omega = 1.5 \times 10^5 \ \Omega$$

同理可得

$$R_3 = \frac{U_{R_3}}{I_{R_3}} = \frac{U_3 - U_2}{I_g} = \frac{50 - 10}{50 \times 10^{-6}} \Omega = 8 \times 10^5 \ \Omega$$

$$R_4 = \frac{U_{R_4}}{I_{R_4}} = \frac{U_4 - U_3}{I_g} = \frac{250 - 50}{50 \times 10^{-6}} \Omega = 4 \times 10^6 \ \Omega$$

$$R_5 = \frac{U_{R_5}}{I_{R_5}} = \frac{U_5 - U_4}{I_g} = \frac{500 - 250}{50 \times 10^{-6}} \Omega = 5 \times 10^6 \ \Omega$$

二、电阻的并联电路

两个或两个以上的电阻一端连在一起，另一端也连在一起，使每一电阻两端都承受同一电压的作用，电阻的这种连接方式称为电阻的并联。如图 1-3-4 所示表示 n 个线性电阻的并联。

电阻并联电路有以下 5 个特点。

① 并联电路中各电阻两端的电压相等，且等

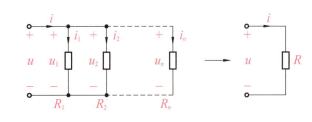

图 1-3-4　电阻的并联

于电路两端的电压，即

$$U = U_1 = U_2 = \cdots = U_n$$

②并联电路的总电流等于各电阻的电流之和，即

$$I = I_1 + I_2 + \cdots + I_n$$

并联电路检测

③并联电路的等效电阻（总电阻）的倒数等于各并联电阻的倒数之和，即

$$\frac{1}{R} = \frac{1}{R_1} + \frac{1}{R_2} + \cdots + \frac{1}{R_n}$$

若并联的几个电阻值都是 R_0，则总电阻为

$$R = \frac{R_0}{n}$$

若两个电阻 R_1、R_2 并联，则总电阻为

$$R = R_1 \mathbin{/\!/} R_2 = \frac{R_1 R_2}{R_1 + R_2}$$

可见，并联电路的总电阻比任何一个并联电阻的阻值都小。

④并联电路中各支路的电流与各支路的电阻值成反比，即

$$\frac{I_1}{I_n} = \frac{R_n}{R_1} \quad \text{或} \quad \frac{I_n}{I} = \frac{R}{R_n}$$

若两个电阻 R_1、R_2 并联，总电流为 I，由上式可得

$$I_1 = \frac{R_2 I}{R_1 + R_2} \quad I_2 = \frac{R_1 I}{R_1 + R_2}$$

⑤功率分配：$P = P_1 + P_2 + P_3 = \dfrac{U^2}{R_1} + \dfrac{U^2}{R_2} + \dfrac{U^2}{R_3} = \dfrac{U^2}{R}$，负载增加，即指并联的电阻越多，$R$ 电阻就越小，电源供给的电流和功率增加了。可以判断出，图 1-3-1（b）为并联电路，通过将电压值和电阻值代入串联电路计算公式，即

$$I = \frac{U(R_1 + R_2)}{R_1 R_2} = \frac{5(2 + 2)}{2 \times 2} \text{A} = 5 \text{ A} \quad I_1 = \frac{R_2}{R_1 + R_2} I = 2.5 \text{ A}$$

通过与前面串联电路所计算出的电流值进行比较发现，流过阻值相同的灯泡由于其电路连接方式不同，电流值也不相同，所以才会出现灯泡发光亮度不同的现象。

例2：欲将一内阻 $R_g = 2 \text{ k}\Omega$，满偏电流 $I_g = 80 \text{ }\mu\text{A}$ 的表头，构造成量程为 1 mA 的电流表，应如何实现？

解：

可以利用并联电路的分流特性，在表头两端并联电阻 R，R 称为分流电阻，如图 1-3-5 所示。由分流公式可得

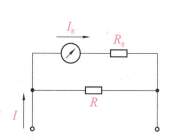

图 1-3-5　量程为 1 mA 的电流表

$$I_g = \frac{R}{R + R_g} I$$

则

$$R = \frac{I_g R_g}{I - I_g} = \frac{80 \times 10^{-6} \times 2 \times 10^3}{1 \times 10^{-3} - 80 \times 10^{-6}} \Omega \approx 173.9 \ \Omega$$

三、串并联电路在汽车上的应用实例

汽车水温表电路就是通过传感器与水温表的串联,通过传感器的变化来改变并显示水温表的指示数值的。汽车水温表电路如图 1-3-6 所示。

图 1-3-6　汽车水温表电路

学生互动

提问:

1. 3 只 12 V、21 W 的灯泡,其中 2 只并联后与第 3 只串联再接到 12 V 蓄电池上,会有什么现象?为什么?

2. 一只水温传感器与一个 20 Ω 电阻串联,水温传感器加热后总电阻是变大了还是变小了?为什么?如果它们的两端接上 12 V 电压,此时电阻两端的电压怎么变化?是变高还是变低?

3. 有些车大灯不是很亮,如果从蓄电池直接拉一条粗导线接大灯,一下就亮了很多,为什么?

思考与练习

1. 有两只灯泡,A 灯泡 6 V、0.5 A,B 灯泡 5 V、1 A;现有 12 V 蓄电池供电,如何接入电阻才能使两只灯泡正常发光(要求求出电阻值和电阻的功率)?其接线图如图 1-3-7 所示。

2. 有一只电流为 50 μA 且内电阻为 3 kΩ 的电流表,若要把它改装成可以测量 10 V 的电压表和 550 μA 的电流表,则应怎样加电阻?能否用一只双联单控开关把它们连接起来,往上拨是测量电压,往下拨是测量电流?画出原理图并计算出电阻的阻值。改装表电路如图 1-3-8 所示。

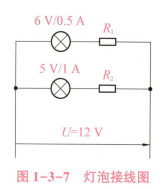

图 1-3-7　灯泡接线图

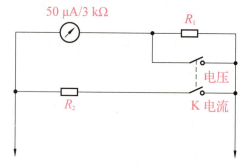

图 1-3-8　改装表电路

四、指针式万用表的使用

1. 实验目的

掌握指针式万用表测量电压、电流和电阻的操作方法。

2. 实验器材

MF47-1 型万用表，330 Ω、2 kΩ 和 100 kΩ 电阻 3 只，0~30 V 电源 1 只。

3. MF47-1 型万用表使用说明

MF47-1 型万用表外形与内部电阻各挡表示如图 1-3-9 所示，有电阻、电压、电流、蜂鸣、晶体管放大倍数挡，还有遥控器发射管检测挡，表板上有四条刻度。最上方的一条刻度供测量电阻时使用，测量电阻时电阻值由此读出，测量范围是 0~∞；第二条刻度供测量交/直流电压、直流电流时使用，测量范围是，交流电压小于 500 V，直流电压小于 500 V，直流电流小于 500 mA；第三条刻度供测量交流低电压时使用，测量范围小于 10 V；第四条刻度供测量音频电平时使用，测量范围是 -10~+22 dB。

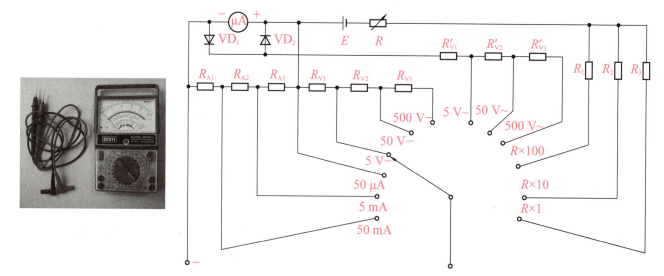

图 1-3-9　MF47-1 型万用表外形与内部电阻各档表示

（1）直流电流的测量

转换开关置于直流电流挡，被测电流从 +、- 两端接入，便构成直流电流测量电路。图中

R_{A1}、R_{A2}、R_{A3}是分流器电阻，与表头构成闭合电路。通过改变转换开关的挡位来改变分流器电阻，从而达到改变电流量程的目的。MF47-1 型万用表要串接在被测电路中（不能测量电压，否则会烧坏万用表表笔），量程大于实际测量值。测量汽车电路的电流时应将其调到 500 mA 挡且红表笔插入 10 A 孔内，读数读 10 V 挡。

（2）直流电压的测量

转换开关置于直流电压挡，被测电压接在+、-两端，便构成直流电压的测量电路。图中 R_{V1}、R_{V2}、R_{V3}是倍压器电阻，与表头构成闭合电路。通过改变转换开关的挡位来改变倍压器电阻，从而达到改变电压量程的目的。MF47-1 型万用表要并接在被测电路中，量程大于实际测量值。

（3）电阻的测量

转换开关置于电阻挡，被测电阻接在+、-两端，便构成电阻测量电路。电阻自身不带电源，因此接入干电池 E。电阻的刻度与电流、电压的刻度方向相反，且标度尺的分度是不均匀的（断开电源测量）。测量电阻前必须调零，确保测量数据的准确。表刻度的右边为小电阻值，左边为大电阻值，测量时看最上一层数值，所测量的数字要乘以电阻倍数。

4. 实验内容与步骤

（1）电阻测量

①在使用万用表的电阻挡的时候，其原理如图 1-3-10 所示。万用表内部电源的负极和红表笔(+)相连，内部电源的正极和黑表笔(-)相连。

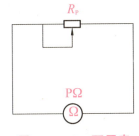

图 1-3-10　万用表测量电阻原理

②在使用万用表的电阻挡测量电阻时，每次变换挡位后，均应调零。方法是将万用表的两表笔短接在一起，然后旋动调零旋钮，使指针指在零刻度的位置上。如果无论怎样调，指针都无法指示在零刻度的位置上，则应该更换万用表的干电池。

③测量电阻的时候，挡位的选择原则上应选用量程较大的挡位进行测量。

④在同一挡位上被测电阻越大，表头中的电流越小，万用表指示电阻越大。

⑤测量电阻时表笔直接接在被测量电阻两端，不分红、黑表笔，指针读数应在刻度盘 1/3～2/3 处最佳。

⑥测量 330 Ω、2 kΩ 和 100 kΩ 电阻，将数据填入表 1-3-1 中。

表 1-3-1　电阻测量数据

被测量电阻	万用表挡位选择	正确读数
330 Ω		
2 kΩ		
100 kΩ		

注意事项：每次变化挡位后都应调零，不要接在电源上测量。

（2）直流电压的测量

如图 1-3-11 所示，测量电压时，将万用表置于直流电压挡合适的量程上，将两表笔按并联的方式与被测电路相接，红表笔接正极，量程应选得大一些，挡位的选择遵循由大到小的原则，将测量数据填入表 1-3-2 中。

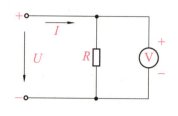

图 1-3-11　万用表测量电压

表 1-3-2　直流电压测量数据

被测量电压	万用表挡位选择	正确读数
5 V		
12 V		
24 V		

注意事项：电压表并接在被测量电路中，红表笔接电源正极，黑表笔接电源负极。

（3）直流电流测量

如图 1-3-12 所示，电压为 12 V，电阻为 330 Ω、2 kΩ、100 kΩ，将万用表置于直流电流挡，且必须串联在被测电路中，此时一定要注意电流量程的选择，用小量程去测大电流时会损坏指针，甚至烧坏指针线圈。

按图 1-3-12 分别将万用表接在电路中测量，将数据填入表 1-3-3 中。

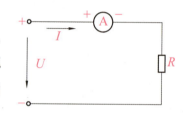

图 1-3-12　万用表测量电流

表 1-3-3　直流电流测量数据

被串联的电阻	万用表挡位选择	正确读数
330 Ω		
2 kΩ		
100 kΩ		

注意事项：万用表串接在被测量电路中，红表笔接电源正极，黑表笔接电源负极，该挡位表笔禁止接在电源两端。

五、汽车专用万用表的使用

1. 实验目的

掌握汽车专用万用表的操作方法。

2. 实验器材

DY2201 型万用表，汽车电控台架 1 台，或电控汽车 1 辆。

汽车专用万用表的使用

3. DY2201 型万用表使用说明

汽车万用表也是一种数字多用仪表，如图 1-3-13 所示，具有汽车专用项目测试功能：可测量交流电压、电流，直流电压、电流、电阻，频率、电容、占空比、温度、二极管、晶体管，以及晶体管放大倍数、闭合角、转速；也有一些新颖功能，如自动断电、自动变换量程、模拟条图显示、峰值保持、读数保持（数据锁定），以及电池测试（低电压提示）等。为实现某些功能（如测量温度、转速），汽车万用表还配有一套配套件，如热电偶适配器、热电偶探头、电感式拾取器及 AC/DC 感应式电流夹钳（5~2 000 A等）。

图 1-3-13 汽车数字万用表

①信号频率测试：测试项目选择开关置于（FREQ 频率）挡，黑线（自汽车万用表搭铁座孔引出）搭铁，红线（自汽车万用表公用座孔引出）接被测信号线，显示屏即显示被测频率。普通型数字万用表和汽车数字万用表面板分别如图 1-3-14、图 1-3-15 所示。

图 1-3-14 普通型数字万用表面板

图 1-3-15 汽车数字万用表面板

②温度检测：测试项目选择开关置于（TEMP 温度）挡，按下功能按钮（℃／℉），黑线搭铁，探针线插头端插放汽车万用表温度测量座孔，探针端接触被测物体，显示屏即显示被测温度，注意传感器的正、负极性。

③点火线圈一次侧电路闭合角检测：测试项目选择开关置于（DWELL 闭合角）挡，黑线搭铁，红线接点火线圈负接线柱，发动机运转，显示屏即显示点火线圈一次侧电路闭合角。

④频宽比测量：测试项目选择开关置于（Duty Cycle 频宽比）挡，红线接电路信号，黑线搭铁，发动机运转，显示屏即显示脉冲信号的频宽比。

⑤转速测量：测试项目选择开关置于（RPM 转速）挡，转速测量专用插头插入搭铁座孔与公用座孔中，感应式转速传感器（汽车万用表附件）夹在某一缸高压点火线上，在发动机工作时，显示屏即显示发动机转速。

⑥起动机起动电流测量：测试项目选择开关置于 400 mV 挡（1 mV 相当于 1 A 的电流，即用测量电流传感器电压的方法来测量起动机起动电流），把霍尔式电流传感器夹到蓄电池线

上，其引线插头插入电流测量座孔，按下最小/最大功能按钮，然后拆下点火高压线，用起动机转动曲轴2~3 s，显示屏即显示起动电流。

⑦氧传感器测试：拆下氧传感器线束连接试器，将测试项目选择开关置于4 V挡，按下DC功能按钮，使显示屏显示"DC"，再按下最小/最大功能按钮，黑线搭铁，红线与氧传感器相连；然后以快怠速(2 000 r/min)运转发动机，使氧传感器工作温度达360 ℃以上。此时，若混合气浓，则氧传感器输出电压约为0.8 V；若混合气稀，则氧传感器输出电压为0.1~0.2 V。当氧传感器工作温度低于360 ℃时(发动机处于开环工作状态)，氧传感器无电压输出。

⑧喷油器喷油脉冲宽度测量：测试项目选择开关置于Duty Cycle(频宽比)挡，测出喷油器工作脉冲频率的频宽比后，再把测试项目选择开关置于FREQ(频率)挡，测出喷油器工作脉冲频率(Hz)，然后读出喷油器喷油脉冲宽度。

4. 实验内容与步骤

(1)用汽车数字万用表检测汽车电器线路注意事项

①除在测试过程中特殊指明外，不能用指针式万用表测试电脑和传感器，应使用高阻抗数字万用表，万用表内阻应不低于10 kΩ。

②首先检查保险丝、易熔线和接线端子的状况，在排除这些地方的故障后再用万用表进行检查。

③在测量电压时，点火开关应接通(ON)，蓄电池电压应不低于11 V。

(2)线路电压检查

①在如下情况时检查各点电压。例：[A](点火开关打开)电压、[B](点火开关和SW₁打开)电压、[C][点火开关、SW₁和继电器打开(SW₂关闭)]电压，如图1-3-16所示。

②用电压表将负极导线连接到正常的搭铁点或蓄电池负极端子上，正极导线连接到连接器或零部件端子上；也可使用测试灯代替电压表检查电压。

测量[A]、[B]、[C]、[D]点的电压数据如表1-3-4所示，通过检测，可以判断电路是否正常。

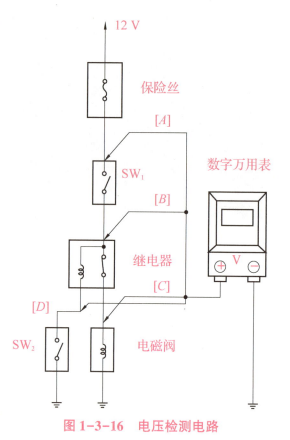

图1-3-16 电压检测电路

表 1-3-4　万用表测量 A、B、C、D 点的电压数据

测量点	测量值/V	结论(正常/异常)	测量条件
A	12	正常	SW$_1$、SW$_2$ 任何状态
A	0	异常(保险丝断)	SW$_1$、SW$_2$ 任何状态
B	0	正常	SW$_1$ 断开
B	12	正常	SW$_1$ 闭合
B	0	异常(SW$_1$ 断)	SW$_1$ 闭合
C	12	异常(继电器触点烧结)	SW$_1$ 闭合、SW$_2$ 断开
C	0	正常	SW$_1$ 闭合、SW$_2$ 断开
C	12	正常(电磁阀动作)	SW$_1$ 闭合、SW$_2$ 闭合
C	0	异常(继电器触点断开)	SW$_1$ 闭合、SW$_2$ 闭合
D	12	正常	SW$_1$ 闭合、SW$_2$ 断开
D	0	异常(继电器线圈绕组烧断)	SW$_1$ 闭合、SW$_2$ 断开
D	0	正常	SW$_1$ 闭合、SW$_2$ 闭合

单元 4　电阻的识读与实验

学习目标

◆ 了解电阻的定义和特点。

◆ 掌握串联、并联电路的测量方法。

观察思考

如图 1-4-1 所示，能够直接读出这个色环电阻阻值是多少吗?

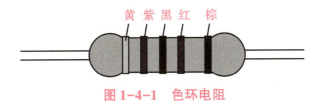

黄 紫 黑 红 棕

图 1-4-1　色环电阻

一、实验目的

掌握四环、五环电阻的识读和各种电阻的测量。

二、实验器材

指针式万用表和数字万用表，常见电阻。

三、电阻识读和测量知识准备

1. 电阻阻值标示方法（见表1-4-1）

表1-4-1　电阻阻值标示方法

方法	说明
直标法	用数字和单位符号在电阻表面标出阻值，其允许误差直接用百分数表示，若电阻上未标注偏差，则均为±20%
文字符号法	用阿拉伯数字和文字符号两者有规律地组合来表示标称阻值，其允许偏差也用文字符号表示。符号前面的数字表示整数阻值，后面的数字依次表示第一位小数阻值和第二位小数阻值。 　　表示允许误差的文字符号：D、F、G、J、K、M 　　允许偏差：±0.5%、±1%、±2%、±5%、±10%、±20%
数码法	在电阻上用三位数码表示标称值的标志方法。数码从左到右，第一、第二位为有效值，第三位为指数，即零的个数，单位为Ω。偏差通常采用文字符号表示
色标法 （色标符号见表1-4-2）	用不同颜色的带或点在电阻表面标出标称阻值和允许偏差。国外电阻大部分采用色标法：黑-0、棕-1、红-2、橙-3、黄-4、绿-5、蓝-6、紫-7、灰-8、白-9、金-±5%、银-±10%、无色-±20%。当电阻为四环时，最后一环必为金色或银色，前两位为有效数字，第三位为乘方数，第四位为偏差。精密电阻常用五道色环来表示阻值的大小，前三道色环表示前三位数字，第四环表示倍乘数，第五环表示允许误差，最后一环与前面四环距离较大

表1-4-2　电阻的色标符号

颜色	有效数字	乘数	允许偏差/%	颜色	有效数字	乘数	允许偏差/%
银色	—	10^{-2}	±10	黄色	4	10^4	—
金色	—	10^{-1}	±5	绿色	5	10^5	±0.5
黑色	0	10^0	—	蓝色	6	10^6	±0.2
棕色	1	10^1	±1	紫色	7	10^7	±0.1
红色	2	10^2	±2	灰色	8	10^8	—
橙色	3	10^3	—	白色	9	10^9	+50/−20

下面举两个例子来说明色标法。色环电阻标识和色标法示例如图 1-4-2 和图 1-4-3 所示。阻值为 26 000 Ω、允许偏差为 ±5% 的电阻，其表示方法如图 1-4-2(a) 所示；阻值为 17.4 Ω、允许偏差为 ±1% 的电阻，其表示方法如图 1-4-2(b) 所示。

金色(第4位数)(偏差)
橙色(第3位数)(倍乘)
蓝色(第2位数)
红色(第1位数)

棕色(第5位数)(偏差)
金色(第4位数)(倍乘)
黄色(第3位数)
紫色(第2位数)
棕色(第1位数)

色环电阻的识读

(a)　　　　　　　(b)

图 1-4-2　色环电阻标识

(a) 四环电阻；(b) 五环电阻

颜色	第一段	第二段	第三段	乘数	误差	
黑色	0	0	0	1		
棕色	1	1	1	10	±1%	F
红色	2	2	2	100	±2%	G
橙色	3	3	3	1 k		
黄色	4	4	4	10 k		
绿色	5	5	5	100 k	±0.5%	D
蓝色	6	6	6	1 M	±0.25%	C
紫色	7	7	7	10 M	±0.10%	B
灰色	8	8	8		±0.05%	A
白色	9	9	9			
金色				0.1	±5%	J
银色				0.01	±10%	K
无					±20%	M

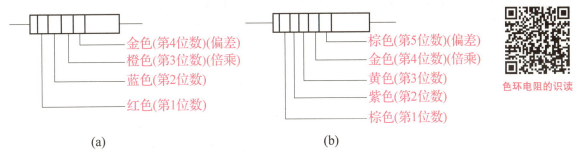

黄色　　紫色　　黑色　　红色　　棕色

以上面电阻为例：　4　7　0　×100　=47 000，即 R=47 kΩ

图 1-4-3　色标法示例

电阻的选用。电阻要根据电路或设备的实际要求选用，从电气性能到经济价值等方面综合考虑。在一般场合下，主要是根据阻值、额定功率、允许偏差的要求选择适用的电阻。也就是说，电阻的标称阻值应和电路要求相符，额定功率要大于电阻在电路中实际消耗的功率，允许偏差在要求的范围之内。

国产电阻的型号，国家有统一的规定。例如，RX 表示线绕电阻、RT 表示碳膜电阻、RJ

表示金属膜电阻、RS 表示实芯电阻等。

2. 可变电阻

可变电阻依靠滑片在电阻体上滑动来改变电阻的阻值。按用途可分为变阻器和电位器，它们的表示符号如图 1-4-4 所示，滑片所对应的引脚称为中心抽头。

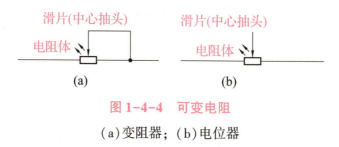

图 1-4-4　可变电阻

（a）变阻器；（b）电位器

电位器是一种分压器件，它依靠滑片在电阻体上滑动，取得与滑片位移成一定关系的输出电压。电位器也可用作变阻器，只要将中心抽头与其他两脚中任意一个相连，就成了变阻器。

3. 电阻元件的功率

电阻的功率反映了电阻对电流的承受能力。功率大的电阻，其允许流过的电流也大；功率小的电阻，其允许流过的电流也小。电阻元件表面所标的功率通常是额定功率，单位为 W。在绘制电路图时，也通常在电阻符号中标注其功率，如图 1-4-5 所示。

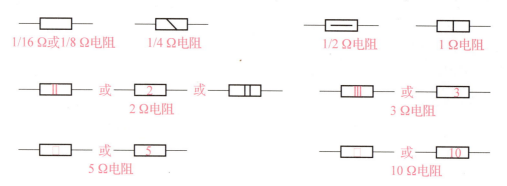

图 1-4-5　电阻元件的功率

4. 电阻的检测方法

在检修汽车故障时，常常离不开电阻的检测。检测电阻的方法有直观法和测量法。

直观法是用肉眼直接观察电阻，看有无烧焦、烧黑、断脚及帽头松脱现象，若出现这些现象，则说明电阻有问题，应更换。测量法是指用万用表测量电阻的阻值，看其阻值是否正常。

5. 几种特殊的电阻元件

（1）熔断电阻

熔断电阻如图 1-4-6 所示，具有双重功能，在正常工作时起电阻作用；过载时，电阻将迅速熔断起熔丝作用，常用在汽车电脑中的电源电路上。

（2）热敏电阻

热敏电阻是指阻值随温度变化而变化的电阻，热敏电阻分为正温度系数热敏电阻（PTC）和

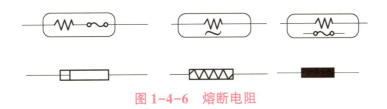

图 1-4-6　熔断电阻

负温度系数热敏电阻（NTC）两大类。

①正温度系数热敏电阻：阻值随温度的升高而增大的热敏电阻，用在汽车车窗升降电路中，保护电动机不因过流而损坏。

②负温度系数热敏电阻：阻值随温度的升高而减小的热敏电阻，用在汽车空调电路以及发动机水温传感器中。

热敏电阻的外型及图形符号如图 1-4-7 所示。热敏电阻的好坏可通过万用表进行判断。在常温下，若测得的阻值与标称值接近，用电烙铁加热后，阻值又能发生明显变换，则说明正常；否则，说明损坏。

（3）压敏电阻（MY）

压敏电阻的特点是当其两端所加的电压较小时，其阻值很大，流过它的电流几乎为零；当其两端电压增加到某一值时，其阻值急剧减小，流过它的电流急剧增大，常用在汽车电脑中的电源电路上。

压敏电阻的外形大多是圆顶型，如图 1-4-8（a）所示；压敏电阻的图形符号也有很多种，如图 1-4-8（b）所示。

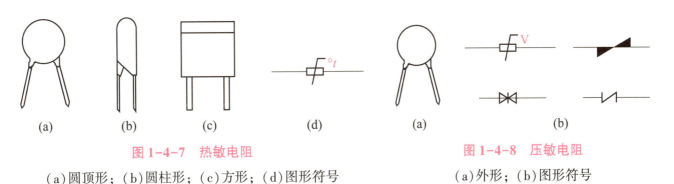

| (a) | (b) | (c) | (d) | (a) | (b) |

图 1-4-7　热敏电阻　　　　　　　图 1-4-8　压敏电阻
（a）圆顶形；（b）圆柱形；（c）方形；（d）图形符号　　　（a）外形；（b）图形符号

4）光敏电阻

光敏电阻是一种阻值随光照强度变化而变化的电阻。它是利用半导体的光电导效应特性而制成的。某些物质受光照射时，其电导率会增加，这种效应称为光电导效应，利用这种效应可以制造出光敏电阻，用在汽车车速传感器中。

5）磁敏电阻

某些半导体材料的电阻率能随磁场强度的增强而增大，这种现象称为磁电阻效应。磁敏电阻就是利用半导体材料的磁电阻效应制成的，它的阻值随磁场强度变化而变化，又称磁控电阻，常用在汽车自动变速器传感器上。

四、实验内容与步骤

1. 四环、五环电阻的识读并用万用表检验

根据所给出的电阻,先识别读数,然后使用万用表进行测量,并填入表1-4-3中。

表1-4-3　色环电阻读数和测量记录

色环电阻	读数	万用表测量数据	偏差
棕红黑金			
黄紫金银			
红红橙黑金			

注意事项:指针式万用表每次测量前要调零。

2. 可调电阻的测量

有一个可调电阻,阻值为47 kΩ,分别测量动触点两端的电阻,得两组阻值之和等于47 kΩ。$R_{ab}=47$ kΩ,$R_{ac}+R_{bc}=R_{ab}$,测量方法如图1-4-9所示。测量记录如表1-4-4所示。

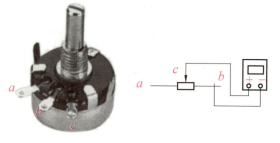

图1-4-9　可调电阻的测量

表1-4-4　可调电阻测量记录

可调电阻的调节位置	万用表测量数据(×1 k)挡 可调电阻470 Ω	万用表测量数据(×10 k)挡 可调电阻100 kΩ
1/3处		
1/2处		
2/3处		
两端		

注意事项:指针式万用表每次测量前要调零。

3. 熔断电阻

用万用表电阻挡分别按照熔断电阻的正常、开路和短路三种状态进行测量,将测量数据填入表1-4-5中。

表1-4-5　熔断电阻测量记录

熔断电阻(1 Ω)	万用表测量数据1 (正常)	万用表测量数据2 (开路)	万用表测量数据3 (短路)
万用表测量数据(×1)挡			

根据测量结果说出该熔断电阻(1 Ω)是否正常。

4. 热敏电阻

①正温度系数热敏电阻：阻值随温度的升高而增大的热敏电阻。

汽车电动门窗电动机内热敏电阻的测量：正常状态下测量电动机电阻，电动机旋转后卡住电动机上的旋转齿轮不让其旋转，这时电动机会停止旋转，切断电源后快速测量电动机两端电阻为很大值，或无穷大。

②负温度系数热敏电阻：阻值随温度的升高而减小的热敏电阻。

发动机节温器处冷却液温度传感器，按照图 1-4-10 所示方式逐渐加热容器里的水，并用万用表测该传感器阻值的变化，其阻值变化应与图 1-4-11 所示的关系曲线相符，即温度越高电阻越小。发动机节温器处冷却液温度传感器属于负温度系数传感器。

5. 光敏电阻的测量

给出两个光敏电阻分别测量电阻值，用万用表电阻挡测量光敏电阻正常工作时的阻值，其中：

MG41-22　　　亮电阻≤2 kΩ，暗电阻≥1 MΩ；

MG41-24　　　亮电阻≤10 kΩ，暗电阻≥10 MΩ。

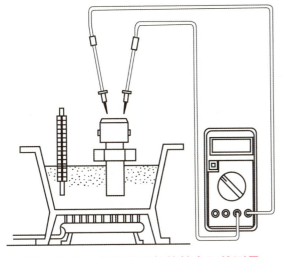

图 1-4-10　负温度系数热敏电阻的测量

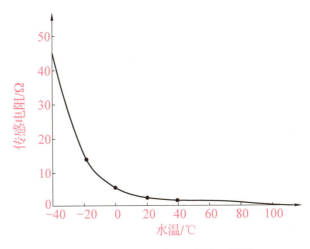

图 1-4-11　阻值与温度关系曲线

将测量数据填入表 1-4-6 中。

表 1-4-6　光敏电阻测量记录

光敏电阻	亮电阻 （万用表×2 k 电阻挡）	暗电阻 （万用表×10 k 电阻挡）	正常/失效
MG41-22			
MG41-24			

单元 5 电阻串、并联电路的实验

学习目标

◆ 了解串联、并联电路的定义和特点。

◆ 掌握串联、并联电路的测量方法。

观察思考

能够测量出如图 1-5-1 所示电路的电流是多少吗？

一、电阻串联电路的验证

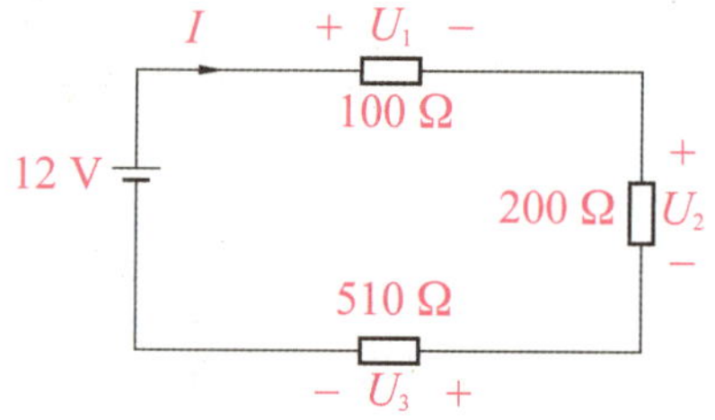

1. 实验目的

验证电阻串联电路电压分配规律。

2. 实验器材

① 电流表 1 只。

② 万用表 1 只。

③ 直流稳压电源 1 台。

④ 实验电路箱 1 台。

⑤ 开关 1 只。

⑥ 12 V 直流电动机 1 台。

⑦ 实验电阻：100 Ω，200 Ω，510 Ω。

3. 实验内容与步骤

实验电路按图 1-5-1 所示连接。接通电源后，测量电路中的电流和各电阻上的电压，并将各数据记录于表 1-5-1 中。

图 1-5-1　电阻串联电路

表 1-5-1　测量数据记录

项目	U_1	U_2	U_3	I
数据				

测量出来的数据与计算出来的一致吗？与计算出来的结果做比较，写出结论。

二、电阻并联电路的验证

1. 实验目的

验证电阻并联电路电流分配规律。

2. 实验器材

①电流表 1 只。

②万用表 1 只。

③直流稳压电源 1 台。

④实验电路箱 1 台。

⑤实验电阻 R_1：1 kΩ；R_2：200 Ω；R_3：100 Ω。

3. 实验内容与步骤

实验电路按图 1-5-2 所示连接。接通电源后，测量电路中各支路电流，并将各数据记录于表 1-5-2 中。

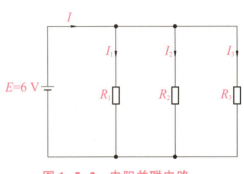

图 1-5-2　电阻并联电路

表 1-5-2　测量数据记录

项目	I_1	I_2	I_3	I
数据				

测量出来的数据与计算出来的一致吗？与计算出来的结果做比较，写出结论。

单元6　电烙铁的使用实验

学习目标

◆掌握电路板的焊接技术。

◆掌握电烙铁的使用方法。

观察思考

焊接如图 1-6-1 所示的电路板需要哪些技术？

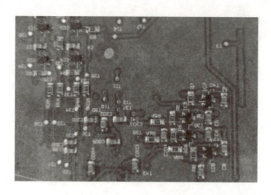

图1-6-1　电路板

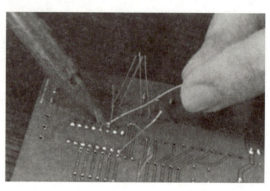

图1-6-2　电烙铁焊接图

一、实验目的

通过导线、导线与金属块之间的焊接等处理工作掌握电烙铁的使用方法。为汽车电路接线，维修汽车电子设备和维修电脑板打好基础，如图1-6-2所示。

二、实验器材

电烙铁，焊锡丝，烙铁架，拨线钳，尖嘴钳，斜口钳，镊子，铜导线，铜和铁金属块，焊接用工具及耗材，如图1-6-3所示。

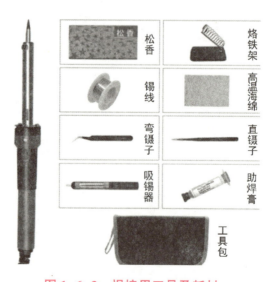

图1-6-3　焊接用工具及耗材

三、电烙铁的使用方法

①使用前检查电源线有无破损，使用时注意安全，不要用力敲打电烙铁，以防损坏烙

铁芯。

②选用合适的焊锡，应选用焊接电子元件用的低熔点焊锡丝。选择用25%的松香溶解在75%的酒精(质量比)中作为助焊剂。

③电烙铁使用前要上锡，具体方法是，将电烙铁烧热，待刚刚能熔化焊锡时，涂上助焊剂，再把焊锡均匀地涂在烙铁头上，使烙铁头均匀地吃上一层焊锡。

④焊接方法，把焊盘和元件的引脚用细砂纸打磨干净，涂上助焊剂。用烙铁头沾取适量焊锡，接触焊点，待焊点上的焊锡全部熔化并浸没元件引线头后，烙铁头沿着元器件的引脚轻轻往上一提离开焊点。焊接时间不宜过长，否则容易烫坏元件，必要时可用镊子夹住引脚帮助散热。焊点应呈正弦波峰形状，表面应光亮圆滑，无锡刺，锡量适中。

⑤集成电路应最后焊接，电烙铁要可靠接地，或断电后利用余热焊接；或者使用集成电路专用插座，焊好插座后再把集成电路插上去。导线与导线要缠好后再焊接，尽量短，焊好后再用电工胶布拉紧包扎好。焊接电子元件时不要虚焊、漏焊和错焊，不要短路，焊点要光滑。

⑥焊接完成后，要用酒精把电路板上残余的助焊剂清洗干净，以防炭化后的助焊剂影响电路正常工作。电烙铁应放在烙铁架上，焊接结束后须等电烙铁断电冷却后才能放回工具箱。

四、实验内容与步骤

导线之间的焊接(要求水平互相缠绕焊接)——导线互相缠绕后加热再加焊锡丝。

导线与金属块之间的焊接(要求不能虚焊、假焊)——导线与金属块分别将其表面处理干净后上焊锡丝一起焊接。

1. 焊前处理

焊接前，应对元件引脚或电路板的焊接部位进行焊前处理，如图1-6-4所示。

(a)   (b)

图1-6-4 焊前处理

(a)刮去氧化层；(b)均匀镀锡

①清除焊接部位的氧化层。可用断锯条制成小刀。刮去金属引线表面的氧化层，使引脚露出金属光泽。印刷电路板可用细砂纸将铜箔打光后，涂上一层松香酒精溶液。

②元件镀锡。在刮净的引线上镀锡。可将引线蘸一下松香酒精溶液，将带锡的热烙铁头压在引线上，并转动引线，即可使引线均匀地镀上一层很薄的锡层。导线焊接前应将绝缘外皮剥去，再经过上面两项处理，才能正式焊接。若是多股金属丝的导线，打光后应先拧在一起，然后镀锡。

2. 焊接操作

做好焊前处理之后，就可正式进行焊接了。

（1）焊接方法

①右手持电烙铁。焊接过程如图1-6-5所示，左手用尖嘴钳或镊子夹持元件或导线。焊接前，电烙铁要充分预热。烙铁头刃面上要吃锡，即带上一定量的焊锡。

②将烙铁头刃面紧贴在焊点处。电烙铁与水平面大约成60°，以便于熔化的焊锡从烙铁头上流到焊点上。烙铁头在焊点处停留的时间控制在2~3 s。

③抬开烙铁头。左手仍持元件不动，待焊点处的焊锡冷却凝固后，才可松开左手。

④用镊子转动引线，确认不松动，然后可用偏口钳剪去多余的引线。

（2）焊接质量

焊接时，要保证每个焊点焊接牢固、接触良好。要保证焊接质量，好的焊点如图1-6-6所示，锡点光亮如图1-6-6(a)所示，圆滑而无毛刺，锡量适中。焊锡和被焊物熔合牢固，不应有虚焊和假焊。

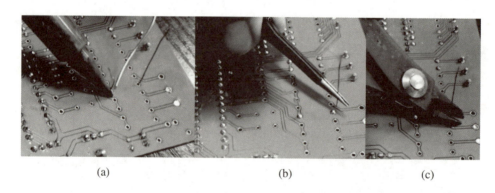

（a）　　　　　　　　　　（b）　　　　　　　　　　（c）

图1-6-5　焊接过程

（a）焊接；（b）检查；（c）剪短

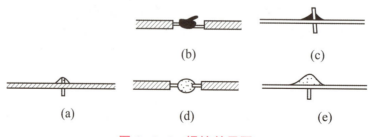

图1-6-6　焊接效果图

（a）合格焊点；（b）焊点有毛刺；（c）锡量过少；（d）蜂窝状虚焊；（e）锡量过多

虚焊是指焊点处只有少量锡焊，造成接触不良，时通时断；假焊是指表面上好像焊住了，但实际上并没有焊上，有时用手一拔，引线就可以从焊点中拔出。这两种情况将给电子制作的调试和检修带来极大困难。只有经过大量认真的焊接实践，才能避免这两种情况发生。

焊接电路板时，一定要控制好时间。若太长，则电路板将被烧焦，或造成铜箔脱落。从电路板上拆卸元件时，可将烙铁头贴在焊点上，待焊点上的焊锡熔化后，将元件拔出。焊接不利情况处理如表 1-6-1 所示。

表 1-6-1　焊接不利情况处理

不利情况	对　　策
烙铁头不上锡	原因是烙铁头太脏，如果烙铁头氧化或生锈，可找一小块油石(磨刀用的磨石)，在上面放少许松香和焊锡，待电烙铁加热到能熔化焊锡时，将烙铁头在有松香的磨石上一边磨一边搪锡，反复几次就可以了。有的是因为烙铁头烫过塑料而粘上了一层塑料，那就先将塑料刮去或锉去，再用上述方法搪锡
焊件不上锡	①焊接面未处理干净，刮干净再焊 ②电烙铁功率太小，接触焊件后，温度下降快，要换上功率大的电烙铁 ③烙铁头与焊件的接触面太小，不能将焊件迅速加热至焊锡熔化的温度，改变烙铁头与焊面的角度，增大接触面积
焊不牢	①可能是电烙铁功率稍小，保持焊锡熔化的时间不够，换用功率大的电烙铁 ②焊面不够干净，重新处理干净 ③助焊剂太多，反而阻碍焊锡浸润，减少助焊剂 ④电烙铁接触焊件的时间太短，焊锡未扩散到焊件，要稍许停顿一下再提起电烙铁

3. 焊接效果展示

焊接后焊板效果分析、检查，不合格的进行焊接处理，直到合格。焊接效果检查如图 1-6-7 所示。

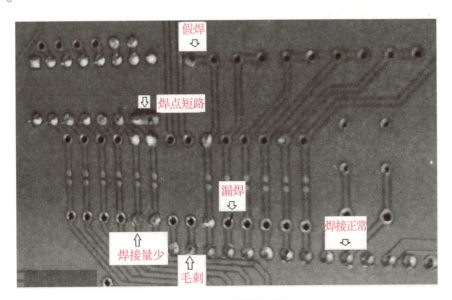

图 1-6-7　焊接效果检查

交流电与电容、电感的认知与实验

 **单元 1　正弦交流电的认知**

学习目标

◆ 能够区别交流电和直流电。

◆ 掌握正弦交流电路的基本物理量。

◆ 能够掌握正弦交流电路的振幅、相位和初相。

观察思考

如图 2-1-1 所示的波形中哪种是直流电，哪种是交流电，能够区别吗？

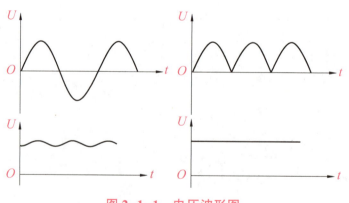

图 2-1-1　电压波形图

想一想

什么是交流电和直流电？现在我们来学习这方面的知识。

一、单相交流电

利用示波器可以测量并观察电路中的电流、电压的波形图。图 2-1-2 中电流的大小和方向均不随时间变化，这种电流称为稳恒直流电流，正是我们上一模块所学习的内容；而图 2-1-3 中电流的大小和方向随时间按正弦规律变化，这种电流称为正弦交流电流，即凡大小和方向随时间按正弦规律变化的电流或电压称为正弦交流电流或正弦交流电压，统称交流电，只有一相交流电的为单相交流电，我们最熟悉、常用的家用电器采用的都是交流电，如电视、照明灯、冰箱、空调等家用电器，即使是收音机、复读机等采用直流电源的家用电器，也是通过稳压电源将交流电转变为直流电后进行使用的。那么正弦交流电有哪些特征，应如何描述正弦交流电呢？

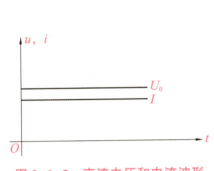

图 2-1-2　直流电压和电流波形

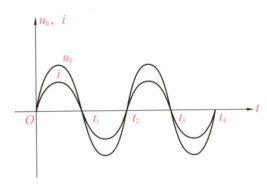

图 2-1-3　交流电压和电流波形

二、正弦交流量的基本特征和三要素

按正弦规律变化的交流电动势、交流电压、交流电流等物理量统称为正弦交流量，简称正弦量，如图 2-1-4 所示，其瞬时值的数学表达式为

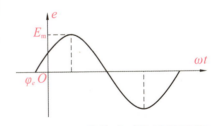

图 2-1-4　交流电动势的瞬时值

$$e = E_m \sin(\omega t + \varphi_e)$$
$$u = U_m \sin(\omega t + \varphi_u)$$
$$i = I_m \sin(\omega t + \varphi_i)$$

一个正弦交流量，其变化的快慢由频率决定；其变化的幅度由最大值决定；其变化的起点由初相位决定。因此，频率、最大值和初相位是确定一个正弦交流量的三个重要数据，通常称其为正弦交流量的三要素。

1. 瞬时值

正弦交流量在任一时刻 t 的取值称为正弦交流量的瞬时值。

正弦交流电动势、正弦交流电压、正弦交流电流的瞬时值分别用字母 e、u 和 i 表示。

2. 最大值

正弦交流量瞬时值中的最大值称为正弦交流量的最大值（也称振幅、峰值）。

正弦交流电动势、正弦交流电压、正弦交流电流的最大值分别用字母 E_m、U_m 和 I_m 表示。

3. 有效值

因为交流电的大小是随时间变化的，所以在研究交流电的功率时，采用最大值就不够方便，而通常用有效值表示。交流电的有效值规定如下。

使直流电流和交流电流加在同样阻值的电阻上，如果在相同时间内产生的热量相等，就把这一直流电的大小称为相应交流电的有效值。电动势、电压、电流的有效值分别用大写字母 E、U、I 表示。

通常所说的交流电的电动势、电压、电流的值，凡没有特别说明的都是有效值。照明电路的电源电压为 220 V，动力电路的电源电压为 380 V；用交流电工仪表测量出来的电流、电压都是有效值；交流电气设备铭牌上所标的电压、电流的数值也都是有效值。

正弦交流量的有效值和最大值之间有如下关系：

$$有效值 = \frac{1}{\sqrt{2}} \times 最大值$$

即

$$E = \frac{E_m}{\sqrt{2}} = 0.707E_m$$

$$U = \frac{U_m}{\sqrt{2}} = 0.707U_m$$

$$I = \frac{I_m}{\sqrt{2}} = 0.707I_m$$

最大值和有效值可用来反映交流电电流的强弱或电压的高低，即交流电变化的范围。

三、正弦交流量周期、频率与角频率

正弦量变化一次所需的时间（s）称为周期 T，如图 2-1-5 所示。每秒内变化的次数称为频率 f，它的单位是赫兹（Hz）。

频率是周期的倒数，即

$$f = \frac{1}{T}$$

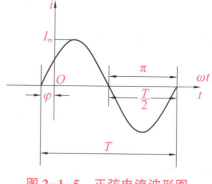

图 2-1-5　正弦电流波形图

在我国和大多数国家都采用 50 Hz 作为电力标准频率，有些国家（如美国、日本等）采用 60 Hz。这种频率在工业上应用广泛，习惯上称为工频。通常的交流电动机和照明负载都用这种频率。

正弦量变化的快慢除用周期和频率表示外，还可用角频率 ω 来表示，它的单位是弧度/秒（rad/s）。角频率是指交流电在 1 s 内变化的电角度。如果交流电在 1 s 内变化了 1 次，则电角

度正好变化了 2π 弧度，也就是说该交流电的角频率 $\omega = 2\pi$ rad/s。若交流电 1 s 内变化了 f 次，则可得角频率与频率的关系式为

$$\omega = 2\pi f = \frac{2\pi}{T}$$

上式表示 T，f，ω 3 个物理量之间的关系，只要知道其中之一，则其余均可求出。

例： 求出我国工频 50 Hz 交流电的周期 T 和角频率 ω。

解：

$$T = \frac{1}{f} = \frac{1}{50} \text{ s} = 0.02 \text{ s}$$

$$\omega = 2\pi f = 2\pi \times 50 \text{ rad/s} = 314 \text{ rad/s}$$

四、正弦交流量相位与相位差

在讲述正弦交流电动势的产生时，是假设线圈平面从与中性面重合的位置开始转动的。由于此时 $\alpha = 0°$，所以线圈中的感应电动势 $e = E_m\sin\omega t = 0$。但实际上正弦交流量的起点并不一定为零。如图 2-1-6(a) 所示，a_1b_1 线圈和 a_2b_2 线圈平面与中性面的夹角分别为 φ_1 和 φ_2，则任意时刻这两个电动势的瞬时值分别为

$$e_1 = E_m\sin(\omega t + \varphi_1)$$
$$e_2 = E_m\sin(\omega t + \varphi_2)$$

上式中的电角度 $(\omega t + \varphi_1)$ 和 $(\omega t + \varphi_2)$ 分别称为正弦交流电动势 e_1 和 e_2 的相位。相位能够描述正弦交流量在不同瞬间的变化状态（增大、减小、零或最大值），反映交流电变化的进程。当相位角随时间连续变化时，正弦量的瞬时值随之连续变化。

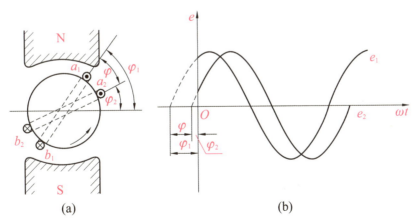

图 2-1-6　正弦交流量的相位与相位差

$t = 0$ 时的相位角称为初相位角或初相位。图中的 φ 就是这个电流的初相位。规定初相位的绝对值不能超过 π。

在一个正弦交流电路中，电压 u 和电流 i 的频率是相同的，但初相位不一定相同，如图 2-

1-7 所示。

图中 u 和 i 的波形可用下式表示：

$$u = U_m \sin(\omega t + \varphi_u)$$

$$i = I_m \sin(\omega t + \varphi_i)$$

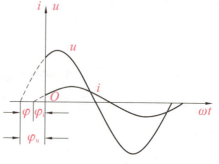

图 2-1-7　u 和 i 的相位不相等

它们的初相位分别为 φ_u 和 φ_i。

两个同频率正弦量的相位角之差或初相位角之差，称为相位差，用 φ 表示。图 2-1-7 中电压 u 和电流 i 的相位差为 $\varphi = (\omega t + \varphi_u) - (\omega t + \varphi_i) = \varphi_u - \varphi_i$。

当两个同频率、同正弦量的计时起点改变时，它们的相位和初相位即跟着改变，但是两者之间的相位差仍保持不变。

由图 2-1-7 的正弦波波形可见，因为 u 和 i 的初相位不同，所以它们的变化步调是不一致的，即不是同时到达正的幅值或零值。图中，$\varphi_u > \varphi_i$，所以 u 较 i 先到达正的幅值。这时我们说，在相位上 u 比 i 超前 φ 角，或者说 i 比 u 滞后 φ 角。

初相位相等的两个正弦量，它们的相位差为零，这样的两个正弦量称为同相。同相的两个正弦量同时到达零值，同时到达最大值，步调一致，如图 2-1-8 所示的 i_1 和 i_2。

相位差 φ 为 180° 的两个正弦量称为反相，如图 2-1-8 所示的 i_1 和 i_3。

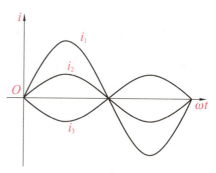

图 2-1-8　正弦量的同相与反相

由式及波形图可以看出，正弦量的最大值（有效值）反映正弦量的大小，角频率（频率、周期）反映正弦量变化的快慢，初相位反映分析正弦量的初始位置。因此，当正弦交流量的最大值（有效值）、角频率（频率、周期）和初相位确定时，正弦交流量才能被确定。

五、正弦交流量的应用

1. 家用电饭煲电路

家用电饭煲电路原理如图 2-1-9 所示。交流电 L 端通过熔断器 FU 到达发热器，再通过限温器和保温器回到交流电 N 端，形成一个回路，发热器两端有 220 V 电压，发热器开始发热，同时加热指示灯（HL_1）点亮。当温度达到一定的时候，限温器和保温器均要断开，此时发热器不发热，电流从 L 端通过 FU、发热器、保温指示灯、限流电阻到达 N 端，形成交流回路，点燃保温指示灯（HL_2），由于发热器电阻太小，所有电压均加在保温指示灯 HL_2 上，加热器不发热。当温度低于某个值，如 60 ℃，保温器导通，发热器又开始发热循环工作，从而电饭煲内的食物始终处在一定的温度范围，如高于 60 ℃。

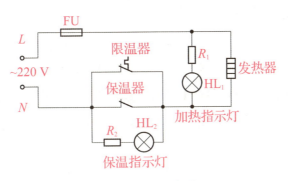

图 2-1-9　电饭煲电路原理

2. 微波炉电控原理与检修

（1）微波炉的组成

随着汽车的高速发展，越来越多的人出行会选择房车，微波炉是房车主要的用电设备之一，掌握微波炉维修技术也是很有必要的。

微波炉由电源、磁控管、控制电路和烹调腔等部分组成。

（2）微波炉的工作原理

微波炉的工作原理：控制电路根据用户设置的火力，将 AC 220 V 电压加到高压变压器的一次（侧），其二次（侧）输出 3~4 V 和 1 800~2 230 V 两组交流电压。3~4 V 交流电压直接给磁控管灯丝供电；1 800~2 230 V 交流电压经高压电容、高压二极管倍压整流滤波后，变为 3 600~4 500 V 的负直流电压，加到磁控管阴极。当磁控管具备灯丝电压，且阳极（接地）与阴极之间的电压差大于 3 500 V 时，就产生 2 450 MHz 超高频电磁波，即微波，快速震动食品内的蛋白质、脂类、糖类及水等物质的分子，使之相互碰撞、挤压、摩擦，重新排列组合，微波炉是靠食品内部的摩擦生热来进行烹调的。微波炉的功率范围一般为 500~1 000 W。微波炉电路原理如图 2-1-10 所示。

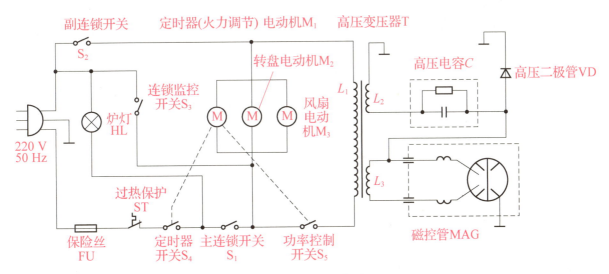

图 2-1-10　微波炉电路原理

（3）微波炉的故障诊断与排除

微波炉维修工具/原料：螺丝刀、万用表等工具；维修用配件有高压二极管、高压保险管、高压电容、磁控管、微动开关等。

1）易损部件检测

①磁控管（MAG）。正常时，其灯丝电阻小于 1 Ω，灯丝与管壳间电阻无穷大，磁钢不应开裂。磁控管损坏，表现为灯丝两接线柱之间开路，或者表现为两接线柱对外壳导电形成通路。磁控管损坏引起的现象有微波炉运转声音小、不加热，或烧电源保险（FU）、高压保险、高压二极管等。

②高压二极管（VD）。正常时，用万用表 $R\times10$ k 挡测量，正向导通（有一定电阻，150 k 左右），反向截止（电阻无穷大）；用其他电阻挡测量正、反向电阻均不能导通。高压二极管损坏多为击穿，即正、反向都能通。高压二极管损坏引起的故障现象有烧高压保险，或微波炉运转不加热，微波炉运转不加热且噪声增大。

③高压电容（C）。容量 $0.8\sim1.2$ μF 之间，电容两端与外壳间电阻无穷大，内并联有一只 9 MΩ 电阻。正常时，将指针式用表置于 $R\times10$ k 挡，两表笔分别接高压电容两极，测量之初有一定阻值但不高，然后逐渐上升到 9 MΩ 左右。常见损坏形式是极片或绝缘木打火，个别为失效或击穿。高压电容损坏引起的现象有烧电源保险管或高压保险管、微波炉能运转但不加热等。

④高压变压器（T）。正常时，其一次绕组电阻为 $1.5\sim3$ Ω，二次绕组电阻为 $100\sim200$ Ω，灯丝绕组电阻小于 1 Ω，各绕组对铁芯的阻值为无穷大。高压变压器损坏高压绕组匝间短路，损坏后引起的现象有运转电流增大，有异味，或运行不加热、冒烟。

⑤机械定时器/火力选择器。正常时，测量电动机两端有阻值，顺时针拧一下时间旋钮，定时开关触点导通。火力触点在电动机旋转时，时通时断。定时开关触点损坏，引起整机不工作；火力开关触点损坏引起微波炉运转不加热；电动机损坏引起微波炉运转加热不停，或者运行不加热、不停机。

⑥门开关。门开关内含有几个轻触开关。在正常情况下，闭合开关时有微小的触点转换声音。损坏后的故障表现为整机不工作、运转不加热、开门时烧电源保险管等。

⑦热继电器，又称为热切断器、限温开关、热敏开关等，属于自动复位热敏保护元件。将万用表置于 $R\times10$ k，两表笔分别接热继电器两接线端，常温下阻值应为 0，高温且达到其标注值时阻值应为无穷大，当温度下降一定值时又自动变为 0。热继电器损坏后，应换用同规格参数的继电器，如果换用标注温度过低则会引起误保护；换用标注温度过高则达不到保护目的。

⑧双向二极管。将指针式万用表置于 $R\times10$ k 挡，两表笔分别接双向二极管两极，正、反向电阻均应为无穷大。双向二极管击穿、漏电，一般会引起微波炉不加热或将电源保险烧断。检查时如果没有该管，也可去除不用，去除后对电路的工作没有影响，但该机会失去高压过压保护功能。

2）微波炉常见故障

①加电无反应，保险管完好：机械控铺式微波炉可检查机械定时器、磁控管限温器；电脑控制微波炉，观察电脑板的保险管，检查电脑板上电源变压器、磁控管限温保护器，在排除故障后，可换上保险管试机。

②加电无反应，保险管熔断：检查门开关、微波高压系统（高压变压器、高压二极管、磁控管、高压电容）、风扇电动机、转盘电动机；在排除故障后，可换上保险管试机；检查高压变压器主要是观察一次绕组、高压绕组有没有烧焦的痕迹，有没有绝缘漆的焦煳味道。

③屡烧电源保险管：先检查门开关、高压变压器，然后再检查微波系统中其他器件，如高压二极管、高压电容、双向二极管、磁控管等。

④能运转，但微波炉不加热：先测量高压变压器一次有无供电，然后根据测量结果确定检修范围；若测得高压变压器一次无 AC 220 V 供电，机械控制微波炉，则应检查定时器、门开关；电脑控制微波炉，应检查门开关、电脑板火力继电器及驱动晶体管，若测得高压变压器一次有 AC 220 V 电源，则检查高压变压器、高压保险、高压二极管、保护二极管。

⑤微波不加热，噪声增大或震动大：重点检查微波系统，如高压二极管、高压变压器、高压电容、双向二极管、磁控管。

⑥微波加热慢，火力较以前明显减小：此故障通常是磁控管老化，少数是功率控制选择开关或功率继电器触点不良。

⑦烧烤不加热：检查烧烤器有无 AC 220 V 供电，如果供电正常，则更换烧烤管；如果没有供电电压，则检查烧烤控制电路，如烧烤限温保护器、烧烤开关，对于电脑控制式微波炉，还要检查烧烤继电器及驱动晶体管等元件。

⑧开机后内胆打火：在确认用户没有使用金属器皿的情况下，检查云母片是否烧焦，内胆是否太潮湿。

⑨启动或停止键失灵：一般见于电脑控制式微波炉，检查薄膜开关。

⑩电脑式微波炉上电有显示，但不启动：检查门开关和面板上开关。

⑪有时不启动，有时自动切换功能，蜂鸣器误响：测量 CPU 的 +5 V、复位、时钟振荡脚电压，更换晶体。

⑫托盘不运转：在确认转轴与轨道正常的情况下，检查托盘同步电动机及电动机供电电压。

⑬风扇电动机不运转：检查风扇电动机及供电。

⑭打开炉门后，炉托盘电动机仍转：电脑控制式微波炉，检查电脑板上的主继电器及控制晶体管；机械控制微波炉，检查炉门开关。

⑮机械微波炉加热不停机：检查定时器电动机是否损坏，定时钮转轴是否与面板卡住，定时器电动机供电是否正常。

⑯定时器电动机有 AC 220 V、AC 50 V 之分，若风扇电动机损坏，也会引起定时器电动机

停转。

3）低压供电线路

①不加热故障（转盘、灯都不工作）：一般是低压故障（低压故障一般是由于低压供电线路有问题，形成220 V交流电压没有送往高压变压器或变频板，然后高压局部不工作导致不加热）；低压局部大多由于定时器损坏（机械式微波炉）或电脑板继电器损坏（电脑控制式微波炉）所致，还有少量微波炉因微动开关所致，检查电源电压、检查门开关、检查电源保险丝管。

②不加热故障（转盘、灯都工作）：产生这个现象的原因一般是高压故障，高压故障一般是由五大元器件引起的，即高压二极管、磁控管、高压变压器、高压电容和高压保险管损坏。

学生互动

提问：

1. 交流电是什么？

2. 什么是角频率？它和周期、频率有什么关系？工频交流电的频率、周期、角频率各是多少？

3. 正弦交流量的三要素是什么？

思考与练习

1. 让10 A的直流电流和最大值为12 A的交流电流分别通过阻值相同的电阻，问在同一时间内，哪个电阻的发热量大？为什么？

2. 已知正弦交流电动势 $e = 141\sin\left(314t - \dfrac{2\pi}{3}\right)$ V，试求 E_m、E、ω、f、T 和 φ 各为多少？

单元2　三相正弦交流电的认知与实验

学习目标

◆掌握三相正弦交流电的用途。

◆会测量三相正弦交流电波形，会看波形。

◆能够掌握三相正弦交流电路的表示方法。

◆三相正弦交流电的优点和应用。

观察思考

有哪些设备使用交流电，能够说出来吗？如图 2-2-1 所示，输电高压线是否使用交流电？

图 2-2-1　输电高压线

想一想

在室外我们常见到高高的铁塔上面有许多线，有交流电、网络线、电话线、光纤线，你能够区分它们吗？家庭用电一般都为单相交流电，而汽车生产企业、工厂中所用的又是哪种交流电呢？它和单相交流电有什么区别，又有哪些特性呢？现在，我们来学习这方面的知识。

一、三相交流电

1. 三相交流电路的定义

由三相交流电源供电的电路称为三相交流电路。三相交流电路是指由 3 个频率相同、最大值（或有效值）相等、在相位上互差 120° 的单相交流电动势组成的电路，这 3 个电动势称为三相对称电动势。三相交流电源指能够提供 3 个频率相同而相位不同的电压或电流的电源，最常用的是三相交流发电机。三相交流发电机的各相电压的相位互差 120°，它们之间各相电压超前或滞后的次序称为相序。

2. 三相交流电的特点

①三相交流发电机比与其功率相同的单相交流发电机体积小、重量轻、成本低。

②当输送功率相等、电压相同、输电距离一样，线路损耗也相同时，用三相制输电比单相制输电可大大节省输电线有色金属的消耗量，即输电成本较低。

③目前获得广泛应用的三相异步电动机，是以三相交流电作为电源，它与单相电动机或

其他电动机相比，具有结构简单、价格低廉、性能良好和使用维护方便等优点。

因此，在现代电力系统中，三相交流电路获得广泛应用，家庭用的单相交流电也是从它们之间分出来的其中一相。

3. 三相交流电的产生

三相交流电的产生就是指三相交流电动势的产生。三相交流电动势由三相交流发电机产生，如图 2-2-2 所示。

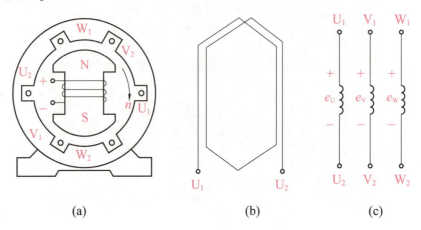

图 2-2-2　三相交流发电机

（a）原理示意；（b）相绕组；（c）三相绕组

磁极安置在转子上，一般均由直流电通过励磁绕组产生一个很强的恒定磁场，当转子由原动机拖动做匀速转动时，三相定子绕组即切割转子磁场而感应出三相交流电动势。这 3 个电动势的三角函数表达式为

$$\begin{cases} e_U = E_m \sin\omega t \\ e_V = E_m \sin(\omega t - 120°) \\ e_W = E_m \sin(\omega t - 240°) \end{cases}$$

其波形图如图 2-2-3（a）所示，相量图如图 2-2-3（b）所示。

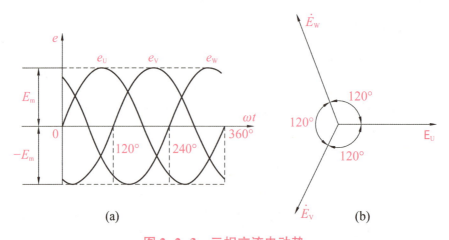

图 2-2-3　三相交流电动势

（a）波形图；（b）相量图

从图 2-2-3（a）中可以看出，三相交流电动势在任一瞬间的 3 个电动势的代数和为零，即 $e_U + e_V + e_W = 0$。

从图 2-2-3（b）中还可看出三相正弦交流电动势的相量和也等于零，即 $\dot{E}_U + \dot{E}_V + \dot{E}_W = 0$。

我们可以把 e_U、e_V、e_W 称为三相对称电动势，规定每相电动势的正方向是从线圈的末端指向首端（或由低电位指向高电位）。

二、三相电源与负载的连接

三相交流发电机实际有 3 个绕组、6 个接线端，目前采用的是将这三相交流电按照一定的方式，连接成一个整体向外送电，连接的方法通常为星形和三角形。

1. 三相电源的星形连接（Y 连接）

（1）基本概念

将电源的三相绕组末端 U_2、V_2、W_2 连在一起，首端 U_1、V_1、W_1 分别与负载相连，这种方式就称为星形连接，其连接方法如图 2-2-4 所示。

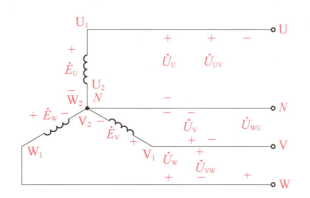

图 2-2-4　三相电源的星形连接（有中性线）

中点、中性线、相线，三相绕组末端相连的一点称为中点或零点，一般用"N"表示。从中点引出的线称为中性线（简称中线），由于中线一般与大地相连，通常又称为地线（或零线）。从首端 U_1、V_1、W_1 引出的 3 根导线称为相线（或端线）。由于它与大地之间有一定的电位差，一般通称为火线。

输电方式，由 3 根火线和 1 根地线所组成的输电方式称为三相四线制（通常在低压配电系统中采用）。只由 3 根火线所组成的输电方式称为三相三线制（在高压输电时采用较多）。

配电方式，由 3 根火线、1 根零线和 1 根地线所组成的配电方式称为三相五线制，一般进入大厦或居民住宅后通过配电装置送到用户家里，五线分别由 L_1、L_2、L_3、N 和 E 表示。

（2）三相电源星形连接时的电压关系

相电压 U_P，即每个绕组的首端与末端之间的电压。相电压的有效值用 U_U、U_V、U_W 表示。线电压 U_L，即各绕组首端与首端之间的电压，即任意两根相线之间的电压称为线电压，其有效值分别用 U_{UV}、U_{VW}、U_{WU} 表示。相电压与线电压参考方向的规定：相电压的正方向是由首端指向中点 N，如电压 U_U 是由首端 U_1 指向中点 N；线电压的方向，如电压是由首端 U_1

指向首端 V_1。

线电压 U_L 与相电压 U_P 的关系，三相电源 Y 连接时的电压相量图，如图 2-2-5 所示。3 个相电压大小相等，在空间上各相差 120°。

故两端线 U 和 V 之间的线电压应该是两个相应

的相电压之差，即 $\begin{cases} \dot{U}_{UV} = \dot{U}_U - \dot{U}_V \\ \dot{U}_{VW} = \dot{U}_V - \dot{U}_W \\ \dot{U}_{WU} = \dot{U}_W - \dot{U}_U \end{cases}$

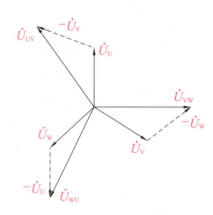

图 2-2-5　电源星型连接时的电压相量图

线电压大小利用几何关系可求得

$$U_{UV} = 2U_U \cos 30° = \sqrt{3}\, U_U$$

同理可得 $U_{VW} = \sqrt{3}\, U_V$，$U_{WU} = \sqrt{3}\, U_W$。

结论：三相电路中线电压的大小是相电压的 $\sqrt{3}$ 倍，其公式为 $U_L = \sqrt{3}\, U_P$。

平常我们讲的电源电压为 220 V，是指相电压；电源电压为 380 V，是指线电压。由此可见，三相四线制的供电方式可以给负载提供两种电压，即线电压 380 V 和相电压 220 V，因而在实际中获得了广泛应用。

2. 三相电源的三角形连接(△连接)

(1)基本概念

如图 2-2-6 所示，将电源一相绕组的末端与另一相绕组的首端依次相连(接成一个三角形)，再从首端 U_1、V_1、W_1 分别引出端线，这种连接方式称为三角形连接。

(2)三相电源三角形连接时的电压关系

由图 2-2-6 可见 $\begin{cases} \dot{U}_U = \dot{U}_{UV} \ \dot{U}_V = \dot{U}_{VW} \\ \dot{U}_W = \dot{U}_{WU} \end{cases}$，

所以，三相电源三角形连接时，电路中线电压的大小与相电压的大小相等，即 $U_U = U_P$。

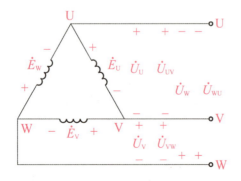

图 2-2-6　三相电源的三角形连接

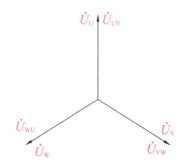

图 2-2-7　电源三角形连接时的电压向量图

由相量图 2-2-7 可以看出，3 个线电压之和为零，即 $\dot{U}_{UV} + \dot{U}_{VW} + \dot{U}_{WU} = 0$。

同理可得，在电源的三相绕组内部 3 个电动势的相量和也为零，即 $\dot{E}_{UV} + \dot{E}_{VW} + \dot{E}_{WU} = 0$。

因此当电源的三相绕组采用三角形连接时在绕组内部是不会产生环路电流(环流)的。

三、三相负载与三相负载的连接

根据使用方法的不同,电力系统的负载,可以分成两类:一类是像电灯这样有两根出线的,称为单相负载,如电风扇、收音机、电烙铁、单相电动机等都是单相负载;另一类是像三相电动机这样的有三个接线端的负载,称为三相负载。

在三相负载中,如果每相负载的电阻均相等,电抗也相等(且均为容抗或感抗),则称为三相对称负载。如果各相负载不同,就是不对称的三相负载,如三相照明电路中的负载。

负载也和电源一样可以采用两种不同的连接方法,即星形连接和三角形连接。

1. 三相负载的星形连接

(1)接线特点

图 2-2-8 为三相负载星形连接电路,它的接线原则与电源的星形连接相似,即将每相负载末端连成一点 N(中性点),首端 U、V、W 分别接到电源线上。

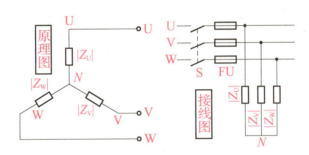

图 2-2-8　三相负载星形连接(无中性线)电路

中线电流对应的相量式为 $\dot{I}_N = \dot{I}_U + \dot{I}_V + \dot{I}_W = 0$。

图 2-2-8 的接线方式是只有 3 根相线,而没有中性线的电路,即三相三线制;除了 3 根相线外,在中性点还接有中性线,即三相四线制。三相四线制除了供电给三相负载外,还可以供电给单相负载,故凡有照明、单相电动机、电扇、各种家用电器的场合,也就是说,一般的低压用电场所,大多采用三相四线制,其电路如图 2-2-9 所示。

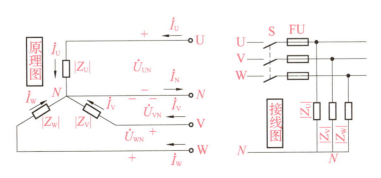

图 2-2-9　三相四线制电路

(2)电压、电流关系

线电压 U_L:三相负载的线电压就是电源的线电压,也就是两根相线之间的电压。

相电压 U_P：每相负载两端的电压称为负载的相电压，在忽略输电线上的电压降时，负载的相电压就等于电源的相电压，因此，$U_L = \sqrt{3}\,U_P$。

线电流 I_L：流过每根相线上的电流。

相电流 I_P：流过每相负载的电流。

中线电流 I_N：流过中线的电流。

对于三相电路中的每一相而言，都可以看成一个单相电路，所以各相电流与电压间的相位及数量关系都可用讨论单相电路的方法来讨论。

若三相负载对称，则在三相对称电压的作用下，流过三相对称负载中每相负载的电流应相等，即 $I_L = I_U = I_V = I_W = \dfrac{U_P}{|Z_P|}$。

而每相电流间的相位差仍为 120°。由 KCL 定律可知，中线电流为零。

2. 三相负载的三角形连接

将三相负载分别接在三相电源的每两根相线之间的接法，称为三相负载的三角形连接，如图 2-2-10 所示。三相负载三角形连接时的电流、电压相量图如图 2-2-11 所示。

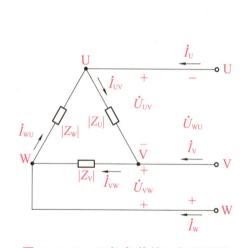

图 2-2-10　三相负载的三角形连接

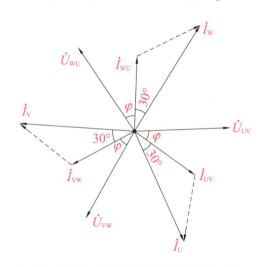

图 2-2-11　三相负载三角形连接时的
电流、电压相量图

负载也和电源一样可以采用两种不同的连接方法，即星形连接和三角形连接，如图 2-2-12 所示。

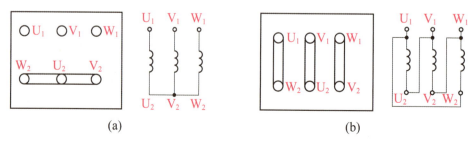

图 2-2-12　星形连接和三角形连接

（a）星形连接；（b）三角形连接

三相电路的星形连接就是3个末端连接在一起引出中线，由3个首端引出3条火线。各相电压源的正极性端A、B、C引出，以便与负载相连。这就是星形连接方式，或称Y连接方式。三相电路中，对称三相电压源是依次相连的，相位超前的电压源的负极性端与相位滞后的电压源的正极性端相连，三相电压源形成回路，然后从3个连接点引出端线，这就是三角形连接方式，也可称为△连接方式。

学生互动

判断正误：

1. 正弦交流电压、正弦交流电流及正弦交流电动势等物理量，统称为正弦交流量，简称正弦量。

2. 每一个正弦量都具有如下共同的基本特征：瞬时值、最大值和有效值、周期、频率和角频率、相位、初相位和相位差、正弦交流量的三要素。

3. 一个正弦交流量一般有三种表示方法：解析法、曲线法和相量法。

4. 由三相交流电源供电的电路称为三相交流电路。所谓三相交流电路是指由3个频率相同、最大值(或有效值)相等、在相位上互差120°的单相交流电动势组成的电路，这3个电动势称为三相对称电动势。

5. 三相交流发电机实际有3个绕组、6个接线端，我们目前采用的是将这三相交流电按照一定的方式，连接成一个整体向外送电的，连接的方法通常为星形连接和三角形连接。

思考与练习

1. 厂车间用的大型机床是以什么电源供电的？

2. 三相五线制是什么意思？

3. 三相电动机要改变其运转的方向，应怎样处理？

四、利用示波万用表测量三相交流电波形

1. 实验目的
会用仪器看波形，并掌握示波万用表的使用方法。

2. 实验器材
VC-300示波万用表(或常用示波器)、三相电源。

3. VC-300汽车示波数字万用表
VC-300汽车示波数字万用表如图2-2-13所示。VC-300汽车示波数字万用表参数如表2-2-1所示。

表 2-2-1　VC-300 汽车示波数字万用表参数

功能	输入端	最大输入值
DCV/ACV	V/Ω　COM	600 VAC　RMS/DC
Ω	V/Ω　COM	250 VAC　RMS/DC
DCA/ACA	mA　COM	350 mA　250 VAV/DC
℃	mA　COM	350 mA　250 VAV/DC
Cx	mA　COM	350 mA　250 VAV/DC
10 A DC/AC	10 A COM	外接分流器

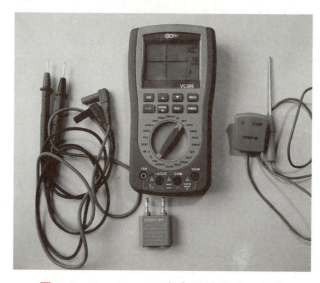

图 2-2-13　VC-300 汽车示波数字万用表

（1）符号说明

①POW：电源开关键。

②DC/AC/Hz：直/交流/频率转换开关键。

③REL：相对值测量键。

④H/MAX：数据保持/最大值记录数据存储键。

⑤DIS：显示方式选择键。

⑥SELE：功能菜单选择键。

⑦△/▽功能调节键。

（2）使用方法

选择示波挡测量时右边上层为波形幅度（垂直）调节，中层为波形周期（水平）选择，下层为触发选择，水平箭头显示分别为无触发/过零/上升沿/下降沿，一般选择箭头向上的过零位置。按〈DIS〉键，可以显示指针模拟刻度、数据、示波、电压挡，但开关要调到电压挡才行。数字示波器面板如图 2-2-14 所示。

1）面板装置

一般面板装置按位置和功能通常可划分为四部分：显示通道输入/输出、调整频率及幅值、控制自动扫描、运行停止。

2）示波器作用

数字示波器是数据采集、A/D 转换、软件编程等一系列技术制造出来的高性能示波器。数字示波器一般支持多级菜单，有的示波器可以提供存储，实现对波形的保存和处理。用示波器能观察各种不同电信号幅度随时间变化的波形曲线，在这个基础上示波器可以应用于测量电压、时间、频率、相位差和调幅度等电参数。

图 2-2-14　数字示波器面板

（3）使用步骤

用示波器观察电信号波形的使用步骤。

1）示波器的两个按键

AUTO：自动设置功能调节各种控制值，以产生适宜观察的输入信号显示；RUN/STOP（运行/停止）：示波器正在采集触发后的信息/示波器已停止采集波形数据。

2）示波器信号显示控制

水平控制按钮的操作：HORIZONTAL 菜单，改变水平刻度和波形位置，屏幕水平方向上的中心是波形的时间参考点，调节位置按钮，波形左、右移动；垂直控制按钮的操作：显示波形，调节垂直标尺和位置，以及设定输入参数，每个通道需要单独调节，通过调节位置按钮，能让波形上、下移动。

3）示波器触发模式

示波器的"触发"就是使示波器的扫描与被观测信号同步，从而显示稳定的波形。示波器的基本触发模式有三种：AUTO（自动模式）、NORM（正常模式/常规模式）、SINGLE（单次模式）。在 AUTO（自动模式）下，不论触发条件是否满足，示波器都会产生扫描，都可以在屏幕上看到有变化的扫描线,这是该模式的特点。NORM(正常模式/常规模式)模式下,示波器只有当触发条件满足了才进行扫描,如果没有触发,则不进行扫描。SINGLE(单次模式)扫描一旦产生并完成后,示波器的扫描系统即进入一种休止状态,即使后面再有满足触发条件的信号出现也不再进行扫描。

4)输入被测信号

被测信号由探头衰减后(或由同轴电缆不衰减直接输入,但此时的输入阻抗降低、输入电容增大),通过Y轴输入端输入示波器。

4. 实验内容与步骤

老师指导学生测量波形,并观看三相交流电波形:频率、振幅、相位。注意示波器探头要衰减,也要注意安全。

三相交流电波形如图2-2-15所示。

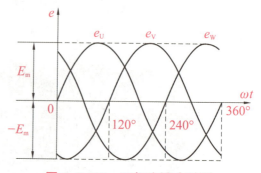

图2-2-15　三相交流电波形

 单元3　电容、电感的认知与实验

学习目标

◆掌握电容、电感元件的构造、作用和特点。

◆掌握其作用并会选用电容、电感。

◆能够掌握电容的参数和计算方法。

观察思考

图2-3-1所示是哪种电子元件,能够说出来吗?

(a)　　　　　　　　　　　　　　　(b)

图2-3-1　电容、电感元件

(a)电容;(b)电感

想一想

电容和电感在这些车用设备的电路中能起到哪些作用呢？现在，我们来学习这方面的知识。

一、电容

1. 电容

图 2-3-1（a）为电容，是用来储存和释放电荷和电场能量的"容器"，其容量决定了它对电荷的存储能力。若将两块彼此绝缘的金属极板面对面放置，就构成了一个最简单的电容。

2. 电容的组成

电器是由任意形状的两个导体中间隔以绝缘物质构成的整体，其中两个导体称为极板。

需要注意的是，电容两极板接上电源后就开始储存电荷，带正电荷的极板称为正极板，带负电荷的极板称为负极板，与此同时两极板间建立起电场，并储存电场能量。当电源断开后，电荷在一段时间内仍聚集在极板上，内部电场仍然存在，故电容是一种能够储存电场能量的元件。

3. 电容元件

无漏电流和介质损耗的电容就是理想电容，即电容元件，简称为电容，用符号 C 表示。

4. 电容的作用

电容是组成电子电路的基本元件之一，广泛应用于耦合电路、滤波电路、调谐电路、积分电路、振荡电路，还能隔直流通交流等，且电容的电压不能突变。

在电力系统中，电容可以用来改善系统的功率因数，提高电能的利用率。在机械加工工艺中，电容还可用于电火花加工。

5. 电容的类型

按电容的容量是否可调，可分为固定电容、可变电容、微调电容及超级电容。按电容所用的介质的不同，可分为有机介质电容、无机介质电容、气体介质电容、电解电容。

6. 几种常见电容的图形符号（见表 2-3-1）

表 2-3-1　电容的图形符号

名称	图形符号	名称	图形符号	名称	图形符号
一般电容	—⊣⊢—	电解电容		穿心式电容	
可变电容		多连可变电容（图为双连式）		微调电容	

7. 电容主要参数——电容量

（1）电容量

电容量是衡量电容储存电荷能力大小的一个物理量，简称为电容，通常也用符号 C 表示。这样"电容"一词既表示电容元件本身，又表示其参数，其充电电路如图 2-3-2 所示。

电容的计算公式：$C = \dfrac{q}{U}$。

式中：C——电容的电容量，单位为法拉（F）；

q——极板上所带电量，单位为库仑（C）；

U——极板间电压，单位为伏特（V），参考方向规定为从正极板指向负极板。

图 2-3-2　电容充电电路

（2）电容常用的单位

国际单位制中电容的单位是法拉（F），简称为法；实际应用中，由于法拉单位太大，所以常用的单位有微法（μF）和皮法（pF）。

它们之间的换算关系：$1\ \mathrm{F} = 10^{6}\ \mu\mathrm{F} = 10^{12}\ \mathrm{pF}$。

通常电容的电容量 C 是一个常数，只与极板面积的大小、形状，极板间的距离和电介质有关，与电压 U 和电荷 q 无关，这种电容称为线性电容元件。

实际电容都在其外壳上标有电容量的大小，这个容量称为标称容量。电容的实际容量与标称容量之间的误差，反映了实际电容的精度。

（3）工作电压

通常在电容上都标有最大工作电压（也称耐压）。在使用时所加的工作电压不得超过其耐压，否则电容会被击穿而损坏。

8. 电容量的标注

电容的电容量常按下列规则标印在电容上。

（1）直标法

小于 10 000 pF 的电容，一般只标注数值而省去单位，如 330 表示 330 pF；10 000～100 000 pF 之间的电容以 μF 为单位，以小数点为标志，也只标注数值而省去单位，如 0.1 表示 0.1 μF，0.022 表示 0.022 μF；电解电容以 μF 为单位直接标印在电容上，如 100 μF/16 V，表示标称容量为 100 μF，耐压为 16 V。

（2）数码表示法

用三位数码表示容量大小，前两位数字是电容量的有效数字，第三位是零的个数，单位为 pF。例如，103 表示 $10×10^{3} = 10\ 000$ pF，224 表示 $22×10^{4} = 220\ 000$ pF $= 0.22$ μF；如果第三位是 9，则 $×10^{-1}$，如 339 表示 $33 ×10^{-1} = 3.3$ pF。

（3）色标法

电容的色标法与电阻色标法大致相同，如表 2-3-2 所示。

表2-3-2　电容的色标与工作电压对应表

颜色	黑	棕	红	橙	黄	绿	蓝	紫	灰
工作电压/V	4	6.3	10	16	25	32	42	50	63

9. 电容上电压与电流间的关系(见图2-3-3)

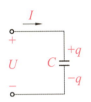

由于电容两极板间的电介质是绝缘的,所以,理想电容中不会有电流通过。通常我们所说的通过电容的电流,实际是指电容所在支路的电流。当电容两极板间电压升高或降低时,极板上的电荷相应地聚集或减少,此时就会有电荷在电容所在支路中做定向移动形成电流,并且电压变化越快,单位时间内通过导体横截面的电荷量就越多,电流也就越大。

图2-3-3　电容上电压与电流间的关系

若当电容元件上所加电压为直流时,则无论 dt 为何值,d$U = 0$,$I = 0$。所以稳态时电容元件对直流信号相当于开路。只有当电容元件上所加电压有变化(如电压为交流)时,才不为零。

10. 电容元件的连接

(1)电容元件的并联

电容并联电路及其等效电路如图2-3-4所示。

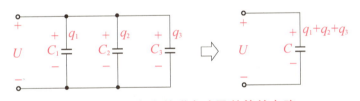

图2-3-4　电容并联电路及其等效电路

电容并联具有以下3个特点。

① 各电容元件端电压相等,均等于电路两端总电压,即 $U_1 = U_2 = U_3 = U$。

② 电容元件组储存的总电量等于各电容元件储存电量之和,即 $q = q_1 + q_2 + q_3$,其中 $q_1 = C_1 U$,$q_2 = C_2 U$,$q_3 = C_3 U$。

③ 电容元件组的总电容(等效电容)等于各电容元件电容量之和,即

$$C = \frac{q}{U} = \frac{q_1 + q_2 + q_3}{U} = C_1 + C_2 + C_3$$

注意:应用电容的并联增大电容量时,不能忽视电容的耐压,任一电容的耐压均不能低于外加的工作电压,否则,该电容会被击穿,所以,并联电容元件组的耐压值等于各电容元件中耐压值最小的那个。

例1:有四个电容并联,其中两个电容的电容均为 0.2 μF,耐压均为 500 V;另两个电容的电容均为 0.6 μF,耐压均为 300 V,求总电容和耐压值。

解:

$C = C_1 + C_2 + C_3 + C_4 = (0.2 + 0.2 + 0.6 + 0.6)\ \mu F = 1.6\ \mu F$

电容元件组的耐压值等于各电容元件耐压值中的最小值，即 $U = 300$ V。

（2）电容元件的串联

电容元件的串联电路及其等效电路如图 2-3-5 所示。

电容元件串联具有以下 4 个特点。

①各电容元件储存的电量相等，均等于电容元件组储存的总电量 q，即 $q = q_1 = q_2 = q_3$。

②总电压等于各电压之和，即 $U = U_1 + U_2 + U_3$。

③串联时等效电容的倒数等于各电容的倒数之和，即

$$\frac{1}{C} = \frac{1}{C_1} + \frac{1}{C_2} + \frac{1}{C_3}$$

若两个电容元件串联，则有

$$C = \frac{C_1 C_2}{C_1 + C_2}$$

④串联时工作电压的选择：求出每一个电容允许储存的电量（电容×耐压），选择其中最小的一个（用 $q_{\min}$ 表示）作为电容

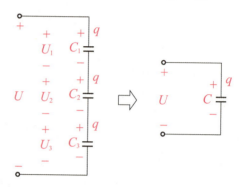

图 2-3-5　电容串联电路
及其等效电路

元件组储存电量的极限值，电容元件组的耐压就等于这个电量除以总电容，即 $U = \dfrac{q_{\min}}{C}$。

由于 $C = \dfrac{q}{U}$，$U_1 = \dfrac{q}{C_1}$，$U_2 = \dfrac{q}{C_2}$，$U_3 = \dfrac{q}{C_3}$，$U = \dfrac{q}{C} = U_1 + U_2 + U_3 = \dfrac{q}{C_1} + \dfrac{q}{C_2} + \dfrac{q}{C_3}$，所以 $\dfrac{1}{C} = \dfrac{1}{C_1} + \dfrac{1}{C_2} + \dfrac{1}{C_3}$。

说明：当 n 个相同的电容串联时，电容元件组的总耐压为单个电容元件耐压的 n 倍，故电容串联可提高耐压。

例2：有 3 个电容串联，其电容分别为 3 μF、4 μF、6 μF，它们的耐压值都是 500 V，求电容元件组的总电容和耐压。

解：

总电容为

$$\frac{1}{C} = \frac{1}{C_1} + \frac{1}{C_2} + \frac{1}{C_3} = \frac{1}{3} + \frac{1}{4} + \frac{1}{6} = \frac{9}{12}$$

$$C = \frac{12}{9} \mu F = \frac{4}{3} \mu F \approx 1.33 \ \mu F$$

各电容所允许储存的电荷量为

$$q_1 = 3 \times 10^{-6} \times 500 \ C = 1.5 \times 10^{-3} \ C$$

$$q_2 = 4 \times 10^{-6} \times 500 \ C = 2 \times 10^{-3} \ C$$

$$q_3 = 6 \times 10^{-6} \times 500 \ C = 3 \times 10^{-3} \ C$$

比较 q_1、q_2、q_3 后，得

$$q_{\min} = 1.5 \times 10^{-3}\ \text{C}$$

故电容元件组的总耐压为

$$U = \frac{q_{\min}}{C} = \frac{1.5 \times 10^{-3}}{\frac{4}{3} \times 10^{-6}}\ \text{V} = 1\ 125\ \text{V}$$

（3）电容的混联

既有串联又有并联的电容组合电路，称为电容的混联。

例3：已知3个电容 C_1、C_2、C_3 的电容分别为 3 μF、2 μF、4 μF，其中电容 C_2、C_3 并联再与电容 C_1 串联，外加总电压 $U = 300$ V，求总电容及各电容上的电量和电压。

解：

并联部分：

$$C_{23} = C_2 + C_3 = (2+4)\ \text{μF} = 6\ \text{μF}$$

总电容为

$$C = \frac{C_1 C_{23}}{C_1 + C_{23}} = \frac{3 \times 6}{3+6}\ \text{μF} = 2\ \text{μF}$$

总电量为

$$q = CU = 2 \times 10^{-6} \times 300\ \text{C} = 6 \times 10^{-4}\ \text{C},$$

C_1 上的电量就是总电量，即

$$q_1 = q = 6 \times 10^{-4}\ \text{C}$$

故

$$U_1 = \frac{q}{C_1} = \frac{6 \times 10^{-4}}{3 \times 10^{-6}}\ \text{V} = 200\ \text{V}$$

C_2、C_3 并联的端电压为

$$U_2 = U_3 = U - U_1 = (300 - 200)\ \text{V} = 100\ \text{V}$$

$$q_2 = C_2 U_2 = 2 \times 10^{-6} \times 100\ \text{C} = 2 \times 10^{-4}\ \text{C}$$

$$q_3 = C_3 U_3 = 4 \times 10^{-6} \times 100\ \text{C} = 4 \times 10^{-4}\ \text{C}$$

11. 电容的充、放电

（1）电容的充电

如图2-3-6所示，把电容与电阻 R 串联后，再经开关 S 接到直流电源上，使电容被充电。在电路刚接通瞬间，因电容上无电荷，两端的电压为零，这时充电电流最大。随着两极板上的电荷的不断积累，电容两端的电压逐渐增大，因此充电电流不断减小。当电容两端的电压与电源相等时，充电电流减至零，充电结束。电容电荷达到稳定值，电容相当于开路。

（2）电容的放电

如图2-3-7所示，在电容充电完毕后，把开关 S 从 A 端拨至 B 端，电容开始放电，在放电瞬间电流最大，随着电荷不断减少，其两端的电位差降低，放电电流也逐渐减少，最后电容两端的电压为零，放电结束。

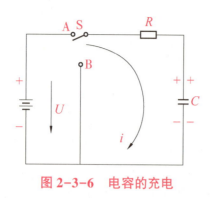

图 2-3-6　电容的充电

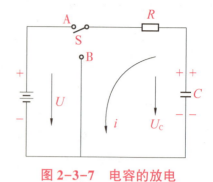

图 2-3-7　电容的放电

12. 超级电容

超级电容是指介于传统电容和充电电池之间的一种新型储能装置，通过极化电解质来储能，允许大电流快速充、放电。超级电容的结构原理如图 2-3-8 所示，是由高比表面积的多孔电极材料、集流体、多孔性电池隔膜及电解液组成。

当超级电容接通电源后，在电场力的作用下，吸引电解液中的阴离子向正极聚集，同时正极电解液中的阳离子向负极聚集，各自在正、负极板上形成间隔非常小的离子层。当其放电时，正、负离子离开固体电极的表面，返回电解液本体。

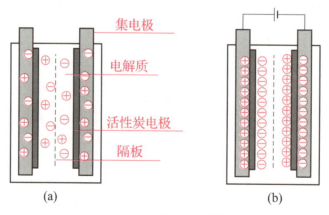

图 2-3-8　超级电容结构原理

（a）充电前；（b）充电后

超级电容充电快、耐充电、能量转换效率高，同时存在高自放电的特性，完全可以作为新能源汽车的储能装置。

超级电容同样存在两个缺点：一是安全性，过快的放电速度和过低的内阻，如果设计不好，本身就蕴含着"能量突然大爆发"所隐藏的风险；二是较低的工作电压，制约了它在驱动汽车上的应用。随着技术的进步，这些问题都可以解决。

二、电感

1. 电感元件

电感元件如图 2-3-9 所示。具有电流通过时磁感有变化的元件统称为电感元件，常用在汽车电子电路中。

电感元件的种类很多，按导磁体性质分为空心电感、铁芯电感、磁芯电感，如图2-3-9所示。

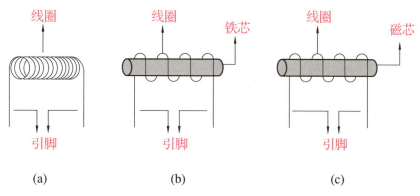

图2-3-9　电感元件

（a）空心电感；（b）铁芯电感；（c）磁芯电感

2. 电感的图形符号

不同类型的电感在电路中具有不同的图形符号，如图2-3-10所示。

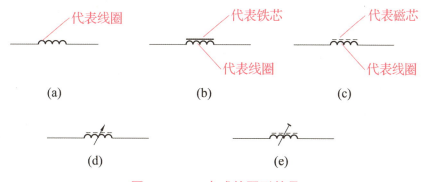

图2-3-10　电感的图形符号

（a）空心电感；（b）铁芯电感；（c）磁芯电感；（d）可调电感；（e）微调电感

3. 电感的特性及主要参数

直流电阻：绕制电感的导线所呈现的电阻，由于绕制电感的导线常用铜丝为材料，且长度也不会很长，故电感的直流电阻往往很小，一般忽略不计。

电感量：电感量又称为电感系数或自感系数，是反映电感具备电磁感应能力的物理量。

电感量的基本单位是亨利（H），常用单位有 mH（毫亨）和 μH（微亨）。H、mH 及 μH 之间的换算关系如下：

$$1H = 10^3 \, mH \quad 1 \, mH = 10^3 \, \mu H \quad 1 \, H = 10^6 \, \mu H$$

感抗：指电感元件对交流电（或突变电流）的阻碍作用。

品质因素：衡量电感元件质量的重要参数，常用符号 Q 表示。

分布电容：由于电感是由导线绕制而成的，这样匝与匝之间具有一定的电容，线圈与地之间也有一定的电容。

学生互动

提问：

1. 电容分为哪两类？

2. 电容的作用是什么？

3. 电容的两个主要指标是什么？

4. 电容的串联有哪些特点？

5. 电容的并联有哪些特点？

6. 电感的作用是什么？

7. 电感的单位是什么？

8. 有 5 只 50 μF/25 V 的电容，求：（1）串联时的容量和耐压值；（2）并联时的容量和耐压值。

思考与练习

1. 电解电容的极型接反会产生什么现象？超过耐压又有什么危害？

2. 电容损坏的表面现象有哪些特征？

3. 用指针式万用表 $R×1$ k 挡测量大电容时，指针在零的位置不动，说明电容处于什么状态？

4. 电容的电压不能突变，电感的电流也不能突变，对吗？

三、电解电容的检测

1. 实验目的

掌握电解电容的检测技术。

2. 实验器材

实验器材包括指针式万用表，数字万用表，电解电容。

3. 电解电容的检测知识准备

电解电容的容量较一般固定电容大得多，其实物如图 2-3-11 所示，有正、负极，长脚为正极，短脚为负极，外壳上只标负极。对容量大的电解电容测量前应先放电，可以用导线短接两个引脚。

4. 实验内容与步骤

（1）指针式万用表检测

①因为电解电容的容量较一般固定电容大得多，所以在其测量时，应针对不同容量选用合适的量程。根据经验，一般情况下，1~47 μF 间的电容，可用 $R×1$ k 挡测量，大于 47 μF 的电容可用 $R×100$ 挡测量。

图 2-3-11　电解电容实物

②将万用表红表笔接负极，黑表笔接正极，在刚接触的瞬间，万用表指针即向右偏转较大幅度(对于同一电阻挡，容量越大，摆幅越大)，接着逐渐向左回转，直到停在某一位置。此时的阻值便是电解电容的正向漏电阻，此值略大于其反向漏电阻。实际使用经验表明，电解电容的漏电阻一般应在几百千欧以上，否则，将不能正常工作。在测试中，若正、反向均无充电的现象，即指针不动，则说明容量消失或内部断路；如果所测阻值很小或为零，则说明电容漏电大或已击穿损坏，不能再使用。对于正、负极标志不明的电解电容，可利用上述测量漏电阻的方法加以判别，即先任意测漏电阻，记住其大小，然后交换表笔再测出一个阻值。两次测量中阻值大的那一次便是正向接法，即黑表笔接的是正极，红表笔接的是负极。使用万用表的电阻挡，采用给电解电容进行正、反向充电的方法，根据指针向右摆动幅度的大小，可估测出电解电容的容量。

图 2-3-12　数字万用表测量电容

(2)数字万用表检测

数字万用表根据被测量电容的容量大小选择对应的量程，把被测的电容插入 Cx 两个孔中，就可以直接读出被测电容值，此时有一些误差范围，若误差特别大，则视为电容损坏。当被测电容的值为零时，该电容短路；当被测电容的值为 1 时，该电容开路。数字万用表测量电容如图 2-3-12 所示。

四、电容、电感测量实验

1. 实验目的

掌握电容、电感的作用。

2. 实验器材

电容 1 000 μF 1 只，电感 100 mH 1 只，开关 3 只，灯泡 5 W/12 V 2 只，12 V 电源 1 台。

3. 实验内容与步骤

（1）电容、电感与灯泡的连接按图 2-3-13 接线。

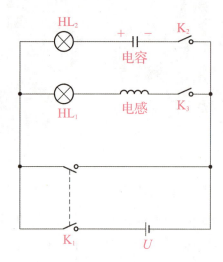

图 2-3-13　电容、电感与灯泡连接图

（2）当开关处于各种状态时，观察灯泡发光的情况，并记录到表 2-3-3 中。

表 2-3-3　电容、电感测量记录

开关闭合状态			HL$_2$ 发光情况	HL$_1$ 发光情况
K$_1$ 闭合	K$_2$ 闭合	K$_3$ 断开		
K$_1$ 闭合	K$_2$ 断开	K$_3$ 闭合		
K$_1$ 闭合	K$_2$ 闭合	K$_3$ 闭合		
K$_1$ 闭合/断开	K$_2$ 闭合	K$_3$ 闭合		
K$_1$ 闭合/断开	K$_2$ 闭合	K$_3$ 断开		
K$_1$ 闭合/断开	K$_2$ 断开	K$_3$ 闭合		

磁电路及车用电磁元件的认知与实验

单元 1 磁电路及变压器的认知

学习目标

◆掌握磁路的组成。

◆掌握磁路欧姆定律。

◆能够认识变压器。

观察思考

图 3-1-1 所示的元件是什么?

图 3-1-1　变压器

想一想

为什么一次线圈接上电压,二次线圈上也有电压呢? 图 3-1-1 为变压器,其一次线圈与二次线圈不相连。现在,我们来学习这方面的知识。

一、磁路

变压器、电动机等电磁设备的铁芯，一般都是用具有高导磁性能的铁磁物质支撑闭合的形状。一方面，能最大限度地用较小的电流产生很强的磁场；另一方面，将磁通约束在铁芯构成的路径中。这种能将磁通约束在规定范围内的铁芯路径，称为磁路。图3-1-2为常用电工设备的磁路，图3-1-2(a)为电磁铁的磁路，磁路中有很短的空气隙；图3-1-2(b)为变压器的磁路，它由同一种铁磁材料组成，且各段截面积基本相等，这种磁路称为均匀磁路；图3-1-2(c)为直流电动机的磁路，磁路中也有空气隙，且磁路的铁磁材料不一定相同。

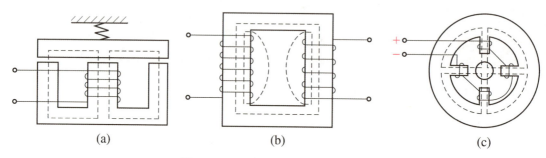

(a)　　　　　　　　　　　　(b)　　　　　　　　　　　　(c)

图3-1-2　常用电工设备的磁路

(a)电磁铁的磁路；(b)变压器的磁路；(c)直流电动机的磁路

1. 磁路的基本物理量

(1)磁感应强度(B)

磁感应强度是表示磁场内某点磁场强弱及方向的物理量，其大小等于通过垂直于磁场方向单位面积的磁力线数目，其方向用右手螺旋定则确定，单位是特斯拉(T)。

(2)磁通(Φ)

均匀磁场中磁通Φ等于磁感应强度B与垂直于磁场方向的面积S的乘积，单位是韦伯(Wb)。

(3)磁导率(μ)

用来表示导磁能力的物理量称为磁导系数或磁导率，单位为H/m。真空磁导率$\mu_0 = 4\pi \times 10^{-7}$(H/m)，通常采用某物质的实际磁导率与真空磁导率的比值来表示该物质的导磁能力，称为相对磁导率。

(4)磁场强度(H)

磁场强度是表示磁场中各点磁力大小和方向的物理量，其大小与磁场中磁介质的性质无关，仅与磁场的电流大小和载流导体的形状有关。

(5)磁动势(F)

磁场是由电流产生的。在磁路中，用来产生磁通的电流称为励磁电流。实验表明，励磁电流越大，线圈匝数越多，产生的磁场越强，磁通越多。因此，励磁电流I和线圈匝数N的乘积，可看作是产生磁通的根源，称为磁动势(简称mmf)，用F表示，即

$$F = NI$$

式中，线圈匝数 N 无量纲，故磁动势的单位与电流的单位一样，也是安培（A）。

（6）磁阻（R_m）

像导体对电流有阻碍作用一样，磁路对磁通也有阻碍作用。这种阻碍作用可用磁阻 R_m 表示。R_m 的计算公式与导体电阻的计算公式相似，即

$$R_m = L/(\mu \cdot S)$$

式中，L 为磁路的平均长度，S 为磁路的截面积，μ 则是磁路材料的磁导率。

2. 磁路欧姆定律

磁路欧姆定律与电阻电路欧姆定律类似，即

$$\Phi = F/R_m = NI/R_m$$

由于铁芯的磁导率 μ 不是常数，磁阻 R_m 也不是常数，所以磁路的计算比电阻电路困难得多。因此，磁路的欧姆定律通常只用来对磁路做定性分析，而较少用于具体计算。

二、变压器

变压器是根据电磁感应原理制成的一种静止的电器设备，它的用途可归纳为经济地输电、合理地配电、安全地用电，其具有变换电压、交流电压、交换阻抗的功能，因而在电力系统输电和用户用电以及工程的各个领域得到广泛的应用。

1. 变压器的工作原理

变压器虽然种类繁多，形状不同，但基本结构相同，均由铁芯和绕组组成。其结构和图形符号如图 3-1-3 所示。

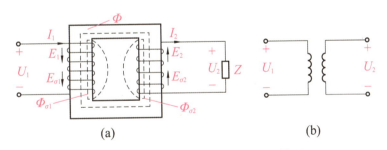

图 3-1-3　变压器的结构和图形符号

（a）变压器结构示意；（b）变压器的图形符号

一次绕组匝数为 N_1，电压为 U_1，电流为 I_1，主磁电动势为 E_1，漏磁电动势为 $E_{\sigma 1}$；二次绕组匝数为 N_2，电压为 U_2，电流为 I_2，主磁电动势为 E_2，漏磁电动势为 $E_{\sigma 2}$。则有

$$\frac{U_1}{U_2} \approx \frac{E_1}{E_2} = \frac{N_1}{N_2} = k$$

式中，k 称为变压器的变压比。

在负载状态下，由于二次绕组的电阻 R_2 和漏抗 $X_{\sigma 1}$ 很小，其上的电压远小于 E_2，仍有

$$\dot{U}_2 = \dot{E}_2$$

$$U_2 \approx E_2 = 0.44 f N_2 \Phi_m$$

$$\frac{U_1}{U_2} \approx \frac{E_1}{E_2} = \frac{N_1}{N_2} = k$$

三相变压器的连接方法有三种形式：

①三相绕组一端连接在一起，星形无中性，如图 3-1-4（a）所示。

②三相绕组一端连接在一起，而公共端以一条线出来为中性端，星形有中性，如图 3-1-4（b）所示。

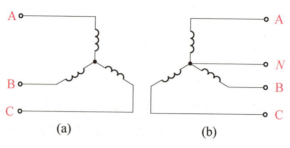

图 3-1-4　星形连接

（a）星形无中性；（b）星形有中性

③三相绕组首尾连接为三角形连接，三角形有中性，如图 3-1-5 所示。

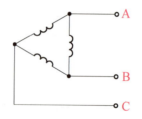

图 3-1-5　三角形连接

2. 变压器的符号

变压器的图形符号如图 3-1-6 所示，图中的黑点代表同名端（同相端）。

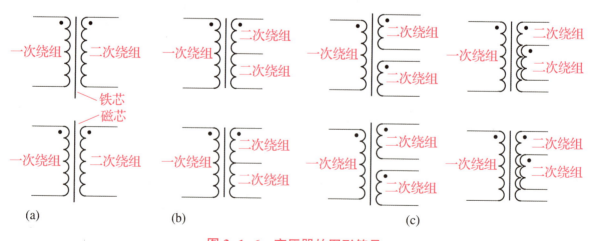

图 3-1-6　变压器的图形符号

（a）单次级绕组变压器；（b）二次级带中心抽头的变压器；（c）多次级绕组变压器

3. 变压器的主要参数

（1）变压比（n）

变压器的变压比 n 与一、二次绕组的匝数和电压之间的关系如下：

$$n = V_1/V_2 = N_1/N_2$$

式中，N_1 为变压器一次（初级）绕组匝数；N_2 为二次（次级）绕组匝数；V_1 为一次绕组两端的电压，V_2 为二次绕组两端的电压。

升压变压器的变压比 $n<1$，降压变压器的变压比 $n>1$，隔离变压器的变压比 $n=1$。

（2）额定功率（P）

此参数一般用于电源变压器。它是指电源变压器在规定的工作频率和电压下，能长期工作而不超过限定温度时的输出功率。

变压器的额定功率与铁芯截面积、漆包线直径等有关。变压器的铁芯截面积大、漆包线直径粗，其输出功率也大。

（3）频率特性

频率特性是指变压器有一定的工作频率范围，不同工作频率范围的变压器，一般不能互换使用。因为当变压器在其频率范围以外工作时，会出现工作时温度升高或不能正常工作等现象。

（4）效率

效率是指在额定负载时，变压器输出功率与输入功率的比值。该值与变压器的输出功率成正比，即变压器的输出功率越大，效率越高；变压器的输出功率越小，效率越低。

4. 常见车用变压器

变压器的种类繁多。根据特定的使用要求，各种变压器在结构及特性上常有一些特殊的考虑，各自具有一些不同的特点。

（1）自耦变压器

自耦变压器如图 3-1-7 所示，其特点是二次绕组是一次绕组的一部分，一、二次绕组电压不但有磁的联系，也有电的联系，常用在调速电路中。

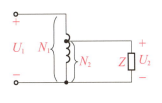

图 3-1-7　自耦变压器

一、二次绕组电压之比和电流之比为

$$\frac{U_1}{U_2} = \frac{N_1}{N_2} = k \qquad \frac{I_1}{I_2} = \frac{N_2}{N_1} = \frac{1}{k}$$

（2）电流互感器

电流互感器如图 3-1-8 所示，一次绕组线径较粗，匝数很少，与被测电路负载串联；二次绕组线径较细，匝数很多，与电流表及功率表、电度表、继电器的电流线圈串联。电流互感器用于将大电流变换为小电流。当其使用时，二次绕组电路不允许开路，常用在车间电流表记数上。

根据变压器电流变换原理，电流互感器一、二次绕组电压之比为

$$\frac{U_1}{U_2} = \frac{N_2}{N_1} = \frac{1}{k}$$

（3）电压互感器

电压互感器如图 3-1-9 所示，其一次绕组匝数很多，并联于待测电路两端；二次绕组匝数较少，与电压表及电度表、功率表、继电器的电压线圈并联。其用于将高电压变换成低电压，使用时二次绕组不允许短路。

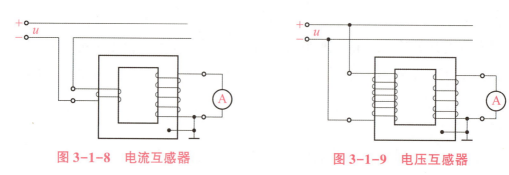

图 3-1-8　电流互感器　　　图 3-1-9　电压互感器

根据变压器电压变换原理，电压互感器一、二次绕组电压之比为

$$\frac{U_1}{U_2} = \frac{N_1}{N_2} = k$$

学生互动

提问：

1. 何为变压器的变压比？确定变压器的变压比有哪几种方法？
2. 变压器能改变直流电压吗？如果接上直流电源，会发生什么现象？

思考与练习

已知变压器的一次电压 $U_1 = 6\ 000$ V，二次电流 $I_2 = 100$ A，变压比 $n = 15$。求其二次电压 U_2 和一次电流 I_1 各为多少？

单元2　点火线圈的认知

学习目标

◆掌握点火线圈的结构原理。

◆掌握点火线圈的电路。

◆能够分析点火线圈的电路。

观察思考

图3-2-1中的元件是什么？

图3-2-1　汽车点火线圈

想 一 想

一辆汽车能够起动，但是车不能打着，其原因之一就是点火线圈出现了问题。汽车上的点火线圈是怎样工作的呢？现在，我们来学习这方面的知识。

一、点火系统的组成

点火系统主要由一组蓄电池、点火开关、点火线圈、分电器(包括配电器和断电器)、火花塞等组成。电源为蓄电池和发电机，供给点火系统所需电能，一般电压为12 V；点火开关的作用是接通或断开点火系统一次电路；点火线圈实际上是一个变压器，将12 V低压电转变为15 000~20 000 V的高压电。它有两个绕组，即一次绕组和二次绕组。一次线圈少但较粗，二次线圈多且较细，电压比为1∶100，若一次感应为200 V，则二次感应为20 000 V，线圈中心有一个铁芯，里面还灌了变压器油。接线柱有2~3个，正极接电阻，负极接断电器。线圈与外壳不通。分电器包括配电器和断电器，断电器作用是接通和切断低压电路，根据电磁感应原理，使点火线圈二次产生高压电；配电器作用是按发动机点火顺序向各汽缸火花塞分配高压电。电容与断电器触点并联，当断电器触点断开时，用来吸收一次绕组的自感电动势，减小断电器触点火花，延长触点的使用寿命，并可提高点火线圈的二次电压。

二、点火系统电路

传统点火系统主要由电源（蓄电池或发电机）、点火线圈、分电器（断电器-配电器）、火花塞、点火开关及辅助装置等组成。点火系统的电路分为低、高压电路。

1. 低压电路

电流从蓄电池正极→电流表→点火开关→附加电阻→点火线圈→一次绕组→断电器触点→蓄电池负极形成回路。如图 3-2-2 所示是用实线表示触点闭合时的低压电路。

2. 高压电路

高压电由点火线圈二次绕组产生，从二次绕组一端出来→附加电阻→点火开关→电流表→蓄电池→火花塞旁电极→中心电极→配电器旁电极→分火头→点火线圈二次绕组另一端。在图 3-2-2 中用虚线表示触点打开时的高压回路。根据楞次定律判定，点火线圈二次绕组产生高压电的极性与点火线圈一次绕组通电方向有关。汽车电气规定，火花塞跳火要求中心电极应为正极！因为原子的移动速度比电子慢，所以，电火花是由负极击向正极的。

在汽油发动机中，汽缸内被压缩的可燃混合气就是靠点火系电路产生的电火花点燃的。点火系电路的作用是将蓄电池或发电机供给的低压电（一般为 12 V 和 14 V）转变为高压电（20~30 kV），并根据发动机的工作顺序与点火时间的要求，适时、准确地将高压电送到各缸的火花塞，产生电火花，点燃可燃混合气，使发动机工作。

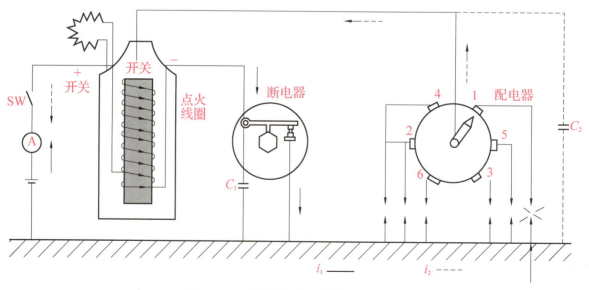

图 3-2-2　传统点火系统的工作回路

3. 蓄电池点火系统的点火线圈

（1）传统的开磁路点火线圈

传统的开磁路点火线圈基本结构如图 3-2-3 所示，主要由铁芯、绕组、胶木盖、瓷杯等组成。开磁路点火线圈的铁芯用 0.3~0.5 mm 厚的硅钢片叠成，铁芯上绕有一次绕组和二次绕组。二次绕组居内，通常用直径为 0.06~0.10 mm 的漆包线绕 11 000~26 000 匝；一次绕组居外，通常用 0.5~1.0 mm 的漆包线绕 230~370 匝。一次电压为 10.5~14 V，输出的二次电压为 15~20 kV。

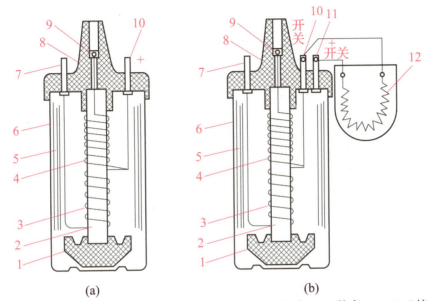

（a）　　　　　　　　（b）

1—瓷杯；2—铁芯；3——次绕组；4—二次绕组；5—钢片；6—外壳；7—"-"接线柱；
8—胶木盖；9—高压线插座；10—"+"或"开关"接线柱；11—"开关"接线柱；12—附加电阻。

图 3-2-3　传统的开磁路点火线圈基本结构

（a）两个接线柱；（b）三个接线柱

（2）闭磁路点火线圈

闭磁路点火线圈基本结构如图 3-2-4 所示，由"日"字形铁芯、一次绕组接线柱、高压接线柱、一次绕组和二次绕组组成。其铁芯是"日"字形或"口"字形，磁路中只设有一个微小的气隙，其磁路如图 3-2-5 所示。闭磁路点火线圈漏磁少，磁阻小，变换效率高，可使点火线圈小型化。其一次电压为 10.5~14 V，输出的二次电压为 20~30 kV。

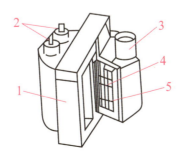

1—"日"字形铁芯；2——次绕组接线柱；3—高压接线柱；4——次绕组；5—二次绕组。

图 3-2-4　闭磁路点火线圈基本结构

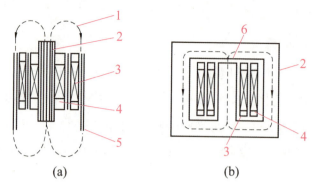

1—磁力线；2—铁芯；3——一次绕组；4—二次绕组；5—导磁钢片；6—空气隙。

图 3-2-5　闭磁路点火线圈磁路

（a）开磁路点火线圈的磁路；（b）闭磁路点火线圈的磁路

学生互动

提问：

1. 点火系统由哪几部分组成？

2. 电容与断电器触点是什么方式连接(串联还是并联)？

3. 点火线圈有几个回路？

4. 点火线圈一次电压和二次电压一般为多少？

思考与练习

上网查询桑塔纳点火线圈、丰田凯美瑞点火线圈、凌志400点火线圈有什么不同？

单元3　继电器的认知与实验

学习目标

◆掌握继电器的结构。

◆掌握继电器的电路。

◆能够掌握继电器在汽车上的应用。

观察思考

图 3-3-1 所示的元件是什么？

图 3-3-1　继电器

想 一 想

　　汽车起动机为什么不直接接电源而是通过电磁阀起动呢？为了减小控制开关触点的电流负荷，获得所需的控制功能，往往根据需要在电路中设置一些继电器。继电器的构造和工作原理是什么？在汽车上又是如何应用的呢？现在，我们来学习这方面的知识。

一、继电器的结构

　　现在所用的继电器多为插接式，在结构上由一只电磁线圈、一组触点、复位弹簧、铁芯、引脚和外壳组成，触点可以有一对、两对或多对，主要有三类：常开（NO）继电器、常闭（NC）继电器和常开、常闭混合型继电器。

　　这三类继电器中，常开继电器平时触点是断开的，继电器动作后触点才接通电路；常闭继电器平时触点是闭合的，继电器动作后触点断开，切断被控制的电路；混合型继电器平时常闭触点接通，常开触点断开，通电后，则变成相反的状态。另外，汽车上有一个油泵继电器，有两组线圈和一组常开触点，俗称 4 脚、5 脚和 6 脚继电器。常用继电器的引脚编号如图 3-3-2 所示。

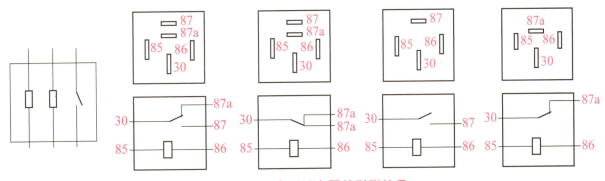

图 3-3-2　常用继电器的引脚编号

二、继电器的基本电路

　　继电器有两个回路，如图 3-3-3 所示。

①开关线圈回路，即小电流回路。

②触点负载回路，即大电流回路。

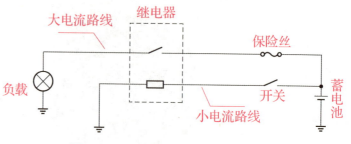

图 3-3-3 继电器的典型电路

三、继电器在汽车上的应用

1. 喇叭继电器电路

汽车上装有两个扩音器时，由于消耗的电流过大，如果直接用扩音器按钮操纵，则按钮容易烧坏，为此采用了喇叭继电器。

喇叭继电器的结构如图 3-3-4 所示，继电器由线圈、铁芯、触点臂、触点等组成，在外部有扩音器、蓄电池、按钮三个接线柱。按钮控制搭铁，继电器可以控制电源正极也可以控制电源负极。

2. 磁场继电器控制电路

磁场继电器控制电路一般接在电源与调节器之间，用以控制交流发电机的励磁电路。即当发电机起动时，自动接通发电机的励磁电

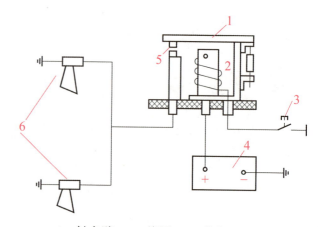

1—触点臂；2—线圈；3—按钮；
4—蓄电池；5—触点；6—扩音器。

图 3-3-4 喇叭继电器结构

路，熄火时又自动断开发电机的励磁电路。通常将它与双级电磁振动式调节器合装为一体，仍然称为调节器，但这种调节器只装于柴油机上。

现以 FT61 A 型调节器为例，其电路如图 3-3-5 所示，Q_1 为起动线圈，承受蓄电池电压；Q_2 为维持线圈，承受发电机中性点电压；K_3 为继电器常开触点，接通与切断发电机的励磁电路。

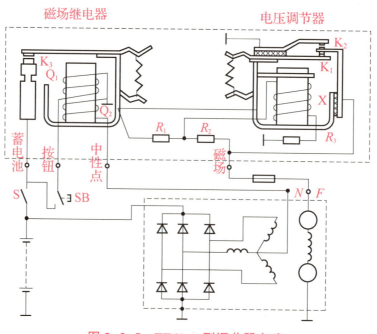

图 3-3-5 FT61 A 型调节器电路

3. 常用的标准继电器

常用的标准继电器由铁芯、线圈、触点和外壳组成，有以下几种结构(见表 3-3-1)。

表 3-3-1　常用的标准继电器

类型	外观	图形符号	插接件符号及接线	颜色
1T （单切换）				黑
				蓝或绿
1M （单通）				黑
				蓝
2M （双通）				棕

续表

类型	外观	图形符号	插接件符号及接线	颜色
1M1B （一通一断）	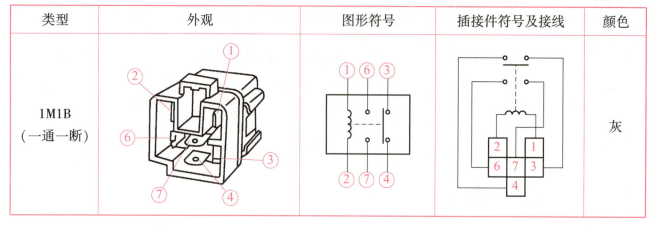			灰

4. 汽车灯光继电器电路（见图3-3-6）

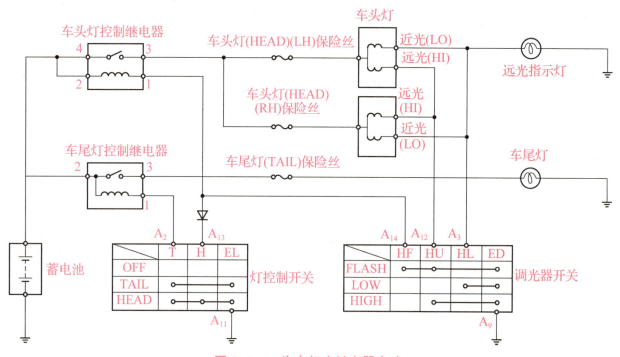

图3-3-6　汽车灯光继电器电路

（1）车尾灯（小灯）工作过程

当灯控开关调到 TAIL 挡位时，车尾灯继电器动作，车尾灯亮。这时有以下 2 条回路。

小电流回路：蓄电池正极→车尾灯继电器线圈→A_2(T)→A_{11}(EL)→搭铁。

大电流回路：蓄电池正极→车尾灯继电器触点→保险丝（TAIL）→车尾灯→搭铁。

（2）大灯工作过程

当灯控开关调到 HEAD 挡位时，车尾灯继电器动作，车尾灯亮，车头灯继电器动作，大灯也点亮近光（远光）。调光器开关一般在近光灯（LOW）挡位，或远光灯（HIGH）挡位，超车灯（FLASH）挡位必须手动调到该挡位才工作，放手立即回到近光挡位。这时电路有 4 条回路，车尾灯回路不变，大灯回路 2 条。

①当开关处在近光挡时，大灯回路为小电流回路：蓄电池正极→车头灯继电器线圈→

A$_{13}$（H）→A$_{11}$（EL）→搭铁；大电流回路：蓄电池正极→车头灯继电器触点→保险丝（HEAD）→近光灯→A$_3$→A$_9$→搭铁。

②当开关处在远光挡时，大灯回路为小电流回路：蓄电池正极→车头灯继电器线圈→A$_{14}$→A$_9$→搭铁；大电流回路：蓄电池正极→车头灯继电器触点→保险丝（HEAD）→远光灯→A$_{12}$→A$_9$→搭铁。

③当开关处在超车挡时，远光灯亮，此时不受灯控开关控制，大灯回路为小电流回路：蓄电池正极→车头灯继电器线圈→A$_{13}$（H）→A$_{11}$（EL）→搭铁；大电流回路：蓄电池正极→车头灯继电器触点→保险丝（HEAD）→远光灯→A$_{12}$→A$_9$→搭铁。

学生互动

提问：

1. 继电器由哪几部分组成？
2. 继电器有什么作用？
3. 常用继电器有几个回路？

思考与练习

画出继电器控制一个灯泡电路，要求全控制搭铁（负极）。

四、继电器检测实验

继电器的结构原理与检测

1. 实验目的

掌握继电器检测技术。

2. 实验器材

万用表、5 脚继电器、电源。

3. 实验内容与步骤

（1）开路检测

采用万用表测阻法，以图 3-3-7 中的继电器检测。用万用表 $R×100$ 挡检查，如果 1 脚—2 脚通，则有几十至几百欧姆电阻，3 脚—4 脚通，电阻为零，3 脚—5 脚电阻无穷大，则正常，否则有问题。

要求：找线圈；找触点；找公共端。

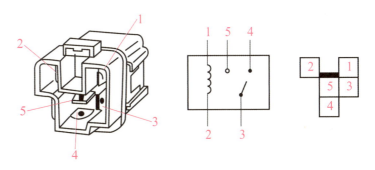

图 3-3-7　5 脚继电器

（2）加电检测

如果1脚和2脚之间加12 V电压，3脚—4脚不通，3脚—5脚通，则正常。继电器通电实验如表3-3-2所示。

表3-3-2　继电器通电实验

常开型继电器	常闭型继电器	混合型继电器	切换型继电器
1M（单通）	1B（单断）	1M1B（一通一断）	1T（单切换）
不导通⇨ 开关　电源	导通➡ 开关　电源	导通➡ 不导通⇨ 开关　电源	导通➡ 不导通⇨ 开关　电源
导通➡ 开关　电源	不导通⇨ 开关　电源	不导通⇨ 导通➡ 开关　电源	不导通⇨ 导通➡ 开关　电源

五、车窗电动机控制电路实验

1. 实验目的

掌握继电器接线技术。

2. 实验器材

万用表、5脚继电器、开关、电源、双向电动机。

3. 车窗电动机电路接线

图3-3-8中，1、2为电动机；8、9为电源；4、10为开关控制端。开关也可以用两只单排双联开关代替。

4. 实验内容与步骤

继电器线圈一端接开关，另一端接搭铁，公共触点接电动机，常闭触点接搭铁，常开触点接正极。对照电路如图3-3-8所示接线，通电检验，并能够口述工作过程。

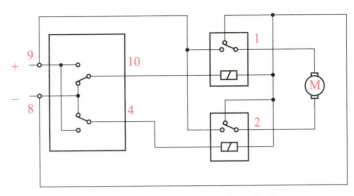

图 3-3-8　双向电动机控制电路

六、继电器灯光电路实验

1. 实验目的

掌握继电器接线技术。

2. 实验器材

仪表：万用表　材料：开关2只，12 V继电器2只，21W/12 V灯泡2只，12 V电源1个，如图3-3-9所示。

图 3-3-9　继电器灯光电路实验器材

3. 实验内容与步骤

（1）任务

接一个继电器电路，可以分别控制两只灯泡。要求：第二只灯泡要受第一只影响，第一只亮后第二只才能亮，第二只可以单独控制亮和灭。

先用万用表测量开关和继电器好坏，再自己设计电路，也可以参考图3-3-10所示电路接线。

（2）要点

①开关 K_1、K_2 控制线圈搭铁。

②触点开关控制灯泡搭铁。

③J$_2$的线圈开关 K$_2$ 需要接在 J$_1$ 的触点后面(或接在 K$_1$ 开关后面)。

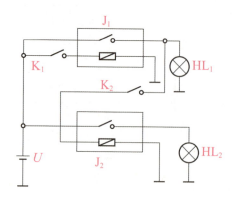

图 3-3-10　继电器灯光电路

单元 4　磁电传感器和霍尔传感器的认知

学习目标

◆掌握磁电传感器的结构原理。
◆掌握霍尔传感器的结构原理。
◆能够分析磁电传感器的电路。
◆能够分析霍尔传感器的电路。

观察思考

图 3-4-1 所示的元件是什么?

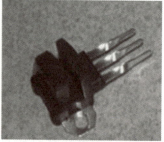

图 3-4-1　汽车磁电传感器和霍尔传感器

一辆汽车能够起动，但是车不能打着，其原因之一就是点火传感器出现了问题，汽车上的点火传感器是怎样工作的呢？现在，我们来学习这方面的知识。

一、磁感应信号发生器

1. 磁感应信号发生器组成

磁感应信号发生器的基本结构如图 3-4-2 所示。该信号发生器安装在分电器内的底板上，由信号转子、永久磁铁、铁芯、传感线圈等组成。磁感应信号发生器常用于日系车和微机系统的点火电路中。

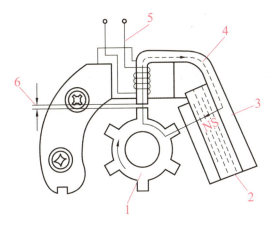

1—信号转子；2—永久磁铁；3—铁芯；4—磁通；5—传感线圈；6—空气隙。

图 3-4-2　磁感应信号发生器的基本结构

2. 磁感应信号发生器工作原理

磁感应信号发生器工作时利用电磁感应原理，信号转子转动时，其凸齿与铁芯的空气隙发生变化，使通过传感线圈的磁通发生变化。因此，传感线圈中便产生感应的交变电动势，该交变电动势输入到点火器，以控制点火系统工作。其工作过程（假设信号转子顺时针转动）如图 3-4-3 所示。

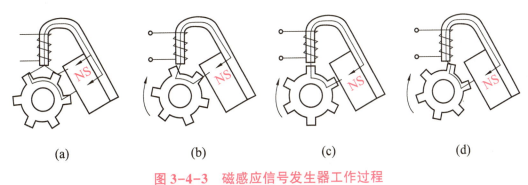

(a)　　　　　　(b)　　　　　　(c)　　　　　　(d)

图 3-4-3　磁感应信号发生器工作过程

当信号转子顺时针转动时，其凸齿逐渐接近铁芯，凸齿与铁芯间的空气隙越来越小，通过传感线圈的磁通逐渐增大，当信号转子凸齿的齿角与铁芯边缘相对时，磁通急剧增加，磁通变化率最大。当磁通为零和磁通为最大值时，电动势为零；磁通变化率最大时（接近和离开铁芯），电动势最大，如图3-4-4所示。

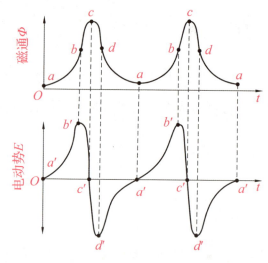

图3-4-4　传感器中的磁通及电动势情况

二、霍尔信号发生器

1. 霍尔电压

霍尔效应原理如图3-4-5所示。当电流通过放在磁场中的半导体基片，且电流方向和磁场方向垂直时，在垂直于电流和磁场的半导体基片的横向侧面上产生一个与电流和磁场强度成正比的电压，这个电压称为霍尔电压，常用于欧洲车系的点火电路传感器。

2. 霍尔信号发生器组成

霍尔信号发生器结构如图3-4-6所示。霍尔信号发生器位于分电器内，主要由分电器轴带动的触发叶轮、永久磁铁、霍尔元件等组成。

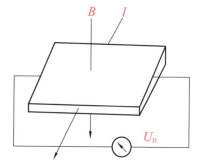

I—电流；B—磁场；U_H—霍尔电压。

图3-4-5　霍尔效应原理

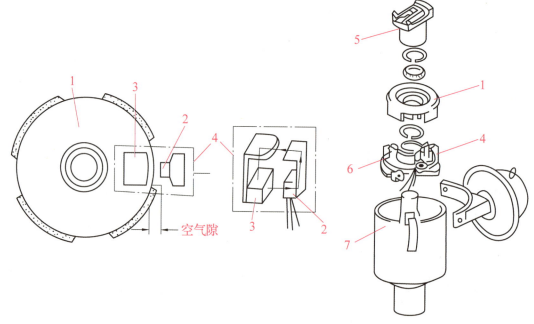

1—触发叶轮；2—霍尔集成块；3—带导板的永久磁铁；4—霍尔传感器；
5—分火头；6—触发开关托盘；7—分电器壳体。

图3-4-6　霍尔信号发生器结构

3. 霍尔集成块电路

霍尔元件实际上是一个霍尔集成块电路，内部原理如图 3-4-7 所示（U_g 为霍尔信号发生器输出信号电压）。因为在霍尔元件上得到的霍尔电压一般为 20 mV，因此，必须将其放大整形后再输出给点火控制器。

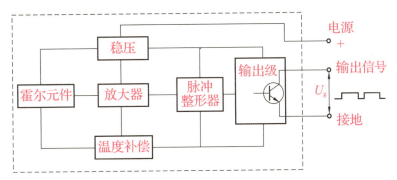

图 3-4-7 霍尔集成块电路内部原理

4. 霍尔信号发生器工作原理

霍尔信号发生器工作原理如图 3-4-8 所示。分电器轴带动触发叶轮转动，当其叶片进入磁铁与霍尔元件之间的空气隙时，磁场被旁路，霍尔元件不产生霍尔电压，霍尔集成电路末级晶体管截止，信号发生器输出高电位；当触发叶轮离开空气隙时，永久磁铁的磁力线通过霍尔元件而产生霍尔电压，集成电路末级晶体管导通，信号发生器输出低电位。

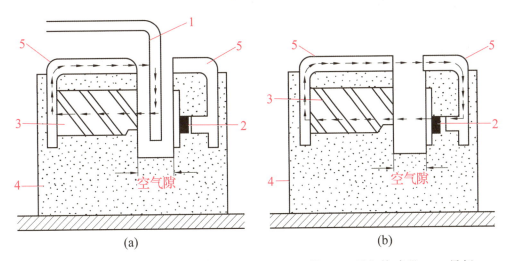

1—触发叶轮的叶片；2—霍尔集成块；3—永久磁铁；4—霍尔传感器；5—导板。

图 3-4-8 霍尔信号发生器工作原理

（a）触发叶片进入空气隙；（b）触发叶片离开空气隙

触发叶轮的叶片不停地转动，信号发生器输出一个矩形波信号，作为控制信号传递点火器，由点火器控制初级电路的通断。霍尔信号发生器完成功能时的波形如图 3-4-9 所示。

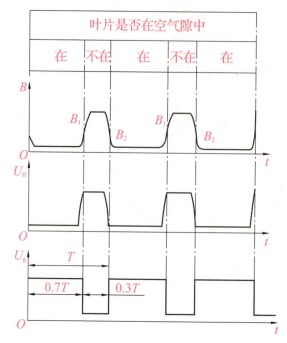

图 3-4-9　霍尔信号发生器完成功能时的波形

学生互动

提问：

1. 磁电传感器由哪几部分组成？有什么作用？

2. 磁电传感器输出的是什么波形？

3. 霍尔传感器由哪几部分组成？有什么作用？

4. 霍尔传感器输出的是什么波形？

思考与练习

1. 分析磁电信号发生器的工作原理。

2. 分析霍尔信号发生器的工作原理。

3. 霍尔信号发生器的点火电路常用在什么车型中？

直流电动机和交流发电机的认知与实验

 **单元 1　直流电动机的认知与实验**

 学习目标

◆了解直流电动机的结构。

◆掌握直流电动机的原理。

 观察思考

图 4-1-1 所示是汽车上哪部分的直流电动机?

图 4-1-1　汽车上的直流电动机

 想 一 想

在汽车行驶、使用的过程中车用直流电动机发挥着重要作用,如汽车的起动、雨刮器的正常工作等。图 4-1-2、图 4-1-3 为常见直流电动机,这些直流电动机的结构组成是什么?它们又是如何产生这些作用的呢?现在,我们来学习这方面的知识。

图 4-1-2　起动机

图 4-1-3　雨刮电动机

一、直流电动机

1. 直流电动机结构组成

直流电动机可作为电动机运行，也可作为发电机运行。无论是电动机还是发电机，结构基本是相同的，都有可旋转部分和静止部分。可旋转部分称为转子，静止部分称为定子。

图 4-1-4 为直流电动机的结构剖面图，主要由定子、转子、换向器和电刷构成。定子由主磁极、换向磁极、机座和电刷杆等组成，其主要作用是产生磁场。主磁极由铁芯和励磁绕组组成，用于产生一个恒定的主磁场。换向磁极安装在两个相邻的主磁极之间，用来减小电枢绕组换向时产生的火花。电刷装置的作用是通过与换向器之间的滑动接触，把直流电压、直流电流引入或引出电枢绕组。转子由电枢铁芯、电枢绕组和换向器等组成。电枢铁芯上冲有槽孔，槽内放电枢绕组，电枢铁芯也是直流电动机磁路的组成部分。电枢绕组的一端装有

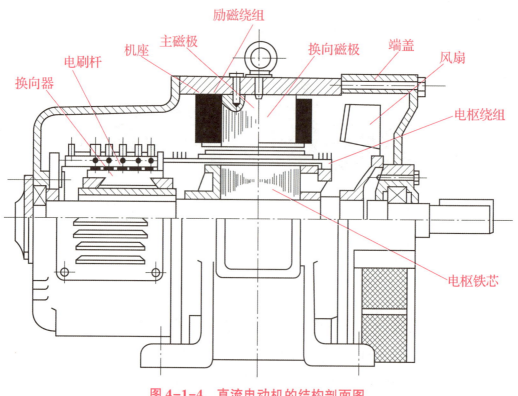

图 4-1-4　直流电动机的结构剖面图

换向器，换向器由许多铜质换向片组成一个圆柱体，换向片之间用云母绝缘。换向器是直流电动机的重要构造特征，其通过与电刷的摩擦接触，将两个电刷之间固定极性的直流电流变换为绕组内部的交流电流，以便形成固定方向的电磁转矩。

2. 直流电动机的工作原理

直流电动机的工作原理如图 4-1-5 所示，利用转子绕组中的电流在磁场中受力而产生旋转。如果需要改变电动机的旋转方向，只要调换电源极性即可。直流电动机的工作原理是基于电磁力定律，若磁场与导体互相垂直，且导体中通以电流，则载流导体上产生电磁力。

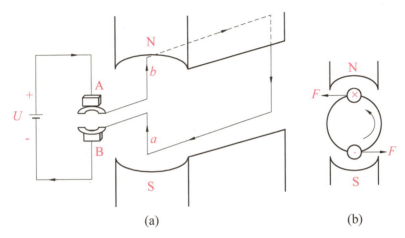

(a)　　　　　　　　　　　　　(b)

图 4-1-5　直流电动机的工作原理

（a）直流电动机原理；（b）线圈受力方向

当电枢转动半周后，a 边处于 S 极之下，而 b 边处于 N 极之下。由于采用了电刷和换向器装置，此时电枢中的直流电流方向变为从 b 边流入，从 a 边流出。电枢仍受到一个逆时针方向的电磁转矩 F 的作用，继续绕轴线方向逆时针转动。

3. 直流电动机的分类

直流电动机分为以下四种，如图 4-1-6 所示。

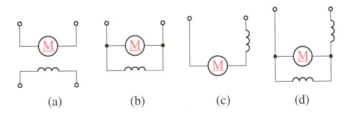

(a)　　　　　(b)　　　　　(c)　　　　　(d)

图 4-1-6　直流电动机的分类

（a）他励式；（b）并励式；（c）串励式；（d）复励式

①他励式电动机构造比较复杂，一般用于对调速范围要求很宽的重型机床等设备中。

②并励式电动机在外加电压一定的情况下，励磁电流产生的磁通将保持恒定不变。起动转矩大，负载变动时转速比较稳定，转速调节方便，调速范围大。

③串励式电动机的转速随转矩的增加，呈显著下降的软特性，特别适用于起重设备。

④复励式电动机的电磁转矩变化速度较快，负载变化时能够有效地克服电枢电流的冲击，

比并励式电动机的性能优越，主要用于负载力矩有突然变化的场合。差复励式电动机具有负载变化时转速几乎不变的特性，常用于要求转速稳定的机械中。

二、起动机

1. 起动机的结构组成

起动机是将电能转换成机械能，带动发动机曲轴旋转，帮助发动机起动的装置，主要由直流串励式电动机、传动机构和控制装置组成。直流串励式电动机的作用是产生转矩；传动机构的作用是在发动机起动时使起动机的驱动齿轮啮入飞轮齿环，将电动机的转矩传递给发动机曲轴，而在发动机起动后又能及时切断发动机倒拖电动机的动力；控制装置（开关）的作用是接通或切断电动机与蓄电池之间的电路。在某些汽车上，控制装置（开关）还具有接入和隔除点火线圈附加电阻的作用。

起动机结构组件如图 4-1-7 所示，由磁场（定子）、电枢（转子）和整流子组成，为了增大转矩采用多极磁场，常见有 4 个磁场。当电流通过电枢线圈时，整个线圈会受到一个转矩而转动。由于直流电动机通电后会产生一种反电动势，并与发动机转速成正比，与转矩成反比，因此能满足发动机起动时的要求。起动机起动电流很大，因此，操作时起动时间一定要短。

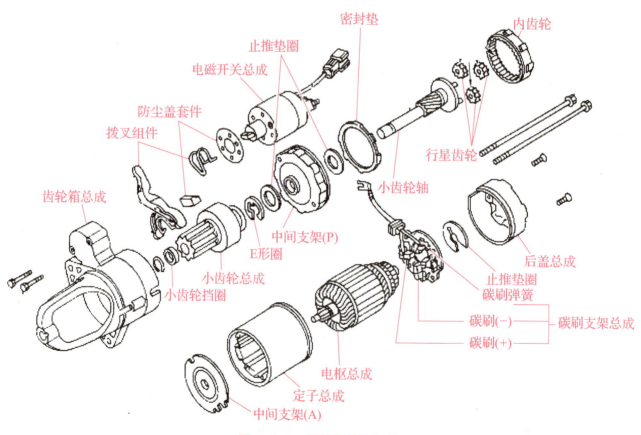

图 4-1-7　起动机结构组件

2. 起动机的工作原理

①磁场线圈绕组通电产生磁场，使电枢线圈绕组在磁场作用下受到安培力的作用而绕轴

转动。

②磁场线圈绕组的电流方向为蓄电池正极→正电刷→换向器→线圈绕组→负电刷→蓄电池负极。

3. 直流电动机的工作特性

①力矩特性：转速越低时起动力矩越大，转速增大时力矩逐渐变小。

②转速特性：起动力矩大时转速随着电流的增大而降低，力矩小时转速随着电流的减小而增大。

学生互动

提问：

    1. 请说出汽车上有多少直流电动机？

    2. 起动机由哪些部分组成？

    3. 直流电动机有几种？

    4. 起动机为什么要采用串励式？

    5. 起动机的作用是什么？

思考与练习

    1. 请说出汽车上有哪些直流电动机？

    2. 起动机为什么要用电磁开关？

三、直流电动机控制电路实验

1. 实验目的

①掌握用万用表测量两向可调方式的电动座椅的操作方法。

②掌握两向可调方式的电动座椅的电路，如图4-1-8所示。

2. 实验器材

实验器材如图4-1-9所示，包括DY2201 A型汽车万用表、直流双向电动机、电动座椅控制开关、保险丝、蓄电池等。

3. 实验内容与步骤

按照图4-1-8的电路接好线。

①蜂鸣挡的测量：断开电源后测量。

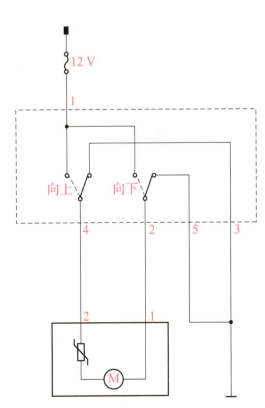

图4-1-8 两向可调方式的电动座椅的电路

②保险丝的测量：导通时响；断开时不响。

③开关的测量：开关的测量如表4-1-1所示。

图4-1-9　两向可调方式的电动座椅实验器材

表4-1-1　测量开关通断表

开关状态		测量范围	测量结果	测量范围	测量结果	测量范围	测量结果
向上开关	不动作	4—1		4—3		1—3	
	动作	4—1		4—3		1—3	
向下开关	不动作	2—1		2—5		1—5	
	动作	2—1		2—5		1—5	

④电阻的测量：断开电源后测量，挡位调到2 k挡；测量电动机两端电阻值（见表4-1-2）。

表4-1-2　测量电动机两端电阻值

电动机电阻	正常值	短路值	开路值

⑤电流的测量：接上电源12 V后测量，红表笔插入20 A孔里接1脚，黑表笔插入COM孔里分别接4/2脚。

⑥电压的测量：接上电源12 V后测量，红表笔插入20 V孔里接电动机的2脚，黑表笔插入COM孔里接电动机的1脚（见表4-1-3）。

表4-1-3　测量电动机电压阻表

电动机电压/V	开关不动作	向上动作	向下动作

单元 2　交流发电机的认知

学习目标

◆了解交流发电机的结构。

◆掌握交流发电机的原理。

◆掌握交流发电机在汽车上的应用。

观察思考

图 4-2-1 所示是汽车上哪种电器?

图 4-2-1　汽车用交流发电机

想 一 想

一辆本田雅阁汽车行驶一段里程后,发动机突然熄火,再起动时起动机不转,经检查原因就是在车安装发电机时将磁场绕组正、负电刷接线接反。为什么接反会导致发动机突然熄火呢?原因是发电机不能继续发电保持车辆正常行驶。那么,发电机发电的条件是什么呢?它是如何工作的呢?现在,我们来学习这方面的知识。

一、交流发电机功用及结构组成

1. 交流发电机功用

在发动机怠速以上运转时,向除起动机以外的所有用电设备供电,同时还向蓄电池充电,它是汽车的一个主要电源。

2. 三相交流发电机结构组成

三相交流发电机结构组件如图 4-2-2 所示，交流发电机主要由传动带轮，前、后端盖，定子总成，转子总成，整流器，电压调节器，风扇，碳刷支架碳刷等组成。

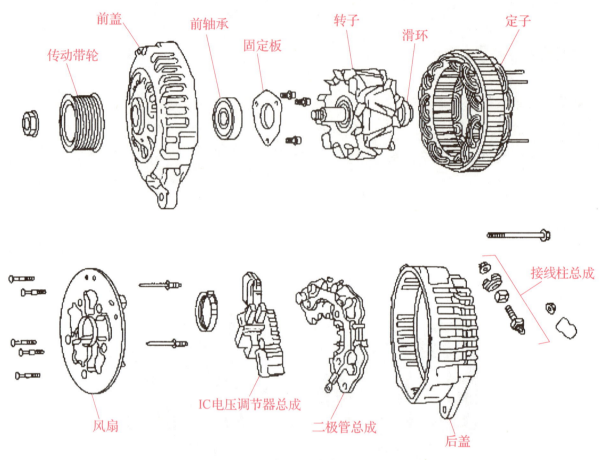

图 4-2-2　三相交流发电机结构组件

（1）定子总成

定子总成包括定子绕组和定子铁芯，是三相交流发电机的电枢，用来产生三相交流电。

（2）转子总成

转子总成包括转子轴、励磁绕组、爪形磁极和集电环，是三相交流发电机的磁极部分，用来产生磁场。

（3）传动带轮

传动带轮通过 V 带将发动机的转矩传给转子。

（4）风扇

风扇在发电机工作时强制进行抽风冷却。

（5）前、后端盖

电扇前、后端盖用于支承转子，封闭内部结构，方便安装与调整 V 带松紧度。

（6）整流器

整流器的作用是把三相同步交流发电机产生的三相交流电转变为直流电输出，它一般是由 6 个硅二极管接成桥式整流电器电路，也有 8 管、9 管和 11 管整流器。

①正极管：中心线（引出线）为二极管的正极，外壳为负极，壳底为红色标记；正极与定子绕组的输出端连接，3 个管负极连接在一起。

②负极管：中心线为二极管的负极，外壳为正极，壳底为黑色标记；负极与定子绕组的输出端连接，3 个管正极连接在一起。

③碳刷支架碳刷：由碳刷支架、弹簧和碳刷组成，用于连接转子线圈的装置。

④电压调节器：限制发电机输出电压，12 V 车发电电压限制 14 V；24 V 车限制 28 V，它的失效会导致用电设备的损坏。

二、三相交流发电机的工作原理

1. 三相交流发电机的工作原理

三相交流发电机的工作原理如图 4-2-3 所示，外加电流通过转子的励磁绕组时产生轴向磁场，两块爪形磁极形成 3 对相间排列的磁极，磁极的磁力线经过周围的气隙和定子铁芯形成闭合回路。当转子旋转时形成转动磁场，定子绕组导线做切割磁力线运动而产生三相对称的交流电动势 E_φ，$E_\varphi = C_1 n \varphi$。可见，三相交流发电机产生三相对称的交流电动势 E_φ 与转子的转速和磁通量成正比。

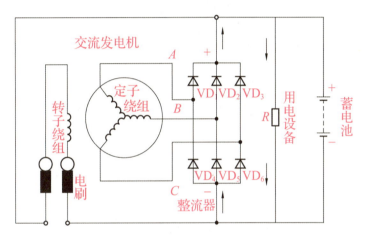

图 4-2-3　三相交流发电机的工作原理

2. 三相交流发电机的整流原理

①6 个二极管组成的桥式整流电路，在发电机工作过程中产生三相对称的交流电动势 E_φ 的作用下，加正向电压时导通，加反向电压时截止。其原则是在某一瞬间正极管正极电位最高者和负极管负极电位最低者导通，最后，从输出端输出的是脉动直流电。

②正极管：引出脚为正的就是正二极管。

③负极管：引出脚为负的就是负二极管。

3. 三相交流发电机的励磁方式

①他励：起动时和发动机转速比较低时由蓄电池供电给励磁绕组产生磁场。

②自励：发动机转速比较高时由发电机自己供电给励磁绕组产生磁场。

三、三相交流发电机分类

1. 按总体结构分类

①普通交流发电机：既无特殊装置，也无特殊功能特点，使用时需要配装电压调节器，

如图 4-2-4(a)所示。

②整体式交流发电机：发电机和调节器制成一个整体的发电机，如图 4-2-4(b)所示。

③带泵的交流发电机：发电机和汽车制动系统用真空助力泵安装在一起的发电机，如图 4-2-4(c)所示。

④无刷交流发电机：不需要电刷的发电机。

⑤永磁交流发电机：转子磁极为永磁铁制成的发电机。

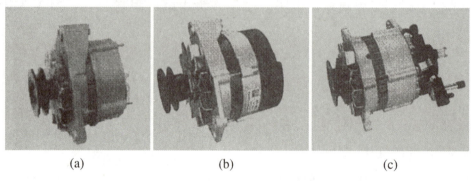

(a)　　　　　　　　(b)　　　　　　　　(c)

图 4-2-4　交流发电机结构外形

(a)普通交流发电机；(b)整体式交流发电机；(c)带泵的交流发电机

2. 按励磁绕组搭铁形式分类

①内搭铁型交流发电机：励磁绕组另一端与搭铁相连，如图 4-2-5(a)所示。

②外搭铁型交流发电机：励磁绕组另一端和电源正极相连，如图 4-2-5(b)所示。

注意：交流发电机搭铁形式不同，所配用的调节器及接线方法不同，充电系统故障检查方法也不同，使用时应予以注意，否则发电机不发电，调节器不工作。

内搭铁型交流发电机与内搭铁型调节器相配，外搭铁型交流发电机与外搭铁型调节器相配，不能互换。

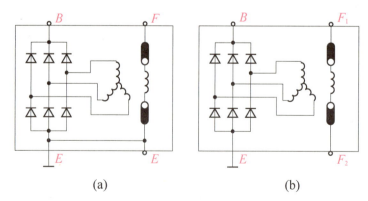

(a)　　　　　　　　(b)

图 4-2-5　交流发电机搭接电路

(a)内搭铁型交流发电机；(b)外搭铁型交流发电机

四、发电机发电的条件

发电机发电的条件：需要旋转，需要磁场(即旋转磁场)。

学生互动

提问：

　　1. 三相交流发电机分为几类？

　　2. 发电机的结构是什么？

　　3. 发电机发电的条件是什么？

　　4. 定子和转子的作用是什么？

 思考与练习

　　1. 说出汽车发电机发电的条件有哪些？

　　2. 什么是内搭铁型交流发电机？

单元3　步进电动机的认知与实验

 学习目标

◆了解步进电动机的结构。

◆掌握步进电动机的工作原理。

观察思考

图 4-3-1 所示是汽车上哪种直流电动机？

图 4-3-1　步进电动机

想 一 想

在汽车电路中有一种精确控制节气门开度的电动机，即步进电动机，这种直流步进电动机的结构组成是什么？它又是如何产生这些作用的呢？现在，我们来学习这方面的知识。

一、步进电动机

1. 步进电动机简介

步进电动机是一种感应电动机，它的工作原理是利用电子电路，将直流电变成分时供电的多相时序控制电流，用这种电流为步进电动机供电，其才能正常工作，驱动器就是为步进电动机分时供电的多相时序控制器。虽然步进电动机已被广泛应用，但并不能像普通的直流电动机、交流电动机那样在常规下使用。它必须由双环形脉冲信号、功率驱动电路等组成控制系统方可使用。因此，用好步进电动机绝非易事，它涉及机械、电动机、电子及计算机等许多专业知识。

步进电动机作为执行元件，是机电一体化的关键产品之一，广泛应用在各种自动化控制系统中。随着微电子和计算机技术的发展，步进电动机的需求量与日俱增，在国民经济各个领域都有应用，在汽车上主要是用于控制节气门开度。

2. 步进电动机的结构

它与普通电动机一样，分为定子和转子两部分，其中定子又分为定子铁芯和定子绕组。定子铁芯由电工钢片叠压而成，其形状如图4-3-2所示；定子绕组是绕置在定子铁芯6个均匀分布的齿上的线圈，在直径方向上相对的两个齿上的线圈串联在一起，构成一相控制绕组。如图4-3-2所示的步进电动机可构成三相控制绕组，故也称为三相步进电动机。若任一相绕组通电，便形成一组定子磁极，其方向即图中所示的 NS 极。在定子的每个磁极上，即定子铁芯上的每个齿上又开了5个小齿，齿槽等宽，齿间夹角为9°，转子上没有绕组，只有均匀分布的40个小齿，齿槽也是等宽的，齿间夹角也是9°，与磁极上的小齿一致。此外，三相定子磁极上的小齿在空间位置上依次错开1/3齿距，如图4-3-2所示。当 A 相磁极上的小齿与转子上的小齿对齐时，B 相磁极上的齿刚好超前(或滞后)转子齿1/3齿距角，C 相磁极齿超前(或滞后)转子齿2/3齿距角。步进电动机的结构如图4-3-3所示。

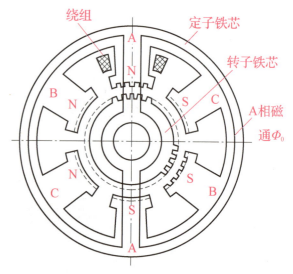

图4-3-2　步进电动机的结构原理

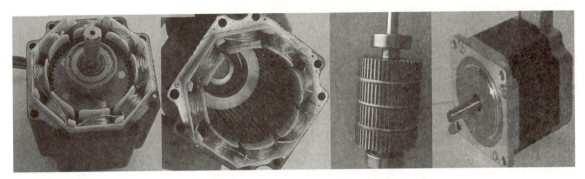

图 4-3-3　步进电动机的结构

3. 步进电动机驱动控制系统的组成

步进电动机驱动控制系统由三部分构成：控制电路、驱动电路和步进电动机，其主要功能如下。

①控制电路：用于产生脉冲，控制电动机的速度和转向。

②驱动电路：本文的研究内容，由图 4-3-4 所示的脉冲信号分配和功率驱动电路组成，根据控制器输入的脉冲和方向信号，为步进电动机各绕组提供正确的通电顺序，以及电动机需要的高电压、大电流；同时提供各种保护措施，如过流、过热等。

③步进电动机：控制信号经驱动器放大后驱动步进电动机，带动负载。

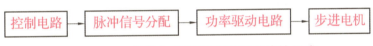

图 4-3-4　步进电动机驱动控制系统的组成

4. 步进电动机的分类

现在比较常用的步进电动机包括永磁式步进电动机（PM）、反应式步进电动机（VR）、混合式步进电动机（HB）和单相式步进电动机等。

永磁式步进电动机一般为两相，转矩和体积较小，步距角一般为 7.5° 或 15°。

反应式步进电动机一般为三相，可实现大转矩输出，步距角一般为 1.5°，但噪声和振动都很大。反应式步进电动机的转子磁路由软磁材料制成，定子上有多相励磁绕组，利用磁导的变化产生转矩。

混合式步进电动机是指混合了永磁式和反应式的优点。它又分为两相和五相：两相步距角一般为 1.8°，而五相步距角一般为 0.72°。这种步进电动机的应用最为广泛，也是本次细分驱动方案所选用的步进电动机。

5. 步进电动机驱动方式

步进电动机驱动方式的分类主要有恒电压驱动方式、恒电流斩波驱动方式和细分驱动方式。以下是这三种驱动方式的简介及比较。

（1）恒电压驱动方式

恒电压驱动是指在电动机绕组工作过程中，只用一个方向电压对绕组供电。为了使通电时绕组能迅速到达设定电流，关断时绕组电流迅速衰减为零，同时又具有较高的效率，出现了高、低压驱动方式。

（2）恒电流斩波驱动方式

自激式恒电流斩波驱动，是指把步进电动机绕组电流值转化为一定比例的电压，与 D/A 转换器输出的预设值进行比较，控制功率管的开关，从而达到控制绕组相电流的目的。他激式恒电流斩波驱动，自激式斩波频率可变引起的浪涌电压，可在 D 触发器加一个固定频率的时钟。

（3）细分驱动方式

细分驱动是指在每次脉冲切换时，不是将绕组的全部电流通入或切除，而是只改变相应绕组中电流的一部分，电动机的合成磁势也只旋转步距角的一部分。细分驱动时，绕组电流不是一个方波而是阶梯波，额定电流是台阶式地投入或切除。细分驱动最主要的优点是步距角变小，分辨率提高，且提高了电动机的定位精度、起动性能和高频输出转矩；同时，减弱或消除了步进电动机的低频振动，降低了步进电动机在共振区工作的概率。

二、四相步进电动机原理

步进电动机是一种将电脉冲转化为角位移的执行机构。当步进驱动器接收到一个脉冲信号，它就驱动步进电动机按设定的方向转动一个固定的角度（称为"步距角"），它的旋转是以固定的角度一步一步运行的。可以通过控制脉冲个数来控制角位移量，从而达到准确定位的目的；同时，可以通过控制脉冲频率来控制电动机转动的速度和加速度，从而达到调速的目的。步进电动机可以作为一种控制用的特种电动机，利用其没有积累误差（精度为 100%）的特点，广泛应用于各种开环控制。

该步进电动机为四相步进电动机，采用单极性直流电源供电。只要对步进电动机的各相绕组按合适的时序通电，就能使步进电动机步进转动。如图 4-3-5 所示是该四相步进电动机工作原理示意。

开始时，开关 S_B 接通电源，S_A、S_C、S_D 断开，B 相磁极和转子 0、3 号齿对齐，同时，转子的 1、4 号齿和 C、D 相绕组磁极产生错齿，2、5 号齿和 D、A 相绕组磁极产生错齿。当开关 S_C 接通电源，S_B、S_A、S_D 断开时，由于 C 相绕组的磁力线和 1、4 号齿之间磁力线的作用，使转子转动，1、4 号齿和 C 相绕组的磁极对齐，而 0、3 号齿和 A、B 相绕组磁极产生错齿，2、5 号齿和 A、D 相绕组磁极产生错齿。依次类推，A、

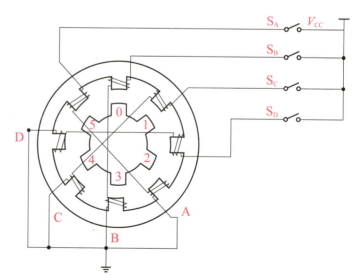

图 4-3-5　四相步进电动机工作原理示意

B、C、D 四相绕组轮流供电，则转子会沿着 A、B、C、D 方向转动。

四相步进电动机按照通电顺序的不同，可分为单四拍、双四拍、八拍三种工作方式。单四拍与双四拍的步距角相等，但单四拍的转动力矩小；八拍工作方式的步距角是单四拍与双四拍的一半，因此，八拍工作方式既可以保持较高的转动力矩又可以提高控制精度。

单四拍、双四拍与八拍工作方式的电源通电时的时序波形分别如图 4-3-6（a）～图 4-3-6（c）所示。

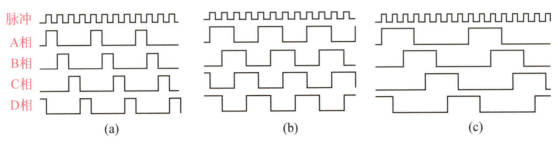

图 4-3-6　步进电动机工作时序波形

（a）单四拍；（b）双四拍；（c）八拍

学生互动

提问：

　　1. 步进电动机分为几类？

　　2. 步进电动机的结构是什么？

　　3. 步进电动机的优点有哪些？

　　4. 步进电动机的工作原理是什么？

思考与练习

1. 说出步进电动机在汽车上的应用。

2. 给出一个三相步进电动机，你可以接简单的线路控制它运转吗？

三、步进电动机控制电路实验

1. 实验目的

①掌握用万用表测量步进电动机的方法。

②掌握步进电动机简单的控制电路，如图 4-3-7 所示。

2. 实验器材

DY2201 A 型汽车万用表，步进电动机，控制开关，蓄电池。

3. 实验内容与步骤

按照图 4-3-7 所示电路接好线。

（1）电阻挡的测量

电阻挡的测量可断开电源后测量（见表4-3-1）。

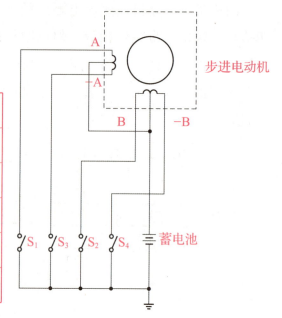

图4-3-7　步进电动机简单的控制电路

表4-3-1　测量线圈绕组电阻

项目	阻值/Ω
A—A	
A—B	
B—B	
A—蓄电池正极	
B—蓄电池正极	

（2）动作测试

按表4-3-2进行动作测试，并将数据填入表中。

表4-3-2　电动机旋转方向

电动机旋转方向	开关动作	顺时针方向旋转	逆时针方向旋转
	S_1—S_2		
	S_3—S_4		
	S_2—S_1		
	S_4—S_3		

步骤：

①把开关S_1键按下，则线圈A通入电流，产生N极磁场，因为磁场同性相斥、异性相吸，使转子的S极被A极吸引过来。

②放开开关S_1键，并且立刻按下开关S_2键，则A极的磁场消失，B极产生磁场，把转子的S极吸引过来，转子旋转。像这样依次让定子的四个极通电流，就可以使转子不停地旋转。

模拟电路的认知与实验

 单元 1 二极管的认知与实验

学习目标

◆了解二极管的作用。

◆掌握二极管的分类和测量方法。

◆掌握并会判别二极管的好坏。

◆掌握二极管在汽车上的应用。

◆掌握汽车整流器。

◆掌握检测全桥整流电路的方法。

观察思考

图 5-1-1 所示是哪种电子元件？

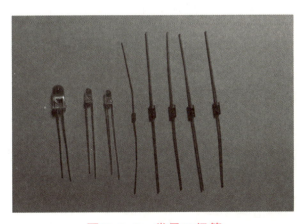

图 5-1-1　常见二极管

想 一 想

常见的二极管具有哪些特性呢？在使用过程中应该如何正确判断二极管的好坏和极性？它在汽车上又有哪些典型的应用呢？现在，我们来学习这方面的知识。

一、二极管

二极管的种类繁多，按材料分，主要有硅二极管和锗二极管；按结构分，有点接触型、面接触型和平面型。图5-1-2为二极管的结构。

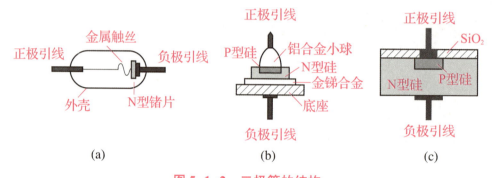

（a）　　　　　　　　（b）　　　　　　　　（c）

图5-1-2　二极管的结构

（a）点接触型；（b）面接触型；（c）平面型

1. 半导体二极管的结构与图形符号

半导体二极管的核心结构是一个PN结。它实质上是将一个PN结封装在管壳内，并从两端各引出一个电极。如图5-1-3（a）所示，P区的引出端为正端（或正极），N区的引出端为负端（或负极），其文字符号为VD，图形符号如图5-1-3（b）所示。箭头的指向表示PN结正向电流方向。

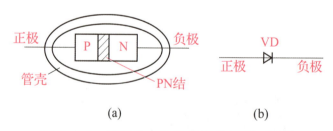

（a）　　　　　　　　　　（b）

图5-1-3　半导体二极管的结构及图形符号

（a）半导体二极管的结构；（b）半导二极管的图形符号

2. 二极管的外形

二极管根据用途分为玻壳型、塑封型、金属壳型、微型、大功率型及片状型等，如图5-1-4所示。

3. 二极管的伏安特性曲线

（1）正向特性

二极管的正向特性如图5-1-5所示向上的曲线。由特性曲线可知，二极管具有非线性，并且当正向电压较小时，正向电流很小，几乎为零，这段电压称为"死区电压"。通常，导通电压硅二极管约为 0.5 V，锗二极管约为 0.2 V。当所加的正向电压超过"死区电压"后，正向电流开始显著增加，二极管处于导通状态，这时，二极管的正向电流在较大的范围内变化，而其两端的电压却变化不大。二极管正向导通时的管压降为硅二极管 0.6~0.8 V，锗二极管 0.2~0.4 V。

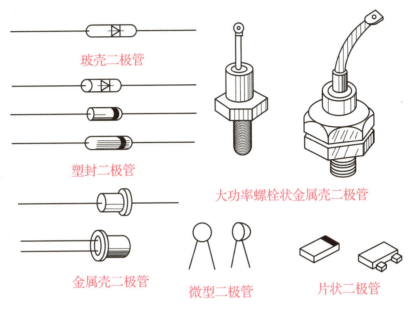

图 5-1-4　二极管的外形

（2）反向特性

二极管的反向特性如图 5-1-5 所示向下的曲线。当二极管加上反向电压时，由于反向电流很小，即可认为二极管反向截止；但当反向电压增大到某一值（U_{BR}）时，其反向电流会突然增大，这种现象称为反向击穿，相应的电压称为反向击穿电压，用 U_{BR} 表示。二极管反向击穿后，将会造成管子损坏。

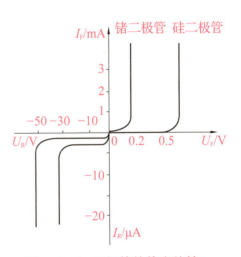

图 5-1-5　二极管的伏安特性

4. 二极管的开关特性

二极管加正向电压时导通，其导通电阻很小，管压降也很小（硅管为 0.7 V，锗管为 0.3 V），所以可看成短路；二极管加反向电压时截止，其反向截止电阻很大，理想情况下可趋于无穷大，可以看成开路。这就是二极管的开关特性。又由于二极管从导通到截止，再从截止到导通的时间很短，所以在脉冲数字电路中用途很广，其还可构成脉冲限幅器等。

5. 二极管的主要参数

（1）最大整流电流 I_F

最大整流电流 I_F 指二极管长期运行时，允许通过的最大正向平均电流。如果实际工作时的正向电流平均值超过此值，则二极管可能会因过热而损坏。

（2）反向击穿电压 U_B

反向击穿电压 U_B 指二极管反向击穿时的电压值，一般规定最高反向工作电压为反向击穿电压的一半或三分之一。

（3）最大反向工作电压 U_{DRM}

最大反向工作电压 U_{DRM} 指二极管运行时允许承受的最大反向电压（约为 U_B 的一半）。

（4）反向电流 I_R

反向电流 I_R 指二极管未被击穿时的反向电流，其值越小，说明二极管的单向导电性越好。

二、特殊二极管

1. 硅稳压管

稳压管是一种用特殊工艺制造的半导体二极管，稳压管的稳定电压就是反向击穿电压。稳压管的稳压作用：电流增量很大，只引起很小的电压变化。硅稳压管的正向特性与普通二极管相似，主要参数有稳定电压、稳定电流、最大稳定电流等，它与普通二极管最大的不同在于其一般反极性使用，即正极接地，负极接稳压输入。汽车发电机调节器电路中普遍采用这种设计。

（1）硅稳压管及其伏安特性

硅稳压管工作在反向击穿状态，其图形符号及伏安特性如图 5-1-6（a）、图 5-1-6（b）所示。

（2）硅稳压管的应用

稳压管稳压电路如图 5-1-6（c）所示，硅稳压管并联在负载两端，能使负载电压 U_O 在 U_I 与 R_L 变化时基本稳定。R 为限流电阻，同时起电压调整作用，保证输出电压基本恒定，从而起到稳压作用。

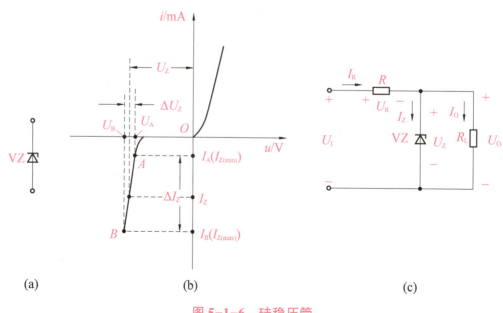

图 5-1-6　硅稳压管

（a）图形符号；（b）伏安特性；（c）稳压电路

2. 变容二极管

变容二极管工作在反偏状态，它是利用 PN 结电容效应的一种特殊二极管，其图形符号及伏安特性如图 5-1-7 所示，变容二极管随电压的增大容量变小。其常在汽车 GPS、音响电路中使用。

3. 发光二极管

发光二极管工作在正向偏置状态，是一种利用 PN 结两侧的多子直接复合释放出光能的光发射器件，其图形符号及正向伏安特性如图 5-1-8 所示，在汽车仪表、汽车灯光、数码电路中大量使用。

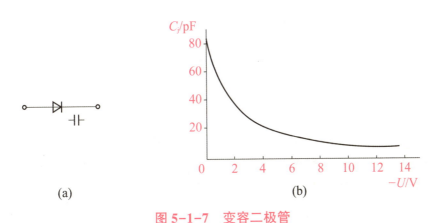

图 5-1-7　变容二极管

（a）图形符号；（b）正向伏安特性

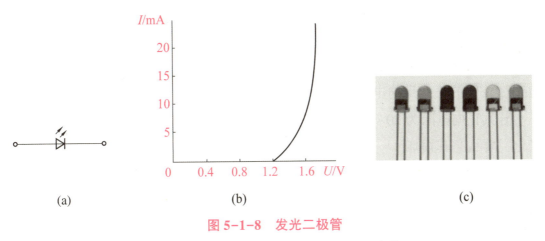

图 5-1-8　发光二极管

（a）图形符号；（b）正向伏安特性；（c）实物

检测发光二极管，一般用万用表 $R \times 10$ k 挡，方法和检测普通二极管一样，一般正向电阻在 15 kΩ 左右，反向电阻为无穷大。

4. 光敏二极管

光敏二极管工作在反偏状态，它是利用半导体的光敏特性制造的光接收器件，其图形符号及伏安特性如图 5-1-9 所示，常在汽车自动灯光电路中使用，根据光线的变化自动控制灯光的工作状态。其中，E 是照度，单位是勒克斯（lx）。

光敏二极管的反向电流与照度成正比，可将光信号转换为电信号，用作光的测量。

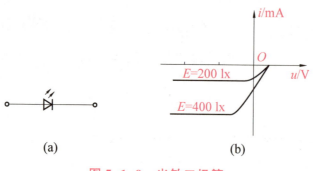

图 5-1-9　光敏二极管

（a）图形符号；（b）伏安特性

光敏二极管的检测方法和普通二极管一样，通常正向电阻为几千欧姆，反向电阻为无穷大；否则光敏二极管质量将会变差或损坏。当受到光线照射时，其反向电阻显著变化，正向电阻不变。

5. 激光二极管

激光二极管工作在正向偏置状态，它是利用 PN 结发出光来并在光谐振腔中来回反射，使某一特定波长的光在反射过程中得到加强，从而发射出单一波长的光，其结构和图形符号如图 5-1-10 所示，常在车载 DVD、VCD 电路中使用。

判断激光二极管好坏的方法是通过测试激光二极管的正、反向电阻来确定好坏。若其正向电阻为 20~30 kΩ，反向电阻为无穷大，则说明正常；否则，要么是激光二极管老化，要么是其损坏。

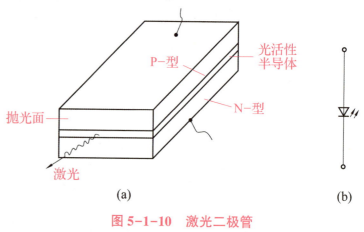

图 5-1-10　激光二极管

（a）结构；（b）图形符号

6. 红外线发光二极管

红外线发光二极管工作在正向偏置状态，发射一定波长的红外线光，应用于各种红外遥控发射器中。

用万用表 $R \times 1$ k 挡检测，若正向阻值在 30 kΩ 左右，反向阻值为无穷大，则表明正常；否则，红外线发光二极管性能变差或损坏。

三、二极管的应用电路

1. 钳位

利用二极管正向导通时压降很小的特性，可组成钳位电路，如图 5-1-11 所示。图中若 A 点电位 $U_A = 0$，因二极管 VD 正向导通，其压降很小，故 F 点的电位也被钳制

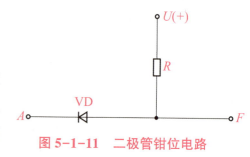

图 5-1-11　二极管钳位电路

在零伏左右，即 $U_F \approx 0$。

2. 限幅

利用二极管正向导通后其两端电压很小且基本不变的特点，可以组成各种限幅电路，即使输出电压的幅值不超过某一数值。二极管限幅电路如图 5-1-12 所示。

3. 元件保护

在电子电路中，常用二极管来保护其他元件、器件免受过高电压的损害。继电器线圈两端并接一个二极管，起到消除由于线圈断电产生的高压感应电动势。二极管元件保护电路如图 5-1-13 所示。

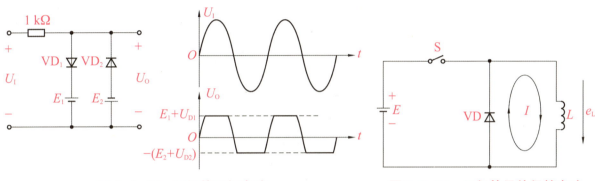

图 5-1-12　二极管限幅电路　　　　图 5-1-13　二极管元件保护电路

4. 单相半波整流电路

单相半波整流电路如图 5-1-14（a）所示，利用二极管的单向导电性，在变压器二次电压 U_2 为正的半个周期内，二极管正向偏置，处于导通状态，负载 R_L 上得到半个周期的直流脉动电压和电流；而在 U_2 为负的半个周期内，二极管反向偏置，处于关断状态，电流基本上等于零。由于二极管的单向导电作用，将变压器二次的交流电压变换成为负载两端的单向脉动电压，达到整流目的，其波形如图 5-1-14（b）所示。因为这种电路只在交流电压的半个周期内才有电流流过负载，所以，称为单相半波整流电路。

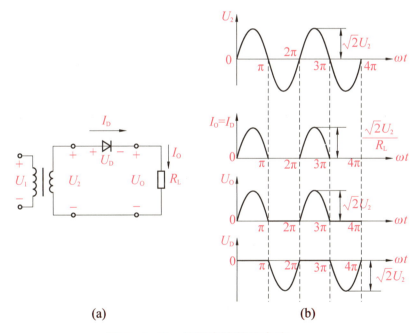

图 5-1-14　单相半波整流电路
（a）电路；（b）波形

5. 单相全波整流电路

单相全波整流电路如图 5-1-15 所示，可以看作是由两个单相半波整流电路组合成的。变压器二次线圈中间需要引出一个抽头，把二次绕组分成两个对称的绕组，从而引出大小相等但极性相反的两个电压 E_{2a}、E_{2b}，构成 E_{2a}、VD$_1$、R_{fz} 与 E_{2b}、VD$_2$、R_{fz} 两个通电回路。

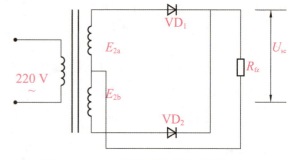

图 5-1-15 单相全波整流电路

单相全波整流电路的工作原理，可用图 5-1-16 所示的波形说明。在 $0 \sim \pi$ 时间内，E_{2a} 对 VD$_1$ 为正向电压，VD$_1$ 导通，在 R_{fz} 上得到上正、下负的电压；E_{2b} 对 VD$_2$ 为反向电压，VD$_2$ 不导通，如图 5-1-16(b) 所示。在 $\pi \sim 2\pi$ 时间内，E_{2b} 对 VD$_2$ 为正向电压，VD$_2$ 导通，在 R_{fz} 上得到的仍然是上正、下负的电压；E_{2a} 对 VD$_1$ 为反向电压，VD$_1$ 不导通，如图 5-1-16(c) 所示。

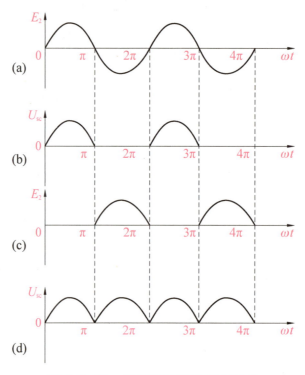

图 5-1-16 单相全波整流电路波形

(a)正弦波；(b)VD$_1$ 导通，VD$_2$ 截止；(c)半波；(d)VD$_1$ 截止，VD$_2$ 导通

如此反复，由于两个整流元件 VD$_1$、VD$_2$ 轮流导电，结果负载电阻 R_{fz} 上在正、负两个半周作用期间，都有同一方向的电流通过，如图 5-1-16(d) 所示，因此称为全波整流。全波整流不仅利用了正半周，而且巧妙地利用了负半周，从而大大地提高了整流效率（$U_{sc}=0.9e_2$，比半波整流时大一倍），如图 5-1-17 所示。

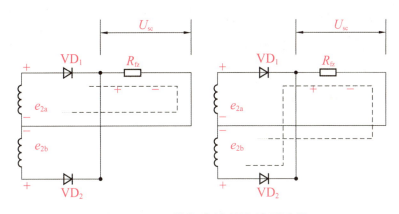

图 5-1-17　单相全波整流波形过程

6. 单相桥式整流电路

（1）单相桥式整流电路与工作原理

单相桥式整流电路如图 5-1-18 所示，电路中采用了 4 只二极管接成电桥的形式。

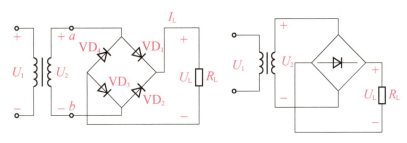

图 5-1-18　单相桥式整流电路及其简化电路

当 U_2 为正半周时，VD_1 和 VD_3 正向导通，VD_2 和 VD_4 反向截止；当 U_2 为负半周时，VD_1 和 VD_3 反向截止，VD_2 和 VD_4 正向导通。流过负载的电流方向始终一致，其波形如图 5-1-19 所示。由此可见，单相桥式整流电路中 VD_1、VD_3 和 VD_2、VD_4 轮流导通，流过负载的是两个半波电流，而电路方向相同，故称为全波整流。从单相桥式整流的波形可看出其输出直流电压的脉动程度比单相半波整流降低了。

（2）输出电压与输出电流

单相全波整流输出的直流电压是单相半波整流的两倍。两组二极管轮流工作，通过各个二极管的电流均为负载的一半，有关计算公式如下：

负载两端的直流电压平均值 $U_L = 0.9u_2$；

通过负载的直流电流平均值 $I_L = \dfrac{U_L}{R_L} = 0.9\dfrac{U_2}{R_L}$；

通过每只二极管的正向平均电流 $I_D = \dfrac{1}{2}I_L$；

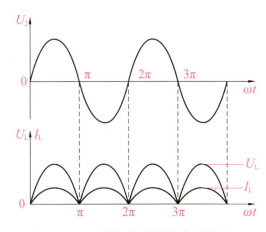

图 5-1-19　单相桥式整流电路波形

每只二极管承受的最大反向电压 $U_{DRM} = \sqrt{2}U_2 = 1.57U_L$。

必须注意的是，单相桥式整流电路的 4 个二极管的正、负极不能接反，交流电源和直流负载也不允许接错；否则，可能发生电源短路，不仅会烧坏整流管，还会烧坏电源变压器。

单相桥式整流电路的优点是电源利用率高，输出电压提高了一倍；流过每个二极管的电流仅为输出电流的一半，有利于电路保护。

单相整流电路只用三相供电线路中的一相电源，如果电流较大，将使三相负载严重不平衡，影响供电质量。故单相桥式整流电路仅适用于中、小功率的整流。大功率一般采用三相整流电路。

整流电路的接线规律：一正一负的二极管接交流输入端，全正极的二极管一端接电源的负极，全负极的二极管一端接电源的正极，不能接错。

7. 三相桥式整流电路

（1）三相桥式整流的原理

单相整流电路的功率一般为几瓦到几百瓦，经常用在电子仪器中。然而在某些场合要求整流功率高达几千瓦以上，这时就不便于采用单相整流电路了，因为它会造成三相电网的不平衡，影响供电质量。为此，应采用三相桥式整流电路，如图 5-1-20 所示。三相桥式整流电路经三相变压器接交流电源，变压器的二次绕组为星形连接。

图中 VD_1、VD_3、VD_5 组成一组，其负极接在一起；VD_2、VD_4、VD_6 组成另一组，其正极接在一起。每一组中 3 个二极管轮流导通。第一组中正极电位最高者导通，第二组中负极电位最低者导通，O 是中性点。其波形如图 5-1-21 所示，有关计算公式如下：

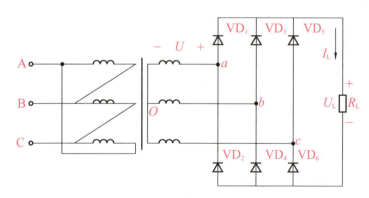

图 5-1-20　三相桥式整流电路

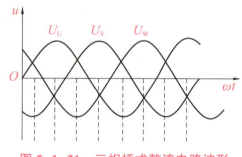

图 5-1-21　三相桥式整流电路波形

输出电压和电流 $U_L = 2.34 U_2$，$I_L = \dfrac{U_L}{R_L}$；

流过二极管的正向平均电流 $I_D = \dfrac{1}{3} I_L = 0.78 \dfrac{U_2}{R_L}$；

每个二极管承受的最高反向电压 $U_{DRM} = 2.45 U_2$。

（2）车用整流电路

整流电路在汽车交流发电机中也有重要应用。虽然汽车上装有蓄电池，但其存储的电能非常有限，远不能满足汽车上用电的需求。因此，发电机是汽车电器设备的主要电源。当今汽车上普遍采用的是硅整流交流发电机，其整流部分由 6 个硅二极管（外型、图形符号如图 5-

1-22 所示)组成, 安装示意如图 5-1-23 所示。压装在后端盖上的 3 个硅二极管, 其引线为负极, 外壳为正极, 俗称负极管, 管壳底上有黑色标记; 压装在散热板上的 3 个二极管, 其引线为正极, 外壳为负极, 俗称正极管, 管壳底上有红色标记。散热板上的 3 个正极管分别接在发电机三相绕组的首端, 分别在三相交流电的正半周导通, 哪相电压最高, 则该相绕组的正极管导通; 后端盖上的 3 个负极管分别接在发电机三相绕组的首端, 分别在三相交流电的负半周导通, 哪相电压最低, 则该相的负极管导通。因此, 同时导通的硅二极管有两个(正、负二极管各一个), 它们将发电机的线电压加在负载两端, 使负载得到直流电。

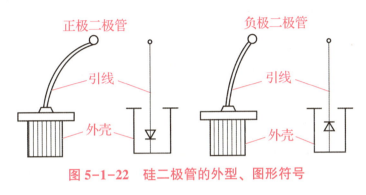

图 5-1-22　硅二极管的外型、图形符号

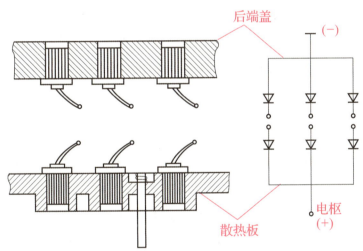

图 5-1-23　车用整流电路安装示意

汽车用硅整流二极管是专用的, 有如下特点。

①允许的工作电流大, 如 ZQ50 型二极管的正向平均电流为 50 A, 浪涌电流为 600 A。

②承受反向电压的能力高, 可承受的反向重复峰值电压在 270 V 左右, 反向不重复峰值电压在 300 V 左右。

③只有一根引线(引出电极)。

④根据引出电极的不同分为正二极管和负二极管。

整流器总成的形状各异, 有马蹄形、半圆形和圆形等, 如图 5-1-24 所示。交流发电机整流器和定子的连接如图 5-1-25 所示。

交流发电机星形连接时的起动电流小, 转矩也小, 常用在一般小车上; 三角形连接时的起动电流大, 转矩也大, 常用在越野车上。

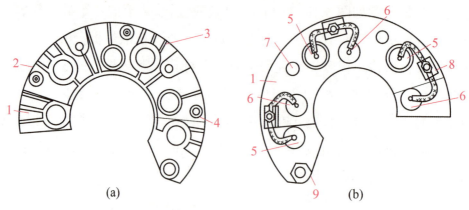

(a)　　　　　　　　　　(b)

1—负整流板；2—正整流板；3—散热片；4—螺栓孔；5—正极管；

6—负极管；7—安装孔；8—定子绕组接线端；9—绝缘垫。

图 5-1-24　JF132 发电机整流器总成

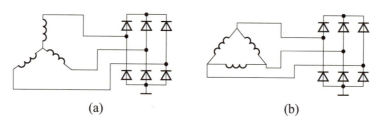

(a)　　　　　　　　　　(b)

图 5-1-25　交流发电机整流器和定子的接线图

（a）星形连接；（b）三角形连接

四、稳压二极管电路

经整流滤波后的电压往往会随交流电源的波动和负载的变化而变化。电压的不稳定有时会产生测量和计算的误差，引起控制装置的工作不稳定，甚至根本无法正常工作。特别是精密电子测量仪器、自动控制、计算装置及晶闸管的触发电路等要求有很稳定的直流电源供电。因此，还需采用稳压电路。汽车燃油表、水稳表电路中均采用稳压电路。

稳压电路的作用：将滤波后的直流电压变为稳定的直流电压。

利用稳压管的稳压特性可以组成最简单的稳压电路，如图 5-1-26 所示。VZ 为稳压管，在电路中起稳压作用；R 为限流电阻，在电路中起降压作用，同时可以限制负载电流，当流过负载的电流超过 R 允许的最大电流时，R 会烧断。

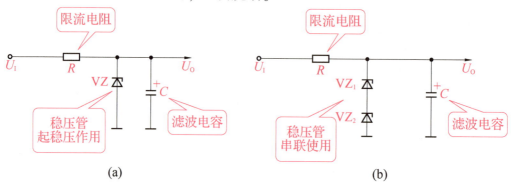

(a)　　　　　　　　　　(b)

图 5-1-26　稳压管稳压电路

学生互动

提问：

　　1. 二极管有哪几种？各有什么特点，应用在哪些汽车电路中？

　　2. 稳压二极管是怎样工作的？其正极和负极怎样接电压才能工作？

　　3. 三相稳压电路用了多少个二极管？

思考与练习

1. 画出单相桥式整流电路。
2. 画出三相桥式整流电路。

五、二极管的测量

二极管检测

1. 实验目的

掌握用万用表测量二极管的方法。

2. 实验器材

MF47-1 型万用表，数字万用表，指针式万用表，二极管。

3. 实验内容与步骤

二极管有两个电极，且正向电阻小，反向电阻大。利用这一特点，用万用表的电阻挡大致测量出二极管的好坏和极性。

（1）好坏的判别

用指针式万用表测量小功率二极管时，需把万用表的旋钮拨到 $R×100$ 或 $R×1$ k 挡（应注意不要用 $R×1$ 或 $R×10$ k 挡，因为 $R×1$ 挡电流较大，$R×10$ k 挡电压较高，都易损坏二极管），然后用两根表笔测量二极管的正、反向电阻。一般二极管的正向电阻约为几十欧到几百欧，反向电阻约为几千欧，如图 5-1-27 所示。二极管的正、反向电阻相差越大，表明二极管的单向导电特性越好。若 $R_\text{正} ≈ R_\text{反}$，则表示二极管已坏；若 $R_\text{正} ≈ R_\text{反} ≈ 0$，则表示二极管已被击穿，两电极已短路；若 $R_\text{正} ≈ R_\text{反} → ∞$，则说明二极管内部已断路，都不能使用。

注意：大功率二极管可用 $R×10$ k 挡判断其好坏，如汽车上交流发电机的硅整流二极管。

（2）极性的判别

在已经确定二极管正常后，若使用指针式万用表测量二极管正、反向电阻值，当测得的电阻较小时，与红表笔（接表内电池的负极）相接的那个电极就是二极管的负极，与黑表笔（接表内电池的正极）相接的那个电极就是二极管的正极；反之，当测得的电阻较大时，与红表笔相接的那个电极就是二极管的正极，与黑表笔相接的那个电极就是二极管的负极。

　　若使用数字万用表测量时，由于数字万用表的红表笔接表内电池的正极，而黑表笔接表内电池的负极，因此，用数字万用表判定的极性与用指针式万用表判定的极性恰好相反。

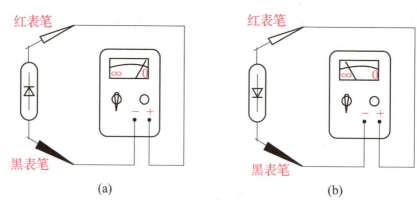

图 5-1-27　用万用表测试

（a）正向电阻小；（b）反向电阻大

　　用数字万用表测量：调到晶体管专用挡（蜂鸣挡）测量。

　　正向电压为 0.2~0.5 V，反向电压不显示（很大）时，红表笔所接的引脚为正极（负极），此二极管为正常。

　　如果两端测量所得数值均为零时，则说明二极管短路，是坏管；两端测量值均为 1（代表无穷大）时，说明二极管开路，也是坏管；两端测量分别为 1 和 0.2~0.5 V 时，说明二极管正常。

　　注意：测量结果与指针式万用表测量结果一致，不同的是读法不一样，原因是指针式万用表表内电池的正极与黑表笔相接。

六、三相全桥整流器的测量

1. 实验目的

掌握用万用表测量二极管的方法。

2. 实验器材

数字万用表，二极管，三相全桥整流器，电烙铁，焊锡丝，万能焊板。

3. 实验内容与步骤

①用电烙铁按照图 5-1-28 焊接二极管，焊成三相桥式整流器。需要注意的是，有 3 个二极管负极接在一起，另 3 个二极管正极接在一起，它们的引出脚分别接一个二极管，如图 5-1-28 所示。

②三相桥式整流器的测量（红

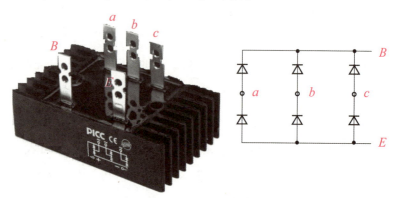

图 5-1-28　三相桥式整流

表笔接前面端子，黑表笔接后面端子）。

③填写表 5-1-1 中数据。

表 5-1-1　测量数据记录

项目		数据
B—E	正向电阻	
	反向电阻	
a—b	正向电阻	
	反向电阻	
b—c	正向电阻	
	反向电阻	
B—a	正向电阻	
	反向电阻	
B—b	正向电阻	
	反向电阻	
E—a	正向电阻	
	反向电阻	
E—c	正向电阻	
	反向电阻	

单元 2　晶体管的认知与实验

学习目标

◆能够掌握晶体管的分类。

◆能够掌握晶体管的测量方法。

◆能够判断晶体管的好坏。

◆能够检测继电器电路。

观察思考

图 5-2-1 所示的晶体管是什么管，能够区别吗？

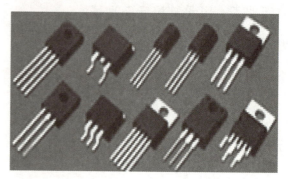

图 5-2-1　晶体管举例

想 一 想

晶体管在汽车电路中被广泛应用，如图 5-2-2 所示，试分析其工作原理和特性，并能判断它的好坏和极性。现在，我们来学习这方面的知识。

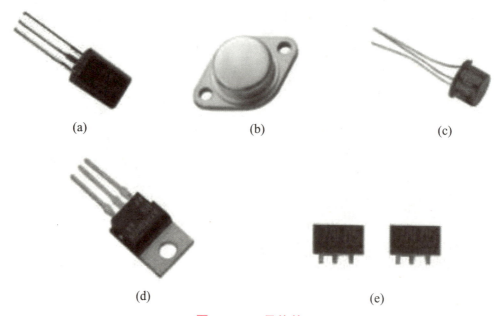

(a)　　　　　　　　(b)　　　　　　　　(c)

(d)　　　　　　　　(e)

图 5-2-2　晶体管

(a)普通塑料晶体管；(b)大功率晶体管；(c)金属封装晶体管；(d)功率晶体管；(e)贴片晶体管

一、晶体管

1. 晶体管的结构及类型

半导体晶体管是由两个背靠背的 PN 结构成的，简称晶体管。这两个 PN 结，把半导体晶体管分成 3 个区域，这 3 个区域的排列，可以是 N-P-N，也可以是 P-N-P。因此，晶体管有两种类型：NPN 型和 PNP 型，如图 5-2-3 所示。

2. 晶体管的电流分配和电流放大作用

晶体管具有电流放大作用，其含义是当基极有一个较小的电流变化时，集电极就产生一个较大的电流变化。晶体管各级电流分配如图 5-2-4 所示。

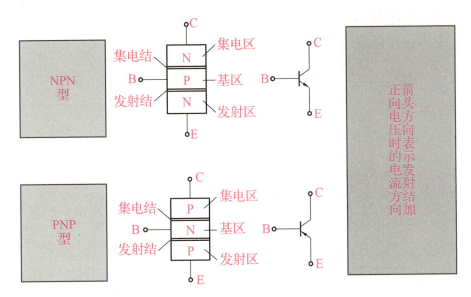

图 5-2-3　晶体管的结构示意和图形符号

①产生放大作用的条件。

②正确的工作电压条件(外部条件)。要求发射结加正向电压(正偏)，集电结加反向电压(反偏)。

③内部制作工艺要求(内部条件)。基区做得薄一点，掺杂浓度小一点；集电区面积大一点，掺杂浓度小一点；发射区的掺杂浓度高一点。

④晶体管内部载流子的传输过程有以下 4 个。

a. 发射区向基区注入电子，形成发射极电流 I_E。

b. 电子在基区中的扩散与复合，形成基极电流 I_B。

c. 集电区收集扩散过来的电子，形成集电极电流 I_C。

d. 电流分配关系：$I_E = I_B + I_C$。

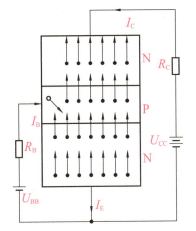

图 5-2-4　晶体管各极电流分配

实验表明：I_C 比 I_B 大数十倍至数百倍，I_B 虽然很小，但对 I_C 有控制作用，I_C 随 I_B 的变化而变化，即基极电流较小的变化可以引起集电极电流较大的变化，表明基极电流对集电极电流具有小量控制大量的作用，这就是晶体管的电流放大作用。

3. 晶体管的偏置电路

为晶体管的各极提供工作电压的电路称为偏置电路，它由电源和电阻构成。NPN 型晶体管和 PNP 型晶体管的基本偏置电路，分别如图 5-2-5(a)、图 5-2-5(b)所示。

4. 晶体管的特性曲线

晶体管的特性包括输入和输出特性，它反映了晶体管各极电流与极间电压的关系。根据图 5-2-6(b)所示的输入特性，可以看出发射极电压微量升高会引起基极电流很大的变化。

(1)输入特性

这里对晶体管的输入特性曲线不做过多介绍。

（2）输出特性

晶体管的 3 个工作区如图 5-2-7 所示。下面分别对其进行介绍。

①放大区：发射极正向偏置，集电极反向偏置，有

$$U_C \geq U_B \geq U_E \qquad I_C = \beta I_B$$

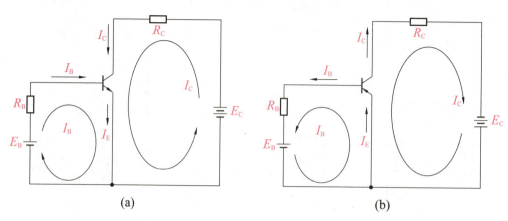

图 5-2-5　晶体管的电流方向

（a）NPN 型晶体管基本偏置电路；（b）PNP 型晶体管基本偏置电路

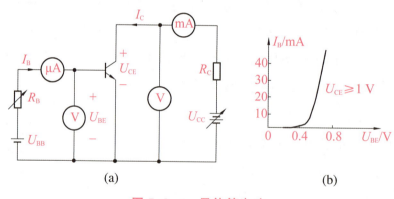

图 5-2-6　晶体管电路

（a）测量晶体管特性的实验电路；（b）晶体管的输入特性

②截止区：发射极反向偏置，集电极反向偏置，有

$$U_E \geq U_C \geq U_B \quad I_B \leq 0 \quad I_C \approx 0$$

③饱和区：发射极正向偏置，集电极正向偏置，有

$$U_B \geq U_C \geq U_E \quad I_B > 0 \quad U_{BE} > 0 \quad U_{CE} \leq U_{BE}$$

此时 $I_C \neq \beta_B$。

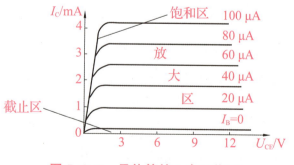

图 5-2-7　晶体管的 3 个工作区

晶体管具有放大和开关作用：当基极有合适电流通过时具有放大作用，当基极电流最大时，其处于饱和状态，相当于开关导通；当基极无电流通过时，其处于截止状态，相当于开关断开。

二、晶体管的主要参数

1. 电流放大系数 β

共射极直流电流放大系数和共射极交流电流放大系数均用 β 表示。对于性能良好的晶体管，两者放大系数近似相等。

2. 穿透电流 I_{CEO}

穿透电流 I_{CEO} 指基极开路时，集电极与发射极之间的反向电流。I_{CEO} 随温度升高而增大，由于硅管的 I_{CEO} 比锗管小得多，因此，硅管的热稳定性比锗管好。

3. 反向击穿电压 $U_{(BR)CEO}$

反向击穿电压 $U_{(BR)CEO}$ 指基极开路时，加在集电极与发射极之间的最大允许电压。

4. 集电极最大允许电流 I_{CM}

集电极最大允许电流 I_{CM} 指晶体管正常工作时，集电极所允许的最大允许电流，如果 $I_C > I_{CM}$，不但 β 会明显下降，还有可能损坏晶体管。

5. 集电极最大允许耗散功率 P_{CM}

集电极最大允许耗散功率 P_{CM} 指晶体管正常工作时，集电极所允许的最大耗散功率。

学生互动

提问：

1. 晶体管分为哪几种？
2. 晶体管有什么作用？
3. 晶体管 3 个引脚分别叫什么？分别用什么字母表示？
4. 晶体管的电流分配原则是什么？

思考与练习

1. 晶体管放大的条件是什么？
2. 半导体晶体管是由两个 PN 结组成的，是否可以用两个二极管连接组成一个晶体管？为什么？

单元 3　晶体管的典型应用与实验

学习目标

◆能够区别交流电和直流电。

◆掌握电路的三种状态、正弦交流电路的基本物理量。

◆能够掌握正弦交流电路的振幅、相位和初相位。

◆能够掌握晶体管应用的基本电路。

◆能够掌握内、外搭铁晶体管调节器的基本电路原理。

◆能够分析串联稳压电路和功率放大器。

◆能够检测晶体管电路。

◆能够分析闪光器电路。

观察思考

图 5-3-1 为汽车转向闪光器电路，能够分析其工作原理吗？

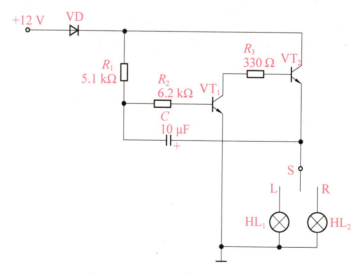

图 5-3-1　汽车转向闪光器电路

想一想

晶体管在汽车电路中有非常广泛的应用，如汽车发电机晶体管调节器、转向灯闪光器等，试分析它们的工作过程。现在，我们来学习这方面的知识。

一、晶体管放大电路的三种组态

1. 共发射极放大电路

共发射极放大电路如图 5-3-2 所示。交流输入信号经电容 C_1 从基极输入，交流输出信号从集电极经电容 C_2 隔直后传送给负载 R_L。图 5-3-2（a）为交流通路，可以看出，发射极是交流信号的公共端，故称为共发射极放大电路。

图 5-3-2（c）所示是输入、输出信号波形。从图中可以看出，输出信号电压比输入信号电压的幅度大，具有电压放大作用，且相位相反。

发射极作为参考点，定义为"地"，用符号"⊥"表示，并规定地线的电位为 0，电路中其他各点的电压，都是指该点对地的电压。基本共射放大电路如图 5-3-3 所示。

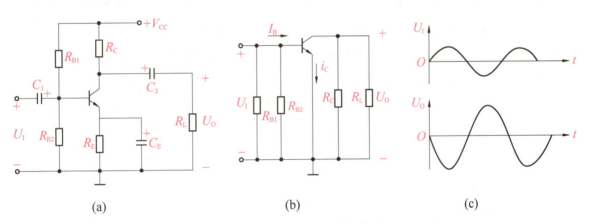

图 5-3-2 共发射极放大电路

（a）交流放大电路；（b）直流放大电路；（c）交流放大电路的输入、输出波形

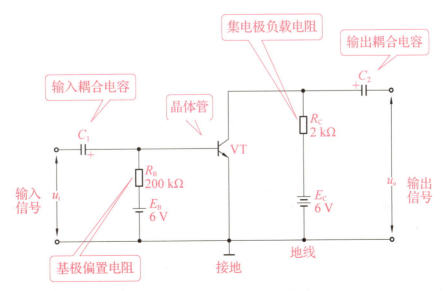

图 5-3-3 基本共射放大电路

图 5-3-3 中各元件作用如下。

晶体管：电路中的核心元件，起电流放大作用。

E_C：集电极回路的直流电源，为晶体管集电极提供偏置电压。

R_C：集电极电阻，又称集电极负载电阻，它的作用是将集电极电流 I_C 的变化转变为集电极电压 U_{CE} 的变化。

E_B：基极回路的直流电源，为晶体管基极提供正偏电压。

R_B：基极偏置电阻，E_B 经 R_B 向基极提供一个合适的基极电流，该电流称为基极偏置电流，即 $I_B = \dfrac{E_B - U_{BE}}{R_B} = \dfrac{E_B - 0.7}{R_B}$。

电容 C_1 和 C_2：耦合电容，它们在电路中的作用是"隔直通交"，即只让交流信号通过，而阻止直流通过。

（1）直流通路与交流通路

直流通路：直流成分所通过的路径；交流通路：交流成分所通过的路径。在画直流通路时，将电容视为开路；在画交流通路时，电容和直流电源均视为短路。

例如，在画图 5-3-4（a）所示的基本放大器的直流通路和交流通路时，根据画直流通路和交流通路的方法，可画出其直流通路和交流通路，如图 5-3-4（b）、图 5-3-4（c）所示。

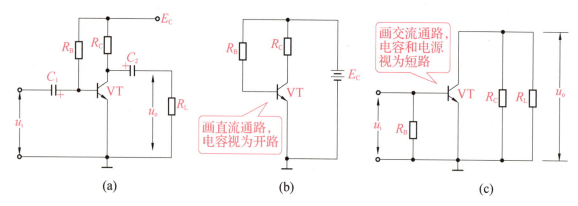

图 5-3-4　共发射极放大器的直流通路与交流通路
（a）基本放大电路；（b）直流通路；（c）交流通路

对于直流通路而言，R_B 相当于串联在晶体管的基极，R_C 相当于串联在晶体管的集电极；对于交流通路而言，R_B 相当于并联在晶体管的 B、E 之间，R_C 相当于并联在晶体管的 C、E 之间。

（2）放大器的放大原理

对于图 5-3-5（a）所示的放大器来说，其放大原理可用图 5-3-5（b）中的波形来解释。由其波形可见，输出波形 u_o 比 u_i 的幅度大得多，即信号得到了放大，且 u_o 与 u_i 相位相反。

2. 共基极放大电路

共基极放大电路如图 5-3-6 所示。交流信号从发射极输入，从集电极输出，由交流通路可看出，晶体管的基极为公共端，因此，该电路称为共基极放大电路。

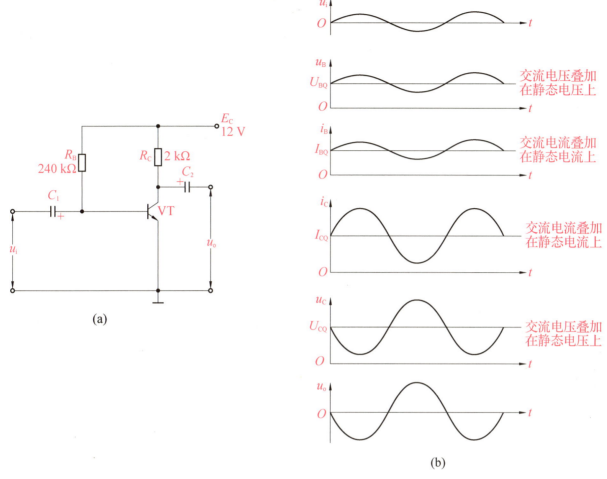

图 5-3-5　共发射极放大电路及其波形

（a）基本共射放大电路；（b）波形

图 5-3-6 中还画出了输入、输出电压波形，从波形图中可以看出，输出信号电压的幅度比输入信号电压的幅度大，具有电压放大作用，且相位相同。

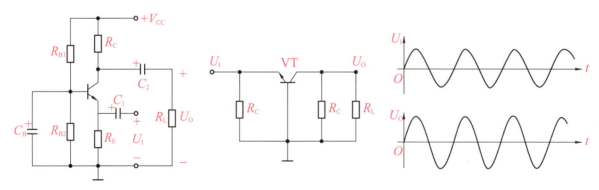

图 5-3-6　共基极放大电路

3. 共集电极放大电路

交流信号从基极输入，从发射极输出，故该电路又称为射极输出器，共集电极放大电路如图 5-3-7 所示。可以看出，集电极为交流输入、输出的公共端，故称为共集电极放大电路。

图 5-3-7 中还画出了输出信号电压与输入信号电压波形，两者幅度大致相同，无电压放

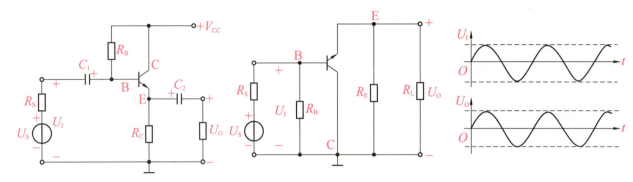

图 5-3-7　共集电极放大电路

大作用，且相位相同。但由于 $i_E \gg i_B$，故该电路具有电流放大作用。

二、晶体管在汽车电路的应用

1. 汽车发电机晶体管调节器

晶体管电压调节器是利用晶体管的开关特性制成的，即将晶体管作为一只开关串联在发电机的励磁电路中，根据发电机输出电压的高低，控制晶体晶管的导通和截止，以调节发电机的励磁电流，使发电机输出电压稳定在某一规定的范围之内。

（1）内搭铁晶体管调节器

图 5-3-8 为内搭铁晶体管调节器的基本电路。VT_1 为小功率开关管，VT_2 为大功率开关管，VZ 为稳压二极管。

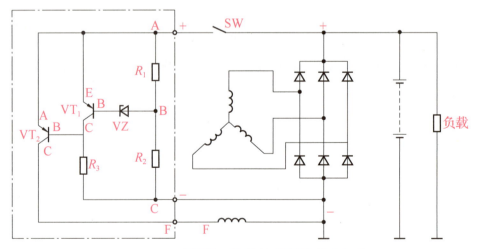

图 5-3-8　内搭铁晶体管调节器的基本电路

内搭铁晶体管调节器的工作原理如下。

当点火开关 SW 闭合后，蓄电池电压便加在 A、C 两端，R_1 上的分压 U_{AB} 通过晶体管 VT_1 的发射极加到稳压管 VZ 上，此时由于蓄电池电压低于发电机的规定电压值，故加到稳压管上的电压值低于稳压管的反向击穿电压 U_{VZ}，稳压管 VZ 截止，VT_1 无基极电流而截止。VT_2 由 R_3 提供偏置电流而处于饱和导通状态，蓄电池便经 VT_2 给发电机励磁绕组提供励磁电流，电流通路如下。

蓄电池正极→点火开关 SW→调节器正接线柱→VT$_2$(E，C)→调节器 F 接线柱→搭铁→蓄电池负极。若此时发电机运转，则发电机电压会随转速的升高而升高。当发电机电压升到蓄电池电压时，发电机开始自励发电。当发电机电压超过规定值时，通过 R_1 的分压加到稳压管 VZ 上的电压超过稳压管 VZ 的反向击穿电压，稳压管导通，VT$_1$ 获得基极电流而导通。VT$_1$ 导通后，VT$_2$ 的发射极被短路，因而 VT$_2$ 截止，从而断开发电机的励磁电流，使发电机电压迅速下降。

当发电机电压下降到低于规定值时，加到稳压管 VZ 上的电压又低于其反向击穿电压，稳压管重新截止，使 VT$_1$ 也截止，VT$_2$ 重新导通，接通发电机的励磁电路而使发电机电压又升高。如此反复，发电机的输出电压便稳定在规定的调节范围内。同样 VT$_2$ 被击穿就会使发电机发电不停，蓄电池电压就会升高很多，使灯泡烧毁。

（2）外搭铁晶体管调节器

外搭铁晶体管调节器的基本电路如图 5-3-9 所示。其特点是功率管串联在发电机励磁绕组的搭铁端，即发电机励磁电路是通过调节器的功率管来搭铁的，因此，必须与外搭铁的交流发电机配套使用。另外，其功率管以 NPN 型为主。

外搭铁晶体管调节器也是由功率管、信号放大和控制电路、电压信号的检测电路三部分组成，其基本工作原理如下。

当点火开关 SW 闭合后，蓄电池电压便加在 B、C 两端，R_1 上的分压 U_{BC} 加到稳压管 VZ 上，此时，由于蓄电池电压低于发电机的规定电压值，故加到稳压管上的电压值低于稳压管的反向击穿电压 U_{VZ}，稳压管 VZ 截止，VT$_1$ 无基极电流截止。VT$_2$ 由 R_3 提供偏置电流而处于饱和导通状态，蓄电池便经 VT$_2$ 给发电机励磁绕组提供励磁电流，电流通路如下。

蓄电池正极→点火开关 SW→发电机励磁绕组→调节器 F 接线柱→VT$_2$ 搭铁→蓄电池负极。

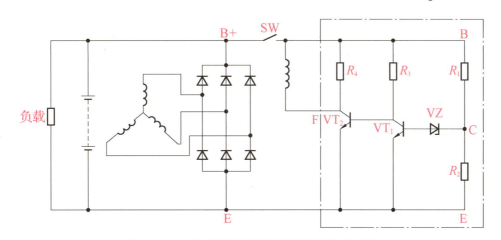

图 5-3-9　外搭铁晶体管调节器的基本电路

若此时发电机运转，则发电机电压会随转速的升高而升高。当发电机电压升到蓄电池电压时，发电机开始自励发电。当发电机电压超过规定值时，通过 R_1 的分压加到稳压管 VZ 上的电压超过稳压管 VZ 的反向击穿电压，稳压管导通，VT$_1$ 获得基极电流而导通。VT$_1$ 导通后，VT$_2$ 的基极被短路，因而 VT$_2$ 截止，从而断开发电机的励磁电路，使发电机电压迅速下降。

当发电机电压下降到低于规定值时，加到稳压管 VZ 上的电压又低于其反向击穿电压，稳压管重新截止，使 VT_1 也截止，VT_2 重新导通，接通发电机的励磁电路而使发电机电压又升高。如此反复，发电机的输出电压便稳定在规定的调节范围内。同样 VT_2 被击穿就会使发电机发电不停，蓄电池电压就会升高很多，使灯泡烧毁。

2. 转向灯闪光器

转向灯闪光器分为有触点式和无触点式两种。

（1）有触点晶体管式闪光器

有触点晶体管式闪光器电路如图 5-3-10 所示，当汽车向左转弯时，转向开关 S 接通左转向灯，电流便从蓄电池正极→保险丝→电阻 R_0→触点 P→转向开关 S→左转向灯→搭铁→蓄电池负极构成回路，左转向信号灯和指示灯点亮。同时，R_0 上的电压降使晶体管 VT 导通产生集电极电流。集电极电流经继电器 J 搭铁，继电器 J 的线圈产生电磁吸力使触点 P 打开。于是蓄电池向电容器 C 充电，使左转向灯的灯光变暗。随着充电时间的延长，充电电流减小，晶体管 VT 的基极电位提高，偏流减小。当基极电位接近发射极电位时，晶体管 VT 截止，集电极电流消失，触点 P 又闭合，转向灯又被点亮，同时电容 C 经 R_1、触点 P、R_2 放电。电容 C 放完电后，晶体管 VT 基极上又恢复低电位，晶体管 VT 重新导通，集电极电流又经继电器 J 的线圈产生电磁吸力使触点 P 打开，重复上述过程，使转向灯发出闪光。其闪光频率由电容 C 的充、放电时间控制。

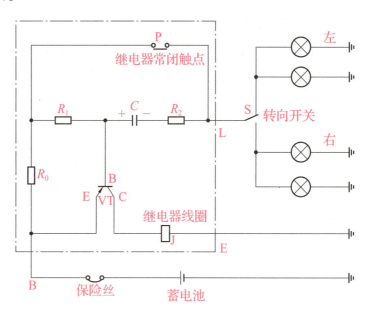

图 5-3-10　有触点晶体管式闪光器电路

脉冲信号发生器是一种专门用来产生脉冲信号的电路，脉冲信号发生器的种类很多，如多谐振荡器、间歇振荡器及锯齿波发生器等。下面要介绍的无触点晶体管式闪光管又可以称为多谐振荡器。

（2）无触点晶体管式闪光器（多谐振荡器）

多谐振荡器如图 5-3-11 所示，VT_1 和 VT_2 电路是对称的，两个晶体管之间都是靠电容耦合的。

当电源接通后，由于两管导电能力的微小差别，使电路迅速发展成一管截止，一管饱和，电路产生振荡。假定在 t_0 时刻，电路刚刚转为 VT_1 饱和、VT_2 截止的暂稳态。在转换过程中，由于电容 C_{B1}、C_{B2} 上的电压均来不及跃变，它们会维持翻转前的数值，故 C_{B1} 上的电压为 $E_C-U_{BES}\approx E_C$，C_{B2} 上电压近似等于零。

因电路翻转成 VT_1 饱和，VT_2 截止，此时有

$$U_{C1}=U_{CES}=0.3\text{ V}，\quad U_{B1}=U_{BES}=0.7\text{ V}$$

$$U_{B2}=U_{CES}-(E_C-U_{BES})\approx -E_C$$

在暂稳态期间，电源 E_C 对 C_{B2} 充电，直到 C_{B2} 两端电压为 $E_C-U_{BES}\approx E_C$ 时为止，同时 C_{B1} 放电。充、放电回路如图 5-3-11（a）中的虚线。随着 C_{B1} 的放电，U_{B2} 由 $-E_C$ 逐渐上升，当 $U_{B2}=0.5\text{ V}$ 时，VT_2 开始导通，随即引起正反馈过程：

电容 C_{B1} 放电 $\rightarrow U_{B2}\uparrow \rightarrow I_{B2}\uparrow \rightarrow I_{C2}\uparrow \rightarrow U_{C2}\downarrow$

$U_{C1}\uparrow \leftarrow I_{C1}\downarrow \leftarrow I_{B1}\downarrow \leftarrow U_{B1}\downarrow$

结果使 VT_2 飞快饱和，VT_1 飞快截止，电路进入新的暂稳态。此时电容 C_{B1} 上电压近似为零，电容 C_{B2} 上电压等于 $E_C-U_{BES}\approx E_C$。

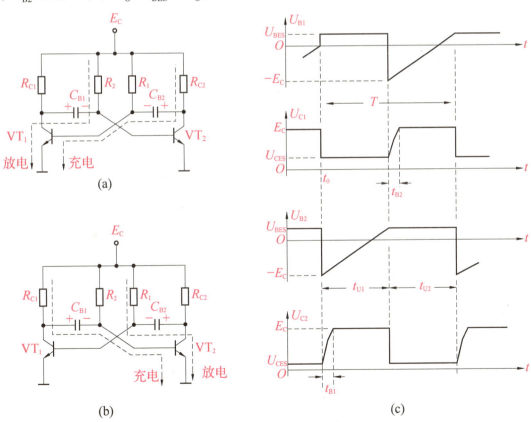

图 5-3-11　多谐振荡器

（a）VT_1 导通电路；（b）VT_2 导通电路；（c）振荡波形电路

在新的暂稳态期间（VT_2 饱和，VT_1 截止），E_C 对电容 C_{B1} 充电，直到 C_{B1} 两端电压为 E_C 为

止，同时电容 C_{B2} 放电。充、放电回路如图 5-3-11（b）中所示虚线。随着电容 C_{B2} 的放电，U_{B1} 由 $-E_C$ 逐渐上升。当 $U_{B1}=0.5$ V 时，VT_1 开始导通，随即又出现一次正反馈过程：

$$电容\ C_{B2}\ 放电 \rightarrow U_{B1}\uparrow \rightarrow I_{B1}\uparrow \rightarrow I_{C1}\uparrow \rightarrow U_{C1}\downarrow$$
$$\uparrow \qquad\qquad\qquad\qquad\qquad\qquad\quad \downarrow$$
$$U_{C2}\uparrow \leftarrow I_{C2}\downarrow \leftarrow I_{B2}\downarrow \leftarrow U_{B2}\downarrow$$

结果使电路迅速翻回到初始的暂稳状态，即 VT_1 饱和、VT_2 截止的状态。如此周而复始，形成振荡。电路中各点的电压波形如图 5-3-11（c）所示。在任何一个晶体管集电极上接继电器驱动灯泡就是一个晶体管式闪光器。

三、串联稳压电路

串联稳压电路如图 5-3-12 所示，晶体管 VT 为调整管。由于调整管与负载相串联，所以，这种电路称为串联稳压电路。

稳压管 VZ 为调整管提供基极电压，称为基准电压。

电路稳压过程：

$$U_I\uparrow \rightarrow U_O\uparrow \rightarrow U_{BE}\uparrow \rightarrow I_B\downarrow \rightarrow VT\ 导通程度减弱 \rightarrow U_{CE}\uparrow \rightarrow U_O\downarrow。$$

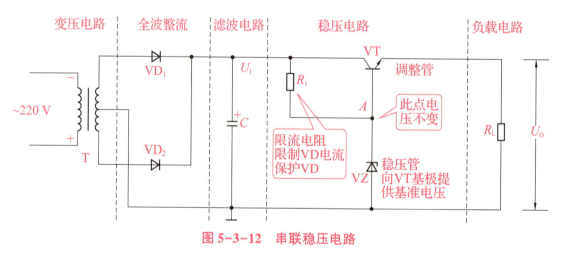

图 5-3-12　串联稳压电路

四、三端稳压电路与基准稳压电路

1. 三端稳压电路 LM78 和 LN79 系列

三端稳压电路是以三端稳压器为核心构成的。三端稳压器是一种集成式稳压电路，它将稳压电路中的所有元件做在一起，形成一个稳压集成块，它对外只引出 3 个引脚，即输入脚、接地脚和输出脚，如图 5-3-13（a）所示。

使用三端稳压器后，可使稳压电路变得十分简洁，如图 5-3-13（b）所示，它只需在输入端和输出端上分别加一个滤波电容就行了。为了获得更大的输出电流，提高带负载能力，还可将三端稳压器并联使用，如图 5-3-13（c）所示。7805 是 5 V 稳压管，7812 是 12 V 稳压管，7905 是-5 V 稳压管，并且其引脚与 78 系列不同，79 系列是 1 脚输入，2 脚输出，3 脚接地，是负输出稳压管。在仪表电路中常用 7808 作稳压电路，使仪表读数更精确。

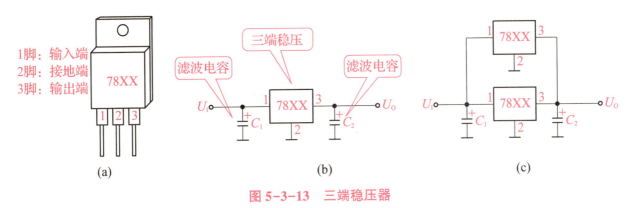

图 5-3-13　三端稳压器

（a）三端稳压器外形；（b）三端稳压电路；（c）三端稳压器并联使用

2. 三端可调稳压器

LM317 的输入最高电压为 30 多伏，输出电压为 1.5~32 V，电流为 1.5 A。LM317 稳压管引脚端：1 脚为调节端、2 脚为输出端、3 脚为输入端。其电路如图 5-3-14 所示。

3. TL431 精密基准电压源

TL431 可等效为一只稳压二极管，其基本连接方式如图 5-3-15 所示。可调基准源、电阻 R_2 和 R_3 与输出电压的关系为 $U_0 = 2.5(1+R_2/R_3)$。具体工作原理：当输入电压增大，输入电压增大导致了输出电压增大，这时，内部电路通过调整使流过自身的电流增大，这也就使流过限流电阻的电流增大，这样限流电阻的压降增大，而输出电压等于输入电压减限流电阻压降，输入电压增大与限流电阻压降增大使输出电压减小，实现稳压。

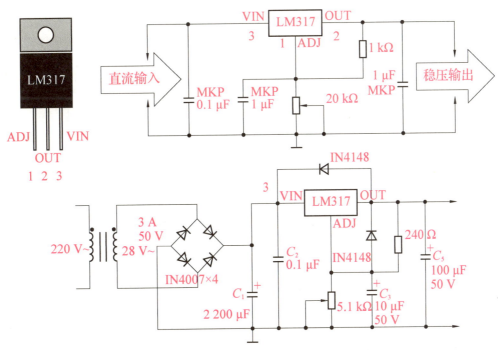

图 5-3-14　LM317 三端稳压器电路

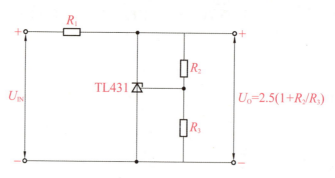

图 5-3-15　TL431 精密基准电压源

五、功率放大器

在汽车音响电路中广泛使用的功率放大器，简称功放器，它一般用作多级放大器的末级电路。功率放大器的类型较多，如甲类功率放大器、乙类推挽功率放大器、OTL 功率放大器、OCL 功率放大器等。下面主要介绍前两种功率放大器。

1. 甲类功率放大器

（1）电路结构及工作原理

甲类功率放大器如图 5-3-16 所示，级间采用变压器耦合方式。图中 T_1 是输入耦合变压器，T_2 是输出耦合变压器；R_1 和 R_2 分别是基极上偏电阻和下偏电阻，R_3 是发射极负反馈电阻，能稳定 VT 的工作点。

T_1 二次线圈上信号全部加在 VT 的基极与发射极之间，经 VT 放大后的交流信号由 T_2 送到扬声器，推动扬声器工作。

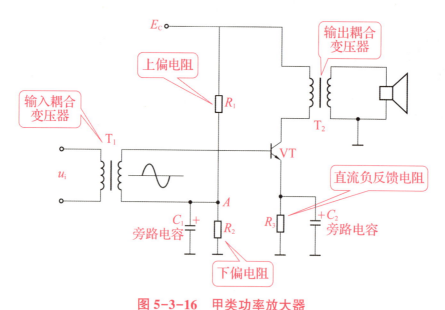

图 5-3-16　甲类功率放大器

（2）变压器的阻抗变换作用

采用变压器耦合信号具有阻抗变换作用，能实现阻抗匹配，使扬声器获得最大功率。

在变压器二次线圈上接一阻抗为 R_L 的负载，相当于在输出放大器的输出端接一阻抗为 $n^2 R_2$

的负载，这种现象就称为阻抗变换。

2. 乙类推挽功率放大器

（1）电路结构及工作原理

乙类推挽功率放大器如图 5-3-17 所示。乙类推挽功率放大器的主要特点是两管交替工作，每个管子放大半周信号，再由输出变压器将每管工作时所放大的半周信号进行合成，得到全周信号输出。

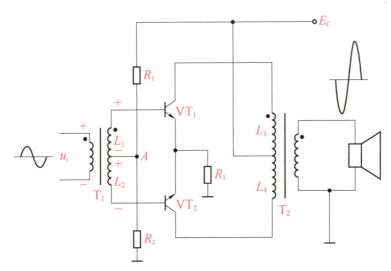

图 5-3-17　乙类推挽功率放大器

（2）交越失真问题

在乙类工作状态下，会出现"交越失真"现象。

减小交越失真的方法是，给晶体管加上一定的正向偏压，这样就能保证晶体管在信号电压较低时，仍处于导通状态。

学生互动

提问：

1. 晶体管有几种工作组态？

2. 共发射极放大电路可以放大电压吗？

3. 什么电路可以放大电流而不放大电压？

4. 晶体管功率放大器的种类和各自的特点是什么？

思考与练习

1. 内搭铁晶体管调节器的基本电路原理是什么？

2. 画出一个共发射极放大电路。

六、指针式万用表测量晶体管

1. 实验目的

掌握用指针式万用表测量晶体管的方法。

2. 实验器材

指针式万用表，NPN 型晶体管和 PNP 型晶体管，进口管和国产管均要有，即 S9012、S9013、C1815、A1015、3DG12B、3DD15、C1942。

3. 实验内容与步骤

用指针式万用表测量晶体管时，应把万用表的选择开关拨置"欧姆挡"，最好是用 $R{\times}1\,k$ 或 $R{\times}100$ 的测量范围。因为在更高的欧姆挡 $R{\times}10\,k$，万用表内可能串联有电压较高的电池，可能使晶体管的 PN 结被反向击穿；而在更低的欧姆挡 $R{\times}1$，则由于万用表内串联的内阻太小，可能使小功率晶体管的电流过大而导致 PN 结损坏。

（1）基极的判别

用万用表的两根表笔分别对晶体管 3 个引脚中的任意两个引脚各进行一次正接测量和反接测量。如果在正、反接时测得的电阻均较大，则此次测量中所空下的引脚即为基极。

因为不论是 NPN 型还是 PNP 型晶体管，都可以把它们的发射板和集电板等效为两个背靠背连接的二极管，当万用表的一根表笔和基极相连而另一根表笔和其他任一极相连时，则在正、反接的过程中总有一次测得的是二极管的正方向电阻，其阻值较小。当万用表的两根表笔分别与集电极、发射极相接时，无论是正接还是反接，总是一个正向电阻和一个反向电阻相串联，其阻值都必然远大于一般二极管的正向电阻。

（2）NPN 型和 PNP 型晶体管的判别

当基极判定后，可用指针式万用表的黑表笔（接表内电池的正极）接到基极，用红表笔（接表内电池的负极）分别和另外两极相接。若测得两个阻值都很大，则为 PNP 型晶体管；若测得两个阻值都很小，则为 NPN 型晶体管。

（3）发射极和集电极的判别

在基极判定后，可假定其余两个引脚中的任意一个为集电极，另一个为发射极。通过一个 $100\,k\Omega$ 的电阻把假定的集电极和基极接通。

如果是 NPN 型晶体管，则以万用表的黑表笔接到假定的集电极，红表笔接到假定的发射极，这时从万用表读出一个阻值 R_1；而后把假定的集电极和发射极互换，进行第二次测量（$100\,k\Omega$ 的电阻仍然接通假定的集电极和基极，万用表的黑表笔仍然接到假定的集电极，红表笔接到假定的发射极），这时从万用表上读出另一个阻值 R_2。在两次测量中，阻值小的那一次假设正确，即与黑表笔相接的是集电极，与红表笔相接的是发射极，如图 5-3-18 所示。

如果是 PNP 型晶体管，则以万用表的红表笔接到假定的集电极，黑表笔接到假定的发射极，这时从万用表上读出一个阻值 R_1；而后把假定的集电极和发射极互换，进行第二次测量，

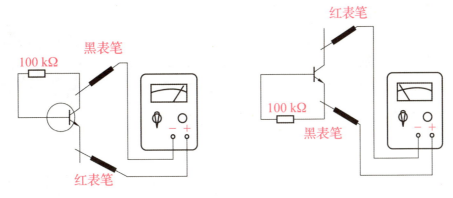

图 5-3-18 集电极和发射极的判别

这时从万用表上读出另一个阻值 R_2。在两次测量中，阻值小的那一次假定正确，即与红表笔相接的是集电极，与黑表笔相接的是发射极。

带阻行管的测量：带阻行管的基极与发射极之间接有一个几十欧的电阻，集电极与发射极之间接有一个阻尼二极管，带阻行管好坏的判断方法与普通晶体管有所不同。

将万用表置 $R \times 1\ \Omega$ 挡（或 $R \times 10\ \Omega$ 挡），将黑表笔接基极，红表笔接发射极，此时，指针偏转，并测得一个阻值；交换两表笔位置，再次测量，指针也偏转，又测得一个阻值。若第一次的阻值小于后一次的阻值，说明带阻行管正常；若两次阻值均一样，说明管子损坏。再将万用表调至 $R \times 100\ \Omega$ 挡，黑表笔接基极，红表笔接集电极，此时，指针应偏转；交换两表笔位置后，指针就不偏转，若仍偏转，说明管子损坏。若将黑表笔接集电极，红表笔接发射极，此时，指针应不偏转，若偏转，说明管子损坏；交换两表笔位置，此时，指针应偏转，若不偏转，说明管子损坏。

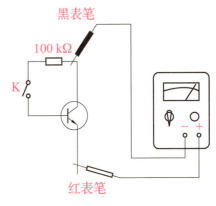

图 5-3-19 用万用表测量 β

（4）电流放大系数 β 的测量

β 的测量方法如图 5-3-19 所示。对 NPN 型晶体管，用黑表笔接集电极，红表笔接发射极（如果是 PNP 型晶体管，则两表笔的接法应相反）。把开关 K 接通前和接通后的万用表读数加以比较，如果前、后两次读数相差太大，则表示 β 值较大。这是因为开关 K 断开时，$I_B = 0$，而开关 K 接通后，基极有一定的电流，引起集电极有较大的电流，集电极电流越大，表示 β 值越大。

七、数字万用表测量晶体管

1. 实验目的

掌握用数字万用表测量晶体管的方法。

2. 实验器材

数字万用表，NPN 型晶体管和 PNP 型晶体管，进口管和国产管均要有，即 S9012、S9013、C1815、A1015、3DG12B、3DD15、C1942。

三极管结构原理与检测

3. 实验内容与步骤

（1）判别管型和 B

用晶体管（蜂鸣挡）分别测量晶体管 3 个引脚，如图 5-3-20 所示，则得两组电压值为 0.5 V 左右，而且有一个公共引脚，若公共引脚接红表笔，则该管为 NPN 型，该引脚为 B。[注：晶体管（蜂鸣档）专门为测量晶体管和导线开关等使用，不适合保险丝及导线精准度的测量。]

（2）判别 C 和 E

把万用表调到 HFE 挡，根据 NPN（PNP）型晶体管，把 B 脚插入相应的孔内，最多可以得到两个放大倍数，取最大的那组放大倍数，所对应的引脚分别为 E、B、C。

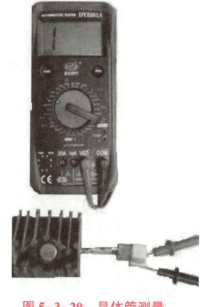

图 5-3-20　晶体管测量

例如，NPN 型晶体管，将 B 脚插到 NPN 型的 B 孔里，剩下的两个引脚分别插在 E、C 孔里，可以得到两个不同的数据，取最大的那组数据，相对应的引脚就是正确的 E、B、C 引脚。图 5-3-21 为 A1015 晶体管放大倍数测量，3 个引脚分别插入 PNP 型对应的 E、B、C 插孔里，直接读数为其放大倍数。

（3）金属外壳的晶体管

外壳是集电极"C"，如 3DD15，另外两个基极和发射极一般在管子上有标注，也可以用万用表测量出来。测试 3DD15 的方法跟测试其他的晶体管一样，因此只要找出 B 可以判断其 3 个引脚。

图 5-3-21　A1015 晶体管放大倍数测量

（4）塑封晶体管的引脚判别

小功率晶体管，把显示文字平面朝向自己，从左向右依次为发射极、基极和集电极，贴片晶体管及直立晶体管如图 5-3-22 所示，有些进口晶体管中间 2 号引脚为 C，3 号引脚为 B，1 号引脚为 E，如 TO-92 系列 2SC2655。

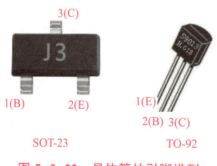

图 5-3-22　晶体管的引脚排列

八、无触点晶体管式闪光器电路实验

1. 实验目的

掌握多谐振荡器的基本电路。

2. 实验器材

晶体管，发光二极管，电阻，电容，电源，电烙铁。

3. 实验内容与步骤

焊接（VT_1、VT_2 为 S9013），把 C_2 改成 47 μF，电压为 6 V，观察有什么现象？无触点晶体管式闪光器电路如图 5-3-23 所示。

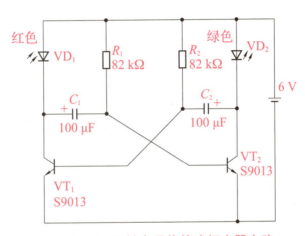

图 5-3-23　无触点晶体管式闪光器电路

建议先焊接电源正极的两个电阻和两个二极管，再焊接两个晶体管，然后焊接其他元件。最后用万用表检查两个晶体管的引脚相对应的电阻值是否对称，若不对称则要检查是否有元件焊接错误。二极管和晶体管引脚千万不要焊接错误，否则就有可能损坏二极管和晶体管。

无触点晶体管式闪光器电路实验需要注意以下五点。

①电源正、负极不能接错。

②发光二极管正极和负极不能接错。

③电容正、负极不能接错。

④晶体管 E、B、C 不能接错。

⑤电源电压为 3~6 V。

九、逆变器电路实验

1. 实验目的

掌握直流转交流电的知识，掌握 DC/AC 原理电路，掌握一个简易的逆变器电路制作技术。

2. 实验器材

数字万用表，输入 12 V 直流电源，2 个大功率管，2N3055，2 个 1 W/400 Ω 大功率电阻，

1只220 V/12 V ×2交流变压器，1只220 V/15 W灯泡，电烙铁，焊锡丝等。

3. 实验内容与步骤

①简易的逆变器制作电路如图5-3-24所示。

②接通直流电前一定要检查线路，输出为交流220 V，属于高电压。因其是危险电压，故禁止触摸，实验时注意安全。

③用万用表测量输出电压后，可以用交流220 V/15 W灯泡实验，灯泡正常发光。

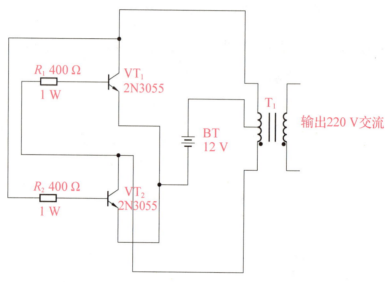

图 5-3-24　逆变器制作电路

单元4　晶闸管的认知与实验

学习目标

◆能够掌握晶闸管的基本知识。

◆掌握晶闸管的基本电路。

◆能够掌握并会判断晶闸管的好坏。

◆能够掌握、分析晶闸管电路。

观察思考

能够分析图5-4-1所示晶闸管电路的工作原理吗？

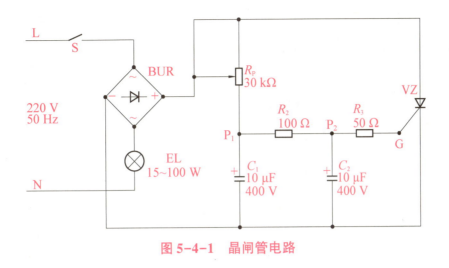

图 5-4-1　晶闸管电路

想 一 想

在汽车电子电路中，常使用晶闸管来控制电动机的无级调速和无触点的电容储能电子点火系统，那么晶闸管的工作原理和特性是什么？应用晶闸管的典型汽车电路又是如何工作的呢？现在，我们学习这方面的知识。

一、晶闸管

1. 晶闸管的结构

晶闸管种类繁多，有普通型、双向型、可关断型等，这里主要介绍应用最广泛的普通型晶闸管。大功率的晶闸管外型结构有螺栓式和平板式，如图 5-4-2 所示。晶闸管有 3 个电极，即正极 A、负极 K 和控制极（门极）G。螺栓式晶闸管有螺栓的一端是正

图 5-4-2　晶闸管的外型

极，使用时用它固定在散热器上，安装、更换管子方便，但仅靠正极散热器效果差；另一端有两根引线，其中较粗的是负极，较细的是控制极。平板式晶闸管的中间金属环的引出线是控制极，离控制极较远的端面是正极，近的端面是负极，使用时晶闸管夹在两个散热器中间，散热效果好。

晶闸管的结构示意和图形符号如图 5-4-3 所示。其管芯由 P 型和 N 型半导体组成 P_1、N_1

和 P_2、N_2 结构，形成 3 个 PN 结 J_1、J_2 和 J_3，分别从 P_1、P_2、N_2 引出 3 个电极，所以晶闸管是一个四层三端半导体器件。单向晶闸管由一只 PNP 型和一只 NPN 型晶体管构成。

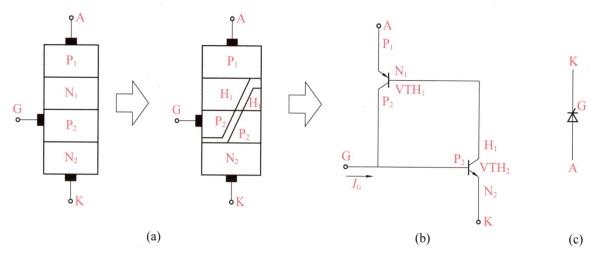

图 5-4-3   晶闸管的结构示意和图形符号

（a）内部结构；（b）复合管；（c）图形符号

2. 晶闸管的工作特性

为便于理解，我们用实验来说明普通晶闸管的工作原理。如图 5-4-4（a）所示，将晶闸管的正极接电源 E_a 的负极，负极接电源 E_a 的正极，并在回路中串联灯泡 HL（此回路称为主电路），然后控制极（门极）接电源 E_g 的正极，负极接 E_g 的负极，并通过开关 S 控制（此回路称为控制电路或触发电路）。这时不管开关 S 是否闭合，HL 始终不亮。这说明当晶闸管正极与负极间加反向电压时，不管控制极有无正向触发电压，晶闸管均不导通，处于反向阻断状态。

将 E_a 的极性调换，即在晶闸管的正极与负极间加正向电压，若 S 断开，HL 不亮，则说明晶闸管不导通，处于正向阻断状态，如图 5-4-4（b）所示。

将开关 S 闭合，即在晶闸管正极与负极间加正向电压的同时，给控制极与负极间加上正向触发电压，HL 亮，说明晶闸管被触发导通，如图 5-4-4（c）所示。

在晶闸管导通后，将开关 S 打开，HL 仍然发光，说明晶闸管仍然导通，控制极失去作用，如图 5-4-4（d）所示。

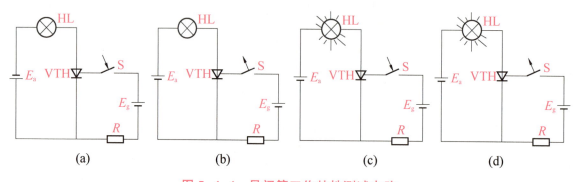

图 5-4-4   晶闸管工作特性测试电路

（a）反向阻断；（b）正向阻断；（c）正向导通；（d）去掉触发信号

由以上分析可得出晶闸管的工作性能如下。

①导通条件：在晶闸管的正极与负极间加正向电压，同时在控制极与负极间加正向电压，晶闸管就能导通。两者缺一不可。

②关断条件：晶闸管导通后，控制极失去控制作用，即使去掉控制极电压，晶闸管仍然能导通。若要使晶闸管关断，只有在正极与负极间加反向电压，或去掉正向电压，使流过晶闸管的正极主电流小于某一数值，才能关断。

③晶闸管导通后，控制极失去控制作用。因此，控制极只需要一个触发脉冲就可触发晶闸管导通。

④晶闸管具有单向导电性，且导通时刻是可以通过控制极控制的。所以，晶闸管可以用来构成可控整流电路。

⑤晶闸管还可以用作无触点功率静态开关，取代继电器、接触器构成控制电路。

3. 晶闸管的主要参数

(1) 额定电压 U_{Tn}

为防止晶闸管因承受正向电压过大而引起误导通，或因承受反向电压过大被反向击穿，而规定的允许加在晶闸管正极与负极间的最大电压，称为晶闸管的额定电压。因晶闸管承受过电压的能力差，所以在选择晶闸管时，额定电压应取元件在电路中可能承受的最大电压瞬时值的 2~3 倍。

(2) 额定电流(通态平均电流) $I_T(AV)$

在规定的标准散热条件下和室温≤40 ℃下，晶闸管的正极与负极间允许通过的工频正弦半波电流的平均值，称为晶闸管的额定电流。由于晶闸管过流能力差，故在选用晶闸管时，其额定电流至少应大于正常工作电流的 1.5~2 倍。

(3) 通态平均电压(管降压) $U_T(AV)$

当元件流过正弦半波的额定电流的平均值时，元件正极与负极之间电压降的平均值称为管压降，一般为 0.4~1.2 V，可忽略不计。

(4) 控制触发电压 U_G 和触发电流 I_G

控制触发电压和触发电流是指在晶闸管正极与负极之间加 6 V 正向直流电压，使晶闸管由阻断变为导体所需要的最小控制极电压和电流。在实际使用时，应该稍大于这一数值，以保证晶闸管可靠触发。

(5) 维持电流 I_H

在室温下，控制极开路时，维持晶闸管继续导通所必需的最小电流称为维持电流。当正向电流小于 I_H 时，晶闸管就自行关断。I_H 一般为几十毫安至一百多毫安。

4. 调压电路

(1) 直流调压电路

可控直流电压可以通过可控整流电路获得。可控整流指的是将交流电变换为电压大小可以调节的直流电的过程。

可控整流电路按相数可分为单相可控整流电路和三相可控整流电路；按电路形式可分为半波、全波、桥式整流电路。

（2）工作原理

图5-4-5为单相半控桥式可控整流电路，这里用了两只晶闸管，两只二极管。这样，既节省了两个晶闸管和两个触发电路，还提高了运行的可靠性。所以，这种整流电路在中、小容量的场合中得到了广泛的应用。

当 U_2 为正半周时，正向电压加在晶闸 VTH_1 管正极和二极管 VD_2 上。如果此时将正向触发电压 U_G 加给 VTH_1，则 VTH_1 和 VD_2 导通，电流路径为 $a \rightarrow VTH_1 \rightarrow R_L \rightarrow VD_2 \rightarrow b$。此时 VTH_2 和 VD_1 承受反向电压而截止。

当 U_2 为负半周时，如果对晶闸管 VTH_2 引入触发信号 U_G，则 VTH_2 和 VD_1 导通，电流路径为 $b \rightarrow VTH_2 \rightarrow R_L \rightarrow VD_1 \rightarrow a$。此时 VTH_1 和 VD_2 承受反向电压而截止。

（3）负载的电压和电流

单相半控桥式可控整流电路波形图如5-4-6所示。可以看出 U_L 是一个不完整的全波整流电压，只要改变控制角 α 的大小，便可调节输出直流电压 U_L 的大小。该电路输出电压的平均值为

$$U_L = 0.9U_2 \times \frac{1 + \cos\alpha}{2}$$

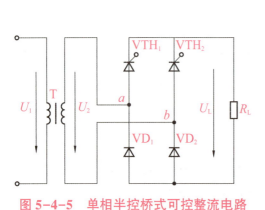

图5-4-5 单相半控桥式可控整流电路

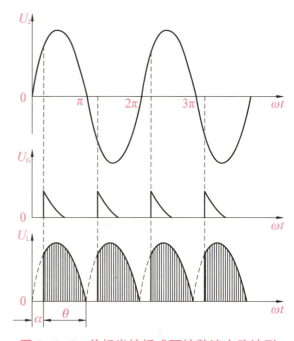

图5-4-6 单相半控桥式可控整流电路波形

电压的可控范围为 $(0 \sim 0.9)U_2$。

输出电流的平均值为

$$I_{\mathrm{L}} = 0.9\frac{U_2}{R_{\mathrm{L}}} \times \frac{1 + \cos\alpha}{2}$$

（4）晶闸管上的电压和电流

晶闸管承受的最大反向电压 $U_{\mathrm{M}} = \sqrt{2}\,U_2$，流过每个晶闸管的电流平均值等于负载电流的一半，即 $I_{\mathrm{AV}} = \frac{1}{2}I_{\mathrm{L}}$。

（5）双向晶闸管

晶闸管有单向晶闸管和双向晶闸管等类型。双向晶闸管亦称双向半导体开关元件（TRIAC），其图形符号如图 5-4-7 所示。电极 A_1 与电极 A_2 是主电极，门极 G 是控制电极，触发电压应施加在门极 G 与电极 A_1 之间，通过控制电压的控制可实现双向导通。

图 5-4-7　双向晶闸管图形符号

当 $U_{A_1} > U_{A_2}$ 时，控制极相对于 A_2 加正脉冲，晶闸管正向导通，电流从 A_1 流向 A_2。

当 $U_{A_2} > U_{A_1}$ 时，控制极相对于 A_2 加负脉冲，晶闸管反向导通，电流从 A_2 流向 A_1。

与单向晶闸管相比较，双向晶闸管的主要区别有以下两点：

①在触发之后是双向导通的；

②触发电压不分极性，只要绝对值达到触发门限值即可使双向晶闸管导通。

双向晶闸管的关断条件与单向晶闸管类似，即电极 A_1 与电极 A_2 之间的电流小于其维持电流 I_{H}，晶闸管即进入关断状态。

（6）交流调压电路

工业上许多场合需要控制交流电的电压。下面介绍双向晶闸管交流调压电路。

双向晶闸管交流调压电路及波形如图 5-4-8 所示，VTH 是双向晶闸管，它相当于两只反向并联的晶闸管，但只有一个控制极 G，VD 是双向二极管。

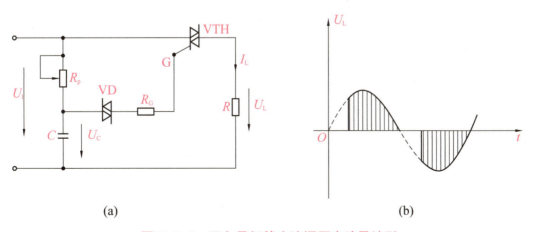

(a)　　　　　　　　　　　　(b)

图 5-4-8　双向晶闸管交流调压电路及波形

（a）电路；（b）波形

当接通交流电源时，无论正、负半周，只要电容 C 充电电压 U_{C} 到达双向二极管的导通电压，C 就通过 VD 和电阻 R_G，给双向晶闸管提供一个触发脉冲，使晶闸管导通。当电源电压经过零点时，晶闸管自行关断。电路工作时双向晶闸管正、反向轮流导通，输出端便可获得可控的交流电压。调节 R_P 的阻值可改变电容 C 的充电速度，借以控制双向二极管导通的时间，使触发脉冲移相，从而改变控制角以调节输出电压，不过电路输出电压为非正弦波形。这种电路已被广泛应用于风扇调速、照明调光、电热调温等场合。

二、晶闸管在汽车上的应用

晶闸管（可控硅）电池组充电电路如图 5-4-9 所示。开始充电时，电池组两端电压较低，不足以使晶体管 VT 导通。由 R、C 组成的移相电路给可控硅提供触发电流。移相角度由 R_{P2} 决定。负半周时可控硅截止，因此可控硅以可控半波整流方式经电池组充电。调整 R_{P2} 即可调整充电电流，最大充电电流由 R_1 决定。指示灯串在电路中以指示充电情况和充电电流的大小。R_3 用以调节指示灯的亮度。当电池组电压慢慢升高，快到预定值时，晶体管开始导通，可控硅的导通角减小，充电电流下降，直至完全截止，这样充电自动停止，并使电池组保持在预定电压上。因为当电压下降时，晶体管又趋向截止，可控硅重新启动，不过此时导通角很小，流出电流很小，对充电电池有保护作用，防止过充。

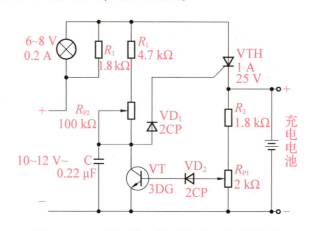

图 5-4-9　晶闸管可控硅电池组充电电路

元器件清单如表 5-4-1 所示。

表 5-4-1　元器件清单

编号	名称	型号	量/只
R_1	电阻	4.7 kΩ（需调整）	1
R_2	电阻	1.8 kΩ	1
R_3	电阻	根据指示灯选用	1
R_{P1}	电位器	2 kΩ	1
R_{P2}	电位器	100 kΩ	1

续表

编号	名称	型号	量/只
C	涤纶电容	0.22 μF	1
VD_1、VD_2	晶体二极管	2CP 类	2
VT	晶体晶管	3DG 类	1
VTH	单向可控硅	1 A/25 V	1

如果要制作电路，元器件连接完成，检查无误，即可进行调整。调整时，将电流表串在输入回路中，先将 R_3 短路，R_{P2} 调至阻值最小处，调整 R_1，使电流表指示为所需最大充电电流，再去掉短路线，调整 R_3 使指示灯稍有一点亮度作指示即可，调整 R_{P2}，在其刻度上标定电流数值（与串在回路上的电流表对应），最后标定 R_{P1}。找一个输出可变的稳压电源或电池组，正、负极分别与充电端相接，调整 R_{P1}，指示灯灭，则为预定电压值，改变 R_{P1} 的阻值大小可以改变输出充电电压的大小。

学生互动

提问：

1. 晶闸管常用的有哪几种？
2. 晶闸管的主要参数有哪些？
3. 晶闸管可以在汽车电器设备中使用吗？

思考与练习

1. 简述调压电路的工作原理。
2. 写出晶闸管导通条件。

三、单向晶闸管电路实验

晶闸管的检测

1. 实验目的

掌握单向晶闸管引脚的鉴别方法，掌握单向晶闸管的基本电路。

2. 实验器材

指针式万用表，单向晶闸管 2P4M，5 W/12 V 灯泡，电阻 47 Ω，电源 12 V，开关，电烙铁。

3. 实验内容与步骤

（1）晶闸管引脚的鉴别

用指针式万用表 R×1 k 挡，分别测量晶闸管 3 个引脚，只有两个引脚接通，其中黑表笔接的是控制极，红表笔极是阴极，余下的是阳极，阳极与阴极不接通，当红表笔接阴极，黑表笔接阳极并同时接通控制极时晶闸管导通，此时再断开控制极时，阳极与阴极接通，如图5-4-10所示。

先用万用表 $R\times1$ k 挡测量 3 个引脚之间的阻值，阻值小的两个引脚分别为控制极和阴极，所剩的一个引脚为阳极；再将万用表置于 $R\times10$ k 挡，用手指捏住晶闸管阳极和另一引脚，且不让两个引脚接触，黑表笔接阳极，红表笔接剩下的一个引脚，如果指针向右摆动，则说明红表笔所接为阴极，不摆动则为控制极。

在进行晶闸管好坏的判断时，万用表选 $R\times1$ 挡，用红、黑两表笔分别测任意两引脚间正、反向电阻，直至找出读数为数十欧的一对引脚。此时，黑表笔所接引脚为控制极，红表笔所接引脚为阴极，另一空引脚为阳极。此时将黑表笔接已判断了的阳极，红表笔仍接阴极，此时万用表指针应不动。用短线瞬间短接阳极和控制极，此时万用表电阻挡指针应向右偏转，阻值读数为 $10\,\Omega$ 左右。如果阳极接黑表笔，阴极接红表笔，万用表指针发生偏转，则说明该单向晶闸管已被击穿损坏。

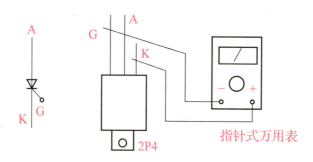

图 5-4-10　晶闸管的检测

（2）焊接晶闸管电路

按两个回路分别焊接电路，如图5-4-11所示。

大电流回路：也称负载回路，电源正极→开关 K_1→灯泡→晶闸管正极→晶闸管负极→电源负极。

小电流回路：也称控制回路，电源正极→开关 K_1→开关 K_2→降压电阻 R→晶闸管控制极。观察控制开关 K_1 与 K_2 控制灯泡的工作状态。

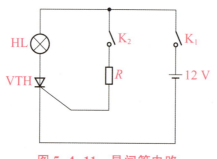

图 5-4-11　晶闸管电路

（3）注意事项

注意晶闸管的 3 个引脚 A、K、G 不能接错。

单元 5　集成电路的认知与实验

 学习目标

◆能够了解集成电路的基本知识。

◆掌握集成电路的引脚识别方法。

◆能够分析集成电路。

 观察思考

图 5-5-1 所示元件是什么？

图 5-5-1　集成电路元件

 想 一 想

在汽车电子电路中常使用微机系统，里面有很多集成电路。集成电路的工作原理和特性是什么？现在，我们来学习这方面的知识。

一、集成电路简介

集成电路（Integrated Circuit，IC）或称微电路（microcircuit）、微芯片（microchip）、芯片（chip），在电子学中是一种把电路（主要包括半导体设备，也包括被动组件等）小型化的方式，通常制造在半导体晶圆表面上。

最先进的集成电路是微处理器或多核处理器的核心，可以控制计算机至手机乃至数字微波炉的一切。存储器和特定应用集成电路是其他集成电路家族的例子，对现代信息社会非常重要。虽然设计开发一个复杂集成电路的成本非常高，但是当分散到通常以百万计的产品上，可使每个集成电路的成本最小化。

集成电路的分类方法有很多，依照电路属模拟或数字，可以分为模拟集成电路、数字集成电路和混合信号集成电路(模拟和数字在一个芯片上)。

数字集成电路可以包含任何东西，在几平方毫米的芯片上有从几千到百万的逻辑门、触发器、多任务器和其他电路。这些电路的小尺寸与板级集成相比，有更高速度、更低功耗(参见低功耗设计)，并降低了制造成本。这些数字集成电路，以微处理器、数字信号处理器和单片机为代表，工作中使用二进制，处理1和0信号。

模拟集成电路(如传感器、电源控制电路和运放)具有完成放大、滤波、解调、混频的功能等。通过使用专家所设计、具有良好特性的模拟集成电路，减轻了电路设计师的重担。

IC可以把模拟和数字电路集成在一个单芯片上，做出如模拟数字转换器和数字模拟转换器等器件。这种电路提供更小的尺寸和更低的成本，但是对于信号冲突必须小心。

二、集成电路的引脚识别

集成电路的引脚较多，如图5-5-2所示，如何正确识别集成电路的引脚是使用中的首要问题。下面介绍几种常用集成电路引脚的排列方式。

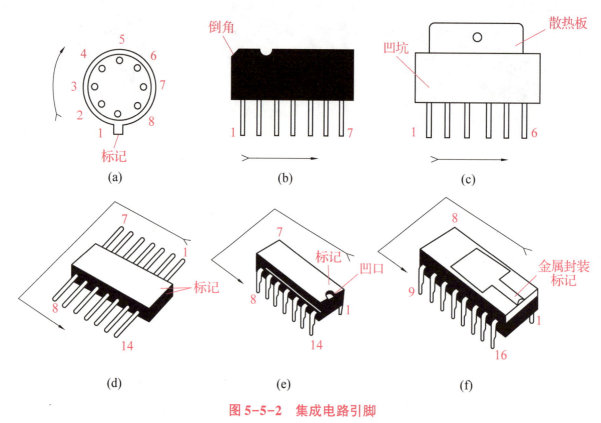

图 5-5-2　集成电路引脚

(a)圆形；(b)单列直插式(倒角)；(c)单列直插式(凹坑)；
(d)扁平型；(e)双列直插式(凹口)；(f)双列直插式(金属封装)

圆形结构的集成电路和金属壳封装的半导体晶体管差不多，只不过体积大、电极引脚多。这种集成电路引脚排列方式是，从识别标记开始，沿顺时针方向依次为1、2、3…，如图5-5-2(a)所示。

　　单列直插式集成电路的识别标记，有的用倒角，有的用凹坑。这类集成电路引脚的排列方式也是从标记开始的，从左向右依次为1、2、3…，如图5-5-2(b)、图5-5-2(c)所示。

　　扁平型封装的集成电路多为双列型，这种集成电路为了识别引脚，一般在端面一侧有一个类似引脚的小金属片，或者在封装表面上有一色标或凹口作为标记。这类集成电路引脚排列方式是，从标记开始，沿逆时针方向依次为1、2、3…，如图5-5-2(d)所示。但应注意的是，有少量的扁平型封装的集成电路的引脚是顺时针排列的。

　　双列直插式集成电路的识别标记多为半圆形凹口，有的用金属封装标记或凹口标记。这类集成电路引脚排列方式也是从标记开始的，沿逆时针方向依次为1、2、3…，如图5-5-2(e)、图5-5-2(f)所示。

三、集成电路原理

　　把特定功能的电路封装在一起，引出几条引脚，要使用时简单接一些外围电子元件，一般引脚有电源正极、电源负极信号输入、信号输出、反馈、调节、复位、晶体震荡等。图5-5-3为STR5412内部元件，里面有几十个元件，要焊接几十个引脚点，现在封装后，只需焊接5个引脚即可。

图5-5-3　STR5412 内部元件

学生互动

提问：

1. 集成电路常用的封装有哪几种？
2. 集成电路的主要优点有哪些？
3. 集成电路可以在汽车电器设备上使用吗？

思考与练习

　　简述图5-5-4所示TDA1512有9个引脚，根据TDA1512功率放大器电路写出各引脚的功能，如图5-5-5所示。

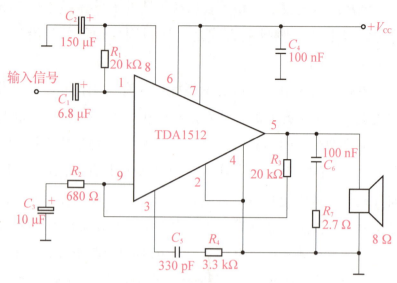

图 5-5-5　TDA1512 功率放大器电路

图 5-5-4　TDA1512 实物

四、LM317 稳压电路实验

1. 实验目的

掌握 AC/DC 电路，制作一个 LM317 三端稳压管电源，方便给其他用电设备提供电源，也可以给电池充电。

2. 实验器材

数字万用表，LM317 三端稳压管，变压器 220 V/28 V，直流 21 W/12 V 灯泡，电阻 240 Ω，电解电容：2 200 μF ×1、10 μF ×1、100 μF ×1、瓷片 0.1 μF ×1，二极管 IN4007×4、IN4148×2，电烙铁，焊锡丝等。

3. 实验内容与步骤

（1）LM317 稳压管引脚的鉴别

LM317 稳压管引脚的鉴别，如图 5-5-6 所示。

（2）焊接 LM317 稳压管电路

按图 5-5-7 所示的 LM317 稳压管的稳压电器进行焊接，并进行调试，输入交流 220 V，输出为 1.5~15.0 V，当电压调整到 12 V 时，接上负载，负载用直流 21 W/12 V 灯泡，灯泡雨刮正常点亮。

（3）注意事项

注意三端稳压管的 3 个引脚不能接错。

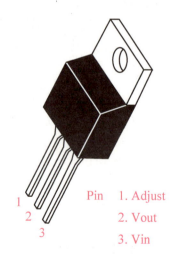

Pin　1. Adjust
　　　2. Vout
　　　3. Vin

图 5-5-6　LM317 稳压管
引脚的鉴别

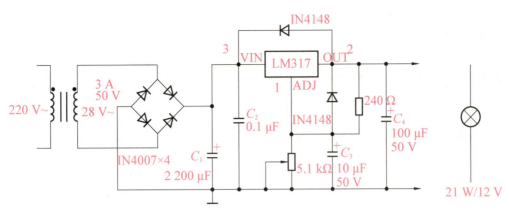

图 5-5-7　LM317 稳压管的稳压电路

单元 6　场效应管的认知与实验

学习目标

◆ 了解场效应管的作用及工作原理。

◆ 能理解场效应管与晶体管、继电器的区别。

◆ 通过场效应管实训电路学习，可以分析其工作特性。

观察思考

图 5-6-1 所示元件是什么？

图 5-6-1　场效应管元件

想 一 想

　　场效应管的功能相当于电路中的"继电器"，被广泛应用于新能源汽车领域中电路。控制单元根据各传感器的信号运算后，输出相应电压信号，从而控制场效应管导通或者截止，实现控制对应电路模块。现在，我们来学习这方面的知识。

一、场效应管

　　场效应晶体管简称场效应管，是利用控制输入回路的电场效应来控制输出回路电流的一种半导体器件，属于电压控制型半导体器件。场效应管有3个电极，分别是漏极 D、栅极 G 和源极 S，如图 5-6-2 所示，这 3 个电极相当于晶体管的集电极、基极和发射极。场效应管与晶体管类似，也分为两种：N 沟道场效应管和 P 沟道场效应管，其主要作用是用栅极 G 的输入电压来控制漏极 D 和源极 S 之间的导通或截止。下面主要介绍 N 沟道场效应管。

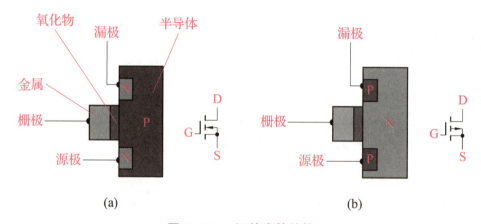

图 5-6-2　场效应管结构

(a)N 沟道场效应管；(b)P 沟道场效应管

二、N 沟道场效应管

1. N 沟道场效应管的工作原理

　　①当 $U_{GS}=0$ V 时，漏源之间被两个背靠背的 PN 结隔离，在 D、S 间不能形成电流，场效应管处于截止状态，如图 5-6-3 所示。

　　②当 $U_{GS}>U_T$ 时，漏源间加电压 U_{DS}，就能产生漏极电流 I_D，即场效应管开启。U_{GS} 值越大，沟道内自由电子越多，沟道电阻越小，从则实现输入电压 U_{GS} 对输出电流 I_D 的控制，在 D、S 间形成电流，场效应管处于导通状态，如图 5-6-4 所示。

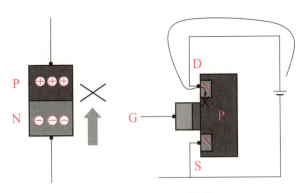

图 5-6-3　场效应管截止

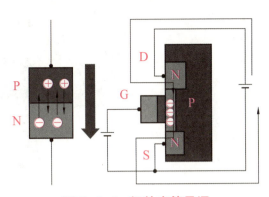

图 5-6-4　场效应管导通

2. N 沟道场效应管的应用

场效应管一般作为电控开关来使用。如图 5-6-5 所示，当控制单元输出信号为高电平时，场效应管的漏极与源极导通，相当于闭合的开关，负载直接与电源接通；当控制单元输出信号为低电平时，场效应管的漏极与源极截止，相当于断开的开关，电路可以视为开路。

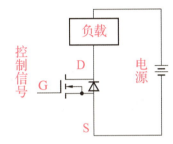

图 5-6-5　场效应管电源开关电路

三、场效应管与晶体管和继电器的区别

1. 场效应管与晶体管的区别

晶体管属于电流驱动型，其放大功能是通过基极的电流来实现的，电压有 0.5 V，可以基本满足电流条件，晶体管的放大作用如图 5-6-6 所示。

场效应管属于电压驱动型，栅极电阻极大，可以视为没有电流经过，所以不消耗电流。场效应管通过电压形成一条电子通道，使漏极和源极导通，从而实现电流放大功能。栅极的电压越高，导通的电流越大，但同时栅极不消耗电流，其驱动电压一般大于 3 V，常工作在 3~5 V。

相对于晶体管，场效应管具有电流消耗量少、导通响应速度快的优点。

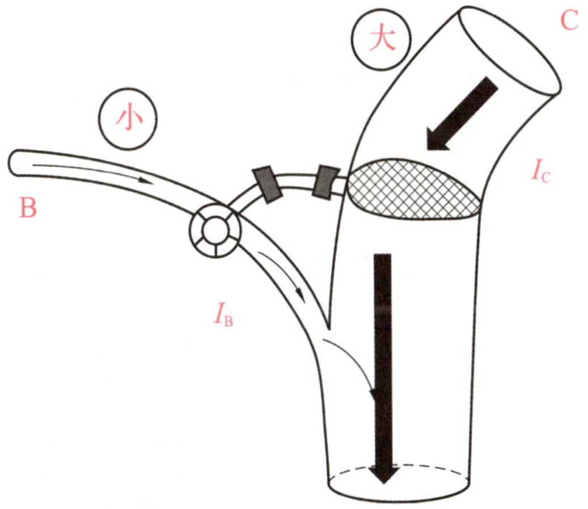

图 5-6-6　晶体管的放大作用

2. 场效应管与继电器的区别

场效应管与继电器功能相似，如图 5-6-7 所示，实际上都是用小电流去控制大电流运作的一种"开关"。一般情况下，场效应管的栅极与控制单元的引脚连接，根据控制单元的输出信号来执行通断动作；但是，场效应管通断的变化速度远远比继电器要快，1 s 内可以切换上万次通断，能够快速响应汽车的工况变化。

图 5-6-7　电磁继电器结构与原理

四、场效应管电路实验

1. 实验目的

掌握场效应管的鉴别方法；模拟汽车发动机喷油器控制电路，制作一个控制电磁阀动作的场效应管电路。

2. 实验器材

数字万用表，输出 12 V 直流电源，场效应管 IRL2203N，12 V 电磁阀，电阻 5.6 kΩ，电阻 50 kΩ，电烙铁，焊锡丝等。

3. 实验内容与步骤

（1）场效应管好坏的鉴别

将万用表调到二极管挡位，G、D、S 3 个引脚用金属短接一下（放电），黑表笔接 S，红表笔接 D，数字为开路状态，继续把红表笔接 G，万用表数字也为开路状态，再把红表笔接 D，万用表数字为短路状态，D、S 接通，说明该场效应管是正常的。如果要再测量其管，必须放电后再测量，否则 D、S 继续为接通状态。3 个引脚短接放电后，可以将黑表笔接 D，红表笔接 S，万用表能够显示一个二极管的压降，约 0.5 V，如图 5-6-8 所示。

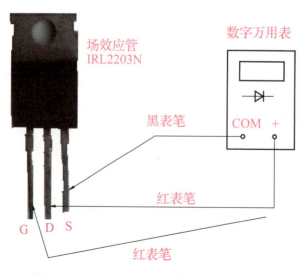

图 5-6-8　IRL2203N 场效应管好坏鉴别

（2）焊接场效应管控制电磁阀电路

焊接场效应管控制电磁阀电路，调节开关状态，可以改变电磁阀的动作，如图 5-6-9 所示。

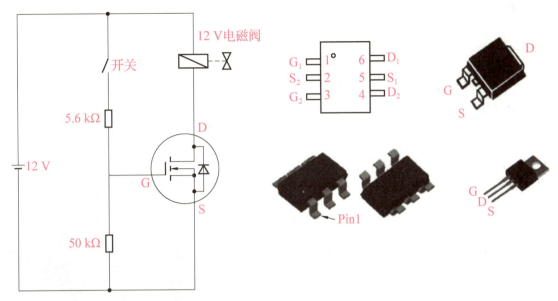

图 5-6-9　场效应管控制电磁阀电路

（3）注意事项

注意场效应管的 3 个引脚不能接错。

单元 7　IGBT 的认知与实验

 学习目标

◆能够叙述 IGBT 的作用和组成。

◆能够理解 IGBT 的工作原理。

◆能使用万用表对 IGBT 的引脚进行检测并判断。

 观察思考

图 5-7-1 所示元件是什么？

图 5-7-1　IGBT 模块

想一想

新能源汽车日常行驶时，工作电流高达上百安培。电控单元按照驾驶员的操作，精确地控制电动机输入电流的变化，而其控制的关键就是 IGBT。不仅电动机驱动要用 IGBT，而且新能源汽车的充电桩和空调压缩机也需要 IGBT，其主要应用是将大功率直流电转化成交流电。它是如何实现的？现在，我们来学习这方面的知识。

一、IGBT

IGBT(Insulated Gate Bipolar Transistor)，即绝缘栅双极型晶体管，是由 BJT(双极型晶体管)和 MOS(绝缘栅型场效应管)组成的半导体器件，同时具有高输入阻抗和低导通压降两方面的优点，非常适合应用于新能源汽车的电动机驱动器系统中。图 5-7-2 为单管分立 IGBT 元件。

图 5-7-2　单管分立 IGBT 元件

IGBT 模块是由 IGBT(绝缘栅双极型晶体管)芯片与 FWD(二极管芯片)通过特定的电路封装而成的模块，一般所说的 IGBT 也指 IGBT 模块。

二、IGBT 的内部结构

图 5-7-3 所示是一个 IGBT 内部结构，N+区域称为源区，源区中引出的电极称为源极，即发射极 E。IGBT 的控制电极称为栅极，即门极 G。P+区域称为漏区，附于漏区上的电极称为漏极，即集电极 C。IGBT 的图形符号如图 5-7-4 所示。

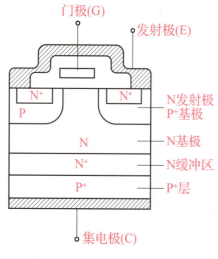

门极(G)　发射极(E)

N+　N+
P
N发射极
P+基极
N　N基极
N+　N缓冲区
P+　P+层
集电极(C)

图 5-7-3　IGBT 内部结构

G　E
C

图 5-7-4　IGBT 的图形符号

三、IGBT 的工作原理

IGBT 等效电路如图 5-7-5 所示。如果在 IGBT 的门极和发射极之间加上驱动电压，使场效应管处于导通状态，则晶体管的基极导通，从而晶体管的集电极和发射极也处于导通状态，此时，IGBT 相当于闭合的开关。如果 IGBT 的门极和发射极之间电压为 0，使场效应管处于截止状态，则晶体管基极电流也截止，此时，IGBT 相当于断开的开关。

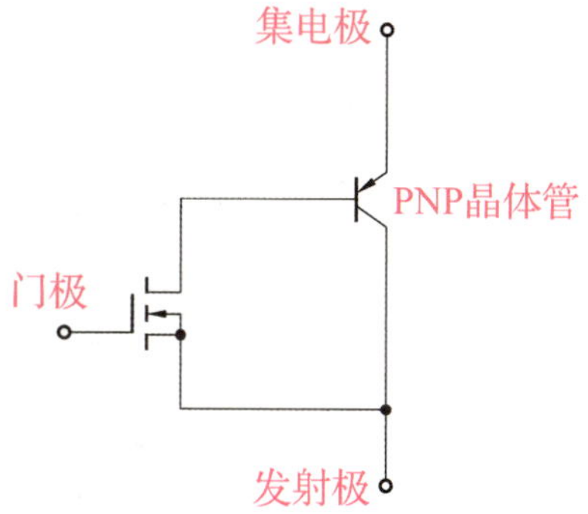

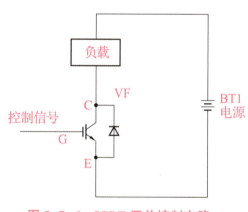

图 5-7-5　IGBT 等效电路

四、IGBT 引脚的检测识别

用万用表欧姆挡测量 IGBT 时，某一极与其他两极的阻值都显示为无穷大，如果调换表笔后该极与其他两极的阻值仍为无穷大，则可以判断此极为门极。其余的两极再使用万用表测量，如果测得的阻值为无穷大，调换表笔后测量阻值比较小，则在测量阻值较小的一次中，可以判断红表笔所接的为集电极，黑表笔所接的为发射极。

五、IGBT 开关应用的原理

IGBT 有 3 个接口，其中集电极、发射极连接在强电电路上，门极连接控制单元的输出引脚。当控制单元对门极输出一个高电平信号时，集电极与发射极之间就处于导通状态，相当于闭合开关；当控制单元对门极输出一个低电平信号时，集电极与发射极之间就处于截止状态，相当于断开开关，如图 5-7-6 所示。

图 5-7-6　IGBT 开关控制电路

六、IGBT 与场效应管的区别

IGBT 与场效应管相似，作用相当于个"继电器"，通过控制门极高、低电平来控制集电极与发射极的导通或截止。场效应管和 IGBT 都可以用高、低电平信号来控制电路通、断。但 IGBT 的优点是，在高电流、高电压的环境下，IGBT 作为电子开关切换通断的速度是最迅速的，1 s 内可以达到几万次通断，更能满足汽车逆变器的工作要求。

七、IGBT 在新能源汽车上的应用

IGBT 模块大约占电动机驱动系统成本的 50%，而电动机驱动系统占整车成本的 15% ~ 20%，是除电池之外成本最高的元件，也决定了整车的驱动性能。

IGBT 的主要作用是交流电和直流电的相互转换，同时，IGBT 还承担高、低电压相互转换

的功能。例如，充电时外界输入的是交流电，需要通过 IGBT 把低压的 220 V 电压转变成高压直流电给电池组充电；电池放电的时候，通过 IGBT 把高压直流电转变成交流电动机所需要的低压交流电，如图 5-7-7 所示。

图 5-7-7　IGBT 在新能源汽车上的应用

八、IGBT 电路实验

1. 实验目的

掌握 IGBT 的鉴别方法；模拟汽车空调风扇控制电路，制作控制风扇转速变化的一个 IGBT 电路。

2. 实验器材

数字万用表，输出 18 V 直流电源，SGW25N120，18 V 直流电动机（电磁炉风扇电动机），电阻 5.6 kΩ，可调电阻 50 kΩ，电烙铁，焊锡丝等。

3. 实验内容与步骤

（1）IGBT 引脚的鉴别

可以用万用表测量 IGBT 的好坏，如图 5-7-8 所示。

发射极(E)

集电极(C)

门极(G)

图 5-7-8　IGBT 引脚的鉴别

（2）焊接 IGBT 控制风扇转速电路

焊接 IGBT 控制风扇转速电路并进行调试，输入直流 18 V，接上负载，负载用直流电动机，调节可调电阻阻值，可以改变风扇电动机的转速，如图 5-7-9 所示。

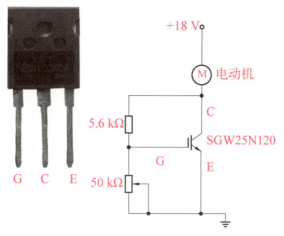

图 5-7-9　IGBT 控制风扇转速电路

（3）注意事项

注意 IGBT 的 3 个引脚不能接错。

单元 8　开关电源的认知

学习目标

◆能够叙述开关电源的作用和组成。

◆能理解开关电源的工作原理。

◆能使用万用表对开关电源进行检测并判断。

观察思考

图 5-8-1 所示是什么电路板？

图 5-8-1　电路板

想 一 想

电动车日常使用前，需要充足电。充电器怎样才知道电动车电池充满了电而自动断电呢？现在，我们来学习这方面的知识。

一、电动车充电器的作用

充电器是电动车的附件，是给蓄电池补充电能的装置。它可以满足电动车用电的需要，并对蓄电池产生保护，有效地延长蓄电池的使用寿命。

电动车的充电器一般采用开关电源充电器，分为二阶段充电模式和三阶段充电模式两种。二阶段充电模式即恒压充电，它将充电过程分为恒流、恒压两个充电阶段，充电电流随蓄电池电压上升而逐渐减少。当蓄电池电量上升到一定程度时，再转为恒压充电，使蓄电池内的电压缓慢上升；当蓄电池的电压达到充电器的充电终止电压（不同的充电方式，电压不一样，多段式充电方式的终止电压一般为 41.4 V，恒压式充电方式的电压一般为 43.8~44.4 V）时，再转为涓流充电，即浮充，这样可以有效地保护蓄电池，延长蓄电池的使用寿命。电动车普遍采用三阶段充电模式。

电动车使用的蓄电池有多种类型，各种类型的充电方式不尽相同，但工作原理大同小异。其充电方法是，将蓄电池负极与电源负极相连，蓄电池正极与电源正极相连。

二、电动车充电器的组成及分类

1. 充电器的组成
充电器主要由塑料外壳、电路充电电路、输出插头、输入插头等组成。

2. 充电器的分类
充电器的结构形式有两种：变压器式普通充电器和开关电源式充电器，两种充电器各具有不同特点。目前的电动自行车一般采用开关电源式充电器，其内部主要由开关变压器、晶体管、控制集成电路等构成。采用开关电源技术的充电器，其适用范围广，既适合铅酸蓄电池充电，又适合锂蓄电池充电，且具有输入电压范围宽（交流 100~240 V）、输出过电压保护、只能防反接、可长时间短路、采用智能三段式充电等特点。

三、电动车充电器的工作原理

电动车充电器电路由输入电路、高频脉冲电路、稳压电路、光耦隔离电路及输出电路等组成，如图 5-8-2 所示。

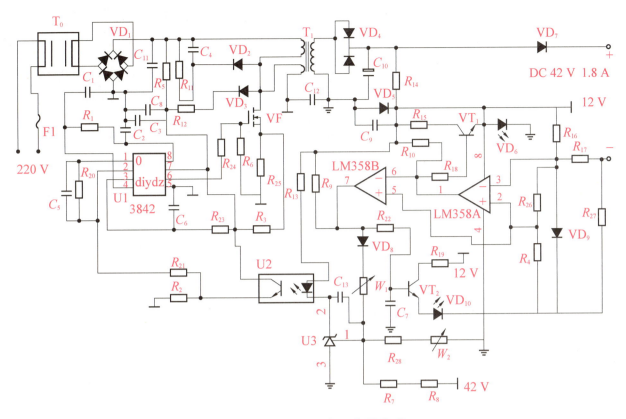

图 5-8-2　电动车充电器电路

工作原理：220 V 交流电经 T_0 双向滤波抑制干扰，VD_1 整流为脉动直流，再经 C_{11} 滤波形成稳定的 300 V 左右的直流电。U1 为 UC3842 脉宽调制集成电路。其 5 脚为电源负极，7 脚为电源正极，6 脚为脉冲输出直接驱动场效应管 VF（K1358），3 脚为最大电流限制，调整 R_{25}（2.5 Ω）的阻值可以调整充电器的最大电流。2 脚为电压反馈，可以调节充电器的输出电压。4 脚外接振荡电阻 R_1 和振荡电容 C_1。T_1 为高频脉冲变压器，其作用是把高压脉冲降压为低压脉冲；也起到隔离高压的作用，以防触电，同时，为 UC3842 提供工作电源。VD_4 为高频整流管（16 A，60 V），C_{10} 为低压滤波电容，VD_5 为 12 V 稳压二极管，U3（431）为精密基准电压源，配合 U2（光耦合器 4N35）起到自动调节充电器电压的作用。调整 W_2（微调电阻）可以细调充电器的电压。VD_{10} 是电源指示灯，VD_6 为充电指示灯，R_{27} 是电流取样电阻（0.1 Ω/5 W），改变 W_1 的阻值可以调整充电器转浮充的拐点电流（200～300 mA）。当通电开始时，C_{11} 上有 300 V 左右电压，此电压一路经 T_1 加载到 VF。第二路经 R_5、C_8、C_3，达到 U1 的第 7 脚，强迫 U1 启动。U1 的 6 脚输出方波脉冲，VF 工作，电流经 R_{25} 到地。同时 T_1 二次线圈产生感应电压，经 VD_3、R_{12} 给 U1 提供可靠电源。T1 输出线圈的电压经 VD_4、C_{10} 整流滤波得到稳定的电压。此电压一路经 VD_7（VD_7 起到防止电池的电流倒灌给充电器的作用）给电池充电。第三路经 R_{14}、VD_5、C_{13}，为 LM358（双运算放大器，1 脚为电源地，8 脚为电源正）及其外围电路提供 12 V 工作电源。VD_9 为 LM358 提供基准电压，经 R_{26}、R_4 分压达到 LM358 的 2 脚和 5 脚。正常充电时，R_{27} 上端有 0.15～0.18 V 电压，此电压经 R_{17} 加到 LM358 3 脚，从 1 脚送出高电压。此电压一路经 R_{18}，强迫 VT_1 导通，VD_6（红灯）点亮，第二路注入 LM358 的 6 脚，7 脚输出低电压，

迫使 VT_2 关断，VD_{10}（绿灯）熄灭，充电器进入恒流充电阶段。当电池电压上升到 44.2 V 左右时，充电器进入恒压充电阶段，输出电压维持在 44.2 V 左右，电流逐渐减小。当充电电流减小到 200~300 mA 时，R_{27} 上端的电压下降，LM358 的 3 脚电压低于 2 脚，1 脚输出低电压，VT_1 关断，VD_6 熄灭。同时，LM358 的 7 脚输出高电压，此电压一路使 VT_2 导通，VD_{10} 点亮。另 7 一路经 VD_8、W_1 到达反馈电路，使电压降低。充电器进入涓流充电阶段，1~2 h 后充电结束。

电动车充电器电子电路，如图 5-8-2 所示。电子元件编号及参数如表 5-8-1 所示。

表 5-8-1　电子元件编号及参数

元件编号	参数	元件编号	参数	元件编号	参数
$R_1 \sim R_4$	1 kΩ	C_1	102 pF	VT_1	9013
$R_5 \sim R_7$	120 kΩ	C_{11}	100 μF	VT_2	9013
$R_8 \sim R_{11}$	47 kΩ	C_{12}	102 μF/2 kV	VD_1、VD_2	IN4007
R_{12}	5.1 Ω	C_{13}	470 μF	VD_3	K1358
R_{13}	2.7 kΩ	$C_2 \sim C_7$	0.01 μF	VD_4	1660CT
R_{14}	1.5 kΩ	$C_8 \sim C_{10}$	470 μF	VD_5	12 V
				VD_6、VD_{10}	LED
$R_{15} \sim R_{19}$	2 kΩ	U1	UC3842	VD_7	6 A/100 V
$R_{20} \sim R_{22}$	5.1 kΩ	U2	4N35	VD_8	4148
R_{23}	300 Ω	U3	TL431	VD_9	4140
R_{24}	20 Ω	LM358	LM358		
R_{25}	2.5 Ω	T_1	TRANS4		
R_{26}	10 kΩ	$W_1 \sim W_2$	2 kΩ		
R_{27}	0.27 Ω	VF	K350		
R_{28}	9.1 kΩ				

四、充电器常见的故障

1. 高压故障

高压故障的主要现象是指示灯不亮，其特征有保险丝熔断、整流二极管 VD_1 击穿、电容 C_{11} 鼓包或炸裂。VF 被击穿，R_{25} 开路。U1 的 7 脚对地短路。R_5 开路，U1 无启动电压。更换以上元件即可修复。若 U1 的 7 脚有 11 V 以上电压，8 脚有 5 V 电压，说明 U1 基本正常，应重点检测 VF 和 T_1 的引脚是否有虚焊。若连续击穿 VF，且 VF 不发烫，一般是 VD_2、C_4 失效，若是 VF 被击穿且发烫，一般是低压部分有漏电或短路，过大或 UC3842 的 6 脚输出脉冲波形不正常，VF 的开关损耗和发热量大增，导致 VF 过热烧毁。高压故障的其他现象有指示灯闪烁，输出电压偏低且不稳定，一般是 T_1 的引脚有虚焊，或者 VD_3、R_{12} 开路，UC3842 及其外围电路无工作电源。另有一种罕见的高压故障是输出电压偏高到 120 V 以上，一般是 U2 失效，R_{13} 开路所致或 U3 被击穿使 U1 的 2 脚电压拉低，6 脚送出超宽脉冲。此时，不能长时间通电，否则将严重烧毁低压电路。

2. 低压故障

低压故障大部分是充电器与电池正、负极接反，导致 R_{27} 烧断，LM358 被击穿。其现象是红灯一直亮，绿灯不亮，输出电压低，或者输出电压接近零，更换以上元件即可修复。另外，W_2 因抖动，输出电压漂移，若输出电压偏高，电池会过充，严重失水、发烫，最终导致热失控，充爆电池。若输出电压偏低，则会导致电池欠充。

3. 高压、低压均有故障

高、低压电路均有故障时，通电前应首先全面检测所有的二极管，晶体管，光耦合器 4N35，场效应管，电解电容，集成电路，R_{25}、R_5、R_{12}、R_{27}，尤其是 VD_4（16 A/60 V，快速恢复二极管），C_{10}（63 V，470 μF）。避免盲目通电使故障范围进一步扩大。有一部分充电器输出端具有防反接、防短路等特殊功能，其实是输出端多加一个继电器，在反接、短路的情况下继电器不工作，充电器无电压输出。还有一部分充电器也具有防反接、防短路的功能，其原理与前面介绍的不同，即低压电路的启动电压由被充电池提供，且接有一个二极管（防反接）。待电源正常启动后，就由充电器提供低压工作电源。

数字电路的认知与实验

单元1 数字电路的认知

学习目标

◆ 掌握数字电路的定义。

◆ 掌握数字电路具备哪些基本的特点。

观察思考

观察图 6-1-1 所示集成电路有什么不同？能够明白上面的符号是什么意思吗？

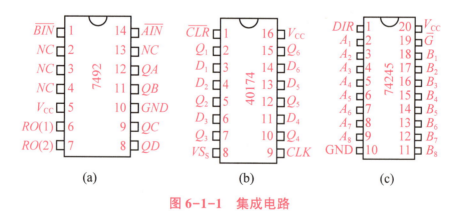

(a)   (b)   (c)

图 6-1-1 集成电路

想一想

电子电路分成两大类：一类称为数字电路；另一类称为模拟电路。它们是以所处理的电信号的不同来区分的。所谓模拟信号就是信号数值在时间上连续变化的电信号。例如我们所熟悉的正弦波信号就是一种典型的模拟信号，如图 6-1-2(a) 所示。数字电路是处理数字信号的电路。数字信号是一种数值在时间上不连续变化的电信号，如现代汽车上的曲轴位置传感器信号、发动机转速信号和用于故障自诊的故障代码等，都是典型的数字信号，如图 6-1-2(b)所示。掌握相关的知识和学习数字电路是为检修汽车电脑电路打好基础。

一、数字信号与数字电路

（1）模拟信号和数字信号简介

什么是数字逻辑电路？在前面的学习中，已经掌握了模拟电路的知识，知道了正弦波信号就是一种典型的模拟信号，如图 6-1-2(a)所示；而接下来在本模块中将学习数字电路的知识。

模拟信号：在时间和数值上连续的信号。

数字信号：在时间和数值上不连续的（离散的）信号。

模拟电路：对模拟信号进行传输、处理的电子线路。

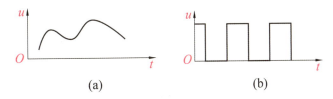

图 6-1-2　模拟信号与数字信号

（a）模拟信号；（b）数字信号

数字电路：对数字信号进行传输、处理的电子线路。

数字信号只有两种状态：高电平、低电平，或者有信号、无信号。在数字电路中，通常把这两种状态用两个符号来表示，即"1"和"0"，也称为逻辑 1 和逻辑 0。高电平或有信号用"1"表示，低电平或无信号用"0"表示，这称为正逻辑；相反，称为负逻辑。

（2）数字电路的特点

数字信号是脉冲信号，所谓脉冲信号是指那些在短促的时间内断续作用的跃变信号，其持续作用的时间可短至几微秒，甚至几纳秒。

工作信号是二进制的数字信号，在时间和数值上是离散的（不连续），反映在电路上就是低电平和高电平两种状态（0 和 1 两个逻辑值）。

在数字电路中，研究的主要问题是电路的逻辑功能，即输入信号的状态和输出信号的状态之间的逻辑关系。

对组成数字电路的元器件的精度要求不高，只要在工作时能够可靠地区分 0 和 1 两种状态即可。

二、数制与编码

1. 数制

所谓数制就是记数的方法。在日常生活中最常用的是十进制，它有 0、1、2、3、4、5、6、7、8、9 十个数码，用来组成不同的数。在数字电路中用二进制，还有八进制、十六进制。

（1）进位制

表示数时，仅用一位数码往往不够，必须用进位计数的方法组成多位数码。多位数码每一位的构成以及从低位到高位的进位规则称为进位计数制，简称进位制。

（2）基数

进位制的基数，就是在该进位制中可能用到的数码个数。

（3）位权（位的权数）

在某一进位制的数中，每一位的大小都对应着该位上的数码乘以一个固定的数，这个固定的数就是这一位的权数。权数是一个幂。

（4）数制特点

1）二进制

数码为 0、1；基数是 2。

运算规律：逢二进一，即 $1+1=10$。

二进制数的权展开式：

$(101.01)_2 = 1 \times 2^2 + 0 \times 2^1 + 1 \times 2^0 + 0 \times 2^{-1} + 1 \times 2^{-2} = (5.25)_{10}$

以上各数位的权是 2 的幂。

二进制数只有 0 和 1 两个数码，它的每一位都可以用电子元件来实现，且运算规则简单，相应的运算电路也容易实现。

加法规则：$0+0=0$，$0+1=1$，$1+0=1$，$1+1=1$。

乘法规则：$0 \times 0 = 0$，$0 \times 1 = 0$，$1 \times 0 = 0$，$1 \times 1 = 1$。

2）八进制

数码为 0~7；基数是 8。

运算规律：逢八进一，即 $7+1=10$。

八进制数的权展开式：

$(207.04)_8 = 2 \times 8^2 + 0 \times 8^1 + 7 \times 8^0 + 0 \times 8^{-1} + 4 \times 8^{-2} = (135.0625)_{10}$

以上各数位的权是 8 的幂。

3）十进制

数码为 0~9；基数是 10。

运算规律：逢十进一，即 $9+1=10$。

十进制数的权展开式：

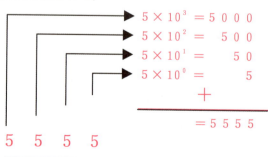

$5 \times 10^3 = 5000$
$5 \times 10^2 = 500$
$5 \times 10^1 = 50$
$5 \times 10^0 = 5$
$+$
$= 5555$

5　5　5　5

同样的数码在不同的数位上代表的数值不同。

10^3、10^2、10^1、10^0 称为十进制的权。各数位的权是10的幂。

任意一个十进制数都可以表示为各个数位上的数码与其对应的权的乘积之和，称权展开式。

即 $(5555)_{10}=5\times10^3+5\times10^2+5\times10^1+5\times10^0$。

又如：$(209.04)_{10}=2\times10^2+0\times10^1+9\times10^0+0\times10^{-1}+4\times10^{-2}$。

4）十六进制

数码为 0~9、A~F；基数是 16。

运算规律：逢十六进一，即 F+1=10。

十六进制数的权展开式：

$(D8.A)_{16}=13\times16^1+8\times16^0+10\times16^{-1}=(216.625)_{10}$

以上各数位的权是 16 的幂。

结论：

一般地，N 进制需要用到 N 个数码，基数是 N；运算规律为逢 N 进一。

如果一个 N 进制数 M 包含 n 位整数和 m 位小数，即 $(a_{n-1}a_{n-2}\cdots a_1a_0.a_{-1}a_{-2}\cdots a_{-m})_N$。

则该数的权展开式：

$(M)_N=a_{n-1}\times N^{n-1}+a_{n-2}\times N^{n-2}+\cdots+a_1\times N^1+a_0\times N^0+a_{-1}\times N^{-1}+a_{-2}\times N^{-2}+\cdots+a_{-m}\times N^{-m}$

由权展开式很容易将一个 N 进制数转换为十进制数。

几种进制数之间的对应关系如表 6-1-1 所示。

表 6-1-1　几种进制数之间的对应关系

十进制数	二进制数	八进制数	十六进制数
0	0000	0	0
1	0001	1	1
2	0010	2	2
3	0011	3	3
4	0100	4	4
5	0101	5	5
6	0110	6	6
7	0111	7	7
8	1000	10	8
9	1001	11	9
10	1010	12	A
11	1011	13	B
12	1100	14	C
13	1101	15	D
14	1110	16	E
15	1111	17	F

（5）数制转换

将 N 进制数按权展开，即可以转换为十进制数。

1）二进制数与八进制数的相互转换

①二进制数转换为八进制数：将二进制数由小数点开始，整数部分向左，小数部分向右，每 3 位分成一组，不够 3 位补零，则每组二进制数便是一位八进制数，即

001　101　010.　010 = (152.2)$_8$

②八进制数转换为二进制数：将每位八进制数用 3 位二进制数表示，即

(374.26)$_8$ = 011　111　100.　010　110

2）二进制数与十六进制数的相互转换

二进制数与十六进制数的相互转换，按照每 4 位二进制数对应一位十六进制数进行转换，即

0001　1101　0100.　0110 = (1D4.6)$_{16}$

(AF4.76)$_{16}$ = 1010　1111　0100.　0111　0110

3）二进制数与十进制数的相互转换

采用的方法：基数连除、连乘法。

原理：将整数部分和小数部分分别进行转换。

整数部分采用基数连除法，小数部分采用基数连乘法，转换后再合并。

整数部分采用基数连除法，先得到的余数为低位，后得到的余数为高位。

小数部分采用基数连乘法，先得到的整数为高位，后得到的整数为低位。

所以有

(44.375)$_{10}$ = (101100.011)$_2$

采用基数连除、连乘法，可将十进制数转换为任意的 N 进制数，即

①二进制数转换为十进制数。

将二进制数的各位按权展开即可得到十进制数。

②十进制数转换为二进制数。

方法：将整数部分连续除以 2，直至商为 0，取余数作为二进制数的整数；小数部分连续乘以 2，直至积为 1，取整数作为二进制数的小数。

2. 编码

数字系统只能识别 0 和 1，怎样才能表示更多的数码、符号、字母呢？用编码可以解决此问题。

用一定位数的二进制数来表示十进制数码、字母、符号等信息称为编码。

用以表示十进制数码、字母、符号等信息的一定位数的二进制数称为代码。

二–十进制代码：用 4 位二进制数 $b_3b_2b_1b_0$ 来表示十进制数中的 0~9 十个数码，简称 BCD 码。

用 4 位自然二进制码中的前 10 个码字来表示十进制数码，因各位的权值依次为 8、4、2、1，故称为 8421 BCD 码。

2421 码的权值依次为 2、4、2、1；余 3 码由 8421 码加 0011 得到；格雷码是一种循环码，其特点是任何相邻的两个码字，仅有一位代码不同，其他位均相同。常用 BCD 码如表 6–1–2 所示。

表 6–1–2 常用 BCD 码

十进制数	8421 码	余 3 码	格雷码	2421 码	5421 码
0	0000	0011	0000	0000	0000
1	0001	0100	0001	0001	0001
2	0010	0101	0011	0010	0010
3	0011	0110	0010	0011	0011
4	0100	0111	0110	0100	0100
5	0101	1000	0111	1011	1000
6	0110	1001	0101	1100	1001
7	0111	1010	0100	1101	1010
8	1000	1011	1100	1110	1011
9	1001	1100	1101	1111	1100
权	8421			2421	5421

三、逻辑代数的基本原理

1. 基本逻辑运算

基本逻辑运算有三种：逻辑加、逻辑乘、逻辑非。

（1）逻辑加

逻辑加的表达式为 $Z=A+B$。

逻辑加代表的含义：A 或 B 中只要有一个是 1，则 Z 就为 1。实现逻辑加的电路是或门电路。

（2）逻辑乘

逻辑乘的表达式为 $Z=A\cdot B$。书写时，"·"可以省略。

逻辑乘所代表的含义：只有 A 和 B 都为 1 时，Z 才是 1；A 和 B 有一个为 0 时，Z 为 0。实现逻辑乘的电路是与门电路。

（3）逻辑非

逻辑非的表达式为 $Z=\overline{A}$。

逻辑非所代表的含义：当 $A=1$ 时，$Z=0$；当 $A=0$ 时，$Z=1$。实现逻辑非的电路是非门电路。

2. 逻辑函数

逻辑函数是反映输出和输入之间逻辑关系的表达式，可以表示为

$$Z=f(A，B)$$

式中，A、B 是输入逻辑变量；Z 是输出逻辑变量。

3. 基本公式和常用公式

（1）基本公式

自等律：$A+0=A$　　　　　　　　　　$A\cdot 1=A$

0-1 律：$A+1=1$　　　　　　　　　　$A\cdot 0=0$

互补律：$A+\overline{A}=1$　　　　　　　　　　$A\cdot\overline{A}=0$

交换律：$A+B=B+A$　　　　　　　　$A\cdot B=B\cdot A$

结合律：$(A+B)+C=A+(B+C)$　　　$(A\cdot B)\cdot C=A\cdot(B\cdot C)$

分配律：$A\cdot(B+C)=A\cdot B+A\cdot C$　　$(A+B)\cdot C=(A+B)\cdot(A+C)$

同一律：$A+A=A$　　　　　　　　　$A\cdot A=A$

反演律：$\overline{A+B}=\overline{A}\cdot\overline{B}$　　　　　　　　$\overline{A\cdot B}=\overline{A}+\overline{B}$

否定律：$\overline{\overline{A}}=A$

（2）常用公式

公式 1：$AB+A\overline{B}=A$

证明：$AB+A\overline{B}=A(B+\overline{B})=A$

公式 2：$A+AB=A$

证明：$A+AB=A(1+B)=A$

公式 3：$A+\overline{A}B=A+B$

证明：$A+\overline{A}B=(A+\overline{A})\cdot(A+B)=A+B$

公式 4：$AB+\overline{A}C+BC=AB+\overline{A}C$

证明：$AB+\overline{A}C+BC=AB+\overline{A}C+BC(A+\overline{A})=AB+\overline{A}C+ABC+\overline{A}BC$

$$= AB(1 + C) + \overline{A}C(1 + B) = AB + \overline{A}C$$

公式 5：$\overline{A\overline{B} + \overline{A}B} = \overline{A}\,\overline{B} + AB$

证明：$\overline{A\overline{B} + \overline{A}B} = \overline{A\overline{B}} \cdot \overline{\overline{A}B} = (\overline{A} + B) \cdot (A + \overline{B}) = \overline{A}\,\overline{B} + AB$

公式 6：$\overline{A\overline{B} + \overline{A}\,C} = A\overline{B} + \overline{A}\,C$

证明：$\overline{A\overline{B} + \overline{A}\,C} = \overline{A\overline{B}} \cdot \overline{\overline{A}\,C} = (\overline{A} + B) \cdot (A + \overline{C}) = A\overline{B} + \overline{A}\overline{C} + B\overline{C} = A\overline{B} + \overline{A}\overline{C}$（利用公式 4）

4. 基本公式扩展运用的两个规则

（1）代入规则

在任何一个逻辑等式中，如果将等式两边所有出现某一变量的地方，都代入一个函数 Z，则等式仍然成立，这个规则称为代入规则。

（2）反演规则

对于任意一个函数表达式 Z，如果将 Z 中所有的"·"换成"+"，"+"换成"·"；"0"换成"1"，"1"换成"0"；原变量换成反变量，反变量换成原变量。那么所得到的逻辑函数表达式就是逻辑函数 Z 的反函数 $\overline{Z}$。

四、逻辑函数表达式、真值表与逻辑图相互转换

逻辑函数表达式、真值表与逻辑图是逻辑函数的三种不同表示方法，它们之间可以互相转换。

1. 逻辑函数表达式与真值表的转换

按照逻辑函数表达式，对变量的各种可能取值进行运算求出相应的函数值，再把变量值和函数值一一对应列成表格，就可以得到真值表。

若已知真值表，要想得到逻辑函数表达式，只要把真值表中的函数值等于 1 的变量组合挑选出来，然后将变量值为 1 的写成原变量，变量值为 0 的写成反变量，再把组合中各个变量相乘，最后把各个乘积项相加，就能得到相应的逻辑函数表达式。

2. 逻辑图与真值表、逻辑函数的转换

若已知逻辑图，要想得到真值表，则可根据变量的各种取值求出逻辑函数的对应值，便可列出真值表。

若已知逻辑图，要想得到逻辑函数表达式，则可根据逻辑图逐级写出输出的逻辑函数表达式。

若已知逻辑函数表达式，要想得到逻辑图，则更加简单，即只要用与门、或门、非门来实现这三种运算，就可以得到对应的逻辑图。

五、逻辑函数的化简

1. 化简的必要性

逻辑函数的化简是很重要的，它意味着可以用较少的元件实现同样的逻辑功能，这样既可节约元件，又可提高电路的可靠性。

2. 公式化简法

公式化简法就是运用逻辑函数的基本公式和常用公式进行化简的。

（1）合并法

利用 $A + \bar{A} = 1$，将两项合并成一项，合并时消去一个变量。例如：

$Z = ABC + A\bar{B}C = AC(B + \bar{B}) = AC$ 。

（2）吸收法

利用 $A + AB = A(1 + B) = A$，消去多余的项。例如：

$Z = \bar{B}C + \bar{B}CDE = \bar{B}C(1 + DE) = \bar{B}C$

（3）消去法

利用 $A + \bar{A}B = A + B$，消去多余的因子。例如：

$Z = AB + \bar{A}C + \bar{B}C = AB + (\bar{A} + \bar{B})C = AB + \overline{AB}C = AB + C$

（4）配项法

利用 $A = A(B + \bar{B})$，将它作为配项用，然后消去更多的项。例如：

$Z = AB + \bar{A}\bar{C} + B\bar{C} = AB + \bar{A}\bar{C} + B\bar{C}(A + \bar{A})$

$\quad = AB + \bar{A}\bar{C} + AB\bar{C} + \bar{A}B\bar{C} = (AB + AB\bar{C}) + (\bar{A}\bar{C} + \bar{A}B\bar{C})$

$\quad = AB + \bar{A}\bar{C}$

下面举例来说明。

例 1：化简逻辑函数 $Z = ABC + A\bar{D}\bar{C} + AB\bar{C} + A\bar{D}C$。

解：

$Z = ABC + A\bar{D}\bar{C} + AB\bar{C} + A\bar{D}C$

$\quad = AB(C + \bar{C}) + A\bar{D}(\bar{C} + C)$

$\quad = AB + A\bar{D}$

例 2：化简逻辑函数 $Z = AD + A\bar{D} + AB + \bar{A}C + BD + \bar{A}BEF + \bar{B}EF$。

解：

$Z = AD + A\bar{D} + AB + \bar{A}C + BD + \bar{A}BEF + \bar{B}EF$

$\quad = A + AB + \bar{A}C + BD + \bar{A}BEF + \bar{B}EF$

$\quad = A(1 + B + \bar{B}EF) + \bar{A}C + BD + \bar{B}EF$

$\quad = A + \bar{A}C + BD + \bar{B}EF$

$\quad = A + C + BD + \bar{B}EF$

学生互动

提问：

　　1. 数字电路是什么？

　　2. 二进制有几个数字？

　　3. 编码是什么意思？

　　4. 数字电路的特点是什么？

思考与练习

　　1. 二进制的定义是什么？

　　2. 数字 848 转换成二进制是多少？

单元 2　逻辑门电路、集成门电路的认知与实验

学习目标

　　◆能够区别与门、或门、非门、与非门、或非门等逻辑门电路。

　　◆掌握门电路的基本结构。

　　◆掌握复合逻辑门电路、集成门电路。

　　◆掌握 LED 数码管的工作原理。

观察思考

　　能够区别图 6-2-1 所示的集成电路是哪种功能的电路吗？

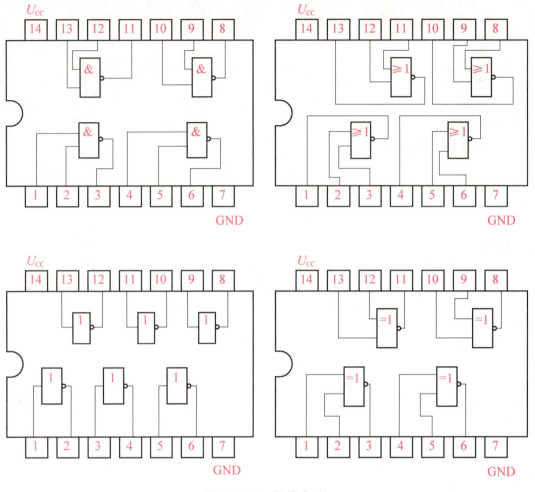

图 6-2-1　集成电路

 想 一 想

　　如图 6-2-2 所示，两个开关同时控制一盏灯，连接方式不同，结果就不一样。这里存在一种逻辑关系，该如何表征电路中的逻辑关系呢？基本的数字逻辑电路有哪些呢？我们现在来学习这些知识。

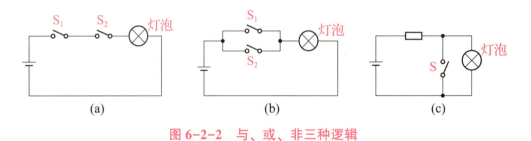

图 6-2-2　与、或、非三种逻辑

一、逻辑门电路

　　用于实现基本和常用逻辑运算的电子电路称为逻辑门电路，简称门电路。

基本和常用门电路有与门、或门、非门(反相器)、与非门、或非门、与或非门和异或门等。

逻辑 0 和 1：电子电路中用高、低电平来表示。获得高、低电平的基本方法：利用半导体开关元件的导通、截止(即开、关)两种工作状态，最基本的逻辑关系可以归结为与、或、非三种。

1. 与逻辑和与门电路

当决定某事件的全部条件同时具备时，结果才会发生，这种因果关系称为与逻辑。实现与逻辑关系的电路称为与门电路。

图 6-2-3 为二极管与门电路及其图形符号，A、B 为输入信号，假定它们的低电平为 0 V，高电平为 +6 V，F 为输出信号，其逻辑功能是当所有的输入端都是高电平时，输出才是高电平，否则输出就是低电平。

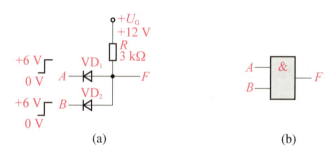

图 6-2-3　二极管与门电路及其图形符号

(a)与门电路；(b)与门图形符号

与门电路真值如表 6-2-1 所示。

表 6-2-1　与门电路真值表

A	B	F
1	1	1
0	1	0
1	0	0
0	0	0

逻辑表达式：$F = A \cdot B$。

与门电路的逻辑功能可以总结为有 0 出 0，全 1 出 1。

逻辑与(逻辑乘)的运算规则为

$0 \cdot 0 = 0$　$0 \cdot 1 = 0$　$1 \cdot 0 = 0$　$1 \cdot 1 = 1$

与门电路的输入端可以有多个。图 6-2-4 为一个三输入与门电路的输入信号为 A、B、C 和输出信

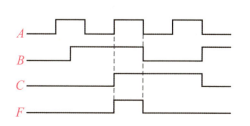

图 6-2-4　三输入与门电路的输入信号为 A、B、C 和输出信号为 F 的波形

号为 F 的波形。

2. 或逻辑和或门电路

在决定某事件的条件中，只要任一条件具备，事件就会发生，这种因果关系称为或逻辑。实现或逻辑关系的电路称为或门电路。

二极管或门电路及其图形符号如图 6-2-5 所示，其真值如表 6-2-2 所示。

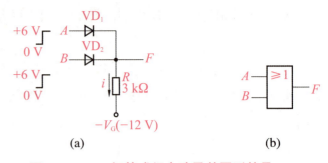

图 6-2-5　二极管或门电路及其图形符号

(a)或门电路；(b)或门图形符号

表 6-2-2　或门电路真值表

A	B	F
0	0	0
0	1	1
1	0	1
1	1	1

或门电路的逻辑功能可概括为输入有 1，输出为 1；输入全 0，输出为 0。

逻辑表达式：$F = A + B$。

逻辑或（逻辑加）的运算规则为

$$0 + 0 = 0 \quad 0 + 1 = 1 \quad 1 + 0 = 1 \quad 1 + 1 = 1$$

或门电路的输入端也可以有多个。图 6-2-6 为一个三输入或门电路的输入信号为 A、B、C 和输出信号为 F 的波形。

3. 非逻辑和非门电路

决定某事件的条件只有一个，当条件出现时事件不发生而条件不出现时事件发生，这种因果关系称为非逻辑。实现非逻辑关系的电路称为非门电路，也称为反相器，晶体管非门电路及其图形符号如图 6-2-7 所示。

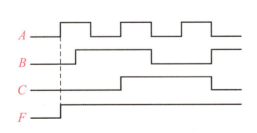

图 6-2-6　三输入或门电路的输入信号
为 A、B、C 和输出信号为 F 的波形

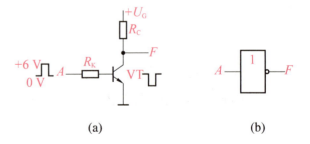

图 6-2-7　晶体管非门电路及其图形符号

(a)非门电路；(b)非门图形符号

非门电路真值表如表 6-2-3 所示。输入 A 为高电平即 1（6 V）时，晶体管饱和导通，输出 F 为低电平即 0（0 V）；输入 A 为低电平即 0（0 V）时，晶体管截止，输出 F 为高电平即 1（6 V）。

表 6-2-3　非门电路真值表

A	F
0	1
1	0

基本逻辑门电路实验

逻辑表达式：$F = \overline{A}$。

逻辑非（逻辑反）的运算规则为

$$\overline{0} = 1 \quad \overline{1} = 0$$

二、复合门电路

将与门、或门、非门组合起来，可以构成多种复合门电路。

1. 与非门电路

由与门和非门构成与非门电路，如图 6-2-8 所示，其真值如表 6-2-4 所示。

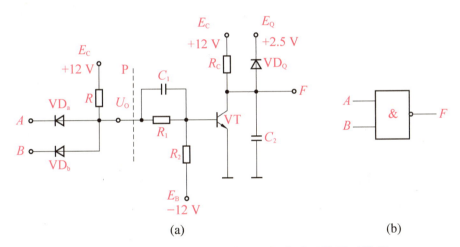

图 6-2-8　二极管、晶体管与非门电路及其图形符号

（a）与非门电路；（b）与非门图形符号

表 6-2-4　与非门电路真值表

A	B	F
0	0	1
0	1	1
1	0	1
1	1	0

逻辑表达式：$F = \overline{AB}$。

与非门的逻辑功能可概括为输入有 0，输出为 1；输入全 1，输出为 0。

2. 或非门电路

由或门和非门构成或非门电路，如图 6-2-9 所示，其真值如表 6-2-5 所示。

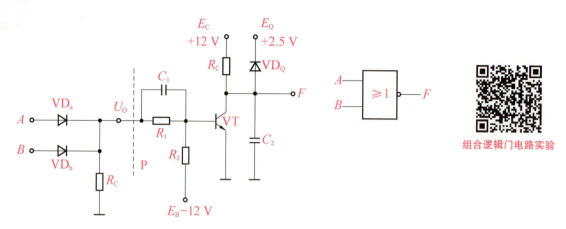

图 6-2-9　二极管、晶体管或非门电路及其图形符号

（a）或非门电路；（b）或非门图形符号

表 6-2-5　或非门电路真值表

A	B	F
0	0	1
0	1	0
1	0	0
1	1	0

逻辑表达式：$F = \overline{A + B}$。

或非门的逻辑功能可概括为输入有 1，输出为 0；输入全 0，输出为 1。

门电路其他符号如表 6-2-6 所示；门电路国际符号如表 6-2-7 所示。

表 6-2-6　门电路其他符号

名称	非门	二输入与门	二输入与非门	二输入或门	四输入与门	异或门
图形符号（新标准）						
软件中符号	NOT/7404	AND2/7408	NAND2/7400	OR2/7432	NAND4/7420	XOR/7486
图形符号（旧标准）						
逻辑式	$F = \overline{A}$	$F = A \cdot B$	$F = \overline{A \cdot B}$	$F = A + B$	$F = A \odot B$	$F = A \oplus B$

表 6-2-7 门电路国际符号

名称	图形符号	文字符号	说明
与门	&	D	左为输入端（输入端数量可增加），右为输出端
或门	≥1	D	左为输入端（输入端数量可增加），右为输出端
非门（反相器）	1	D	左为输入端，右为输出端
与非门	&	D	左为输入端（输入端数量可增加），右为输出端
或非门	≥1	D	左为输入端（输入端数量可增加），右为输出端
异或门	=1	D	左为输入端，右为输出端
异或非门	=1	D	左为输入端，右为输出端
施密特触发器非门	⎍	D	左为输入端，右为输出端
施密特触发器与非门	&⎍	D	左为输入端（输入端数量可增加），右为输出端

三、集成门电路

上述介绍的一些常见门电路，如果用分立元件构成，不但连线和焊点太多，而且电路的体积很大，可靠性很差。随着电子技术的飞速发展和集成工艺的规模化生产，数字集成电路得到了广泛应用。

数字集成门电路按开关元件的不同可分为双极型逻辑门和单极型逻辑门两大类。在此，主要介绍双极型 TTL 集成逻辑门电路和三态 TTL 门集成逻辑门电路。

1. 双极型 TTL 集成逻辑门电路

TTL 是"晶体管-晶体管逻辑电路"的简称。TTL 集成逻辑门电路相继生产的产品有 74（标准）、74S（肖特基）、74H（高速）、74LS（低功耗肖特基）4 个系列，其中 74LS 系列综合性能最优，应用最广泛。

74H 系列的一个 TTL 与非门电路，其输入、输出部分主要由晶体管电路组成。所以，称它为晶体管–晶体管逻辑电路，简称为 TTL 电路。

TTL 集成逻辑门电路如图 6-2-10 所示，其工作原理如下。

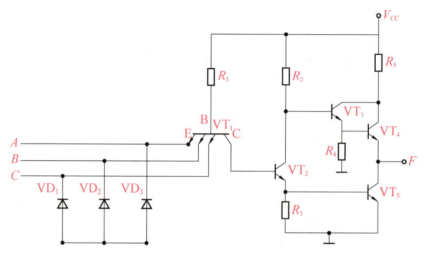

图 6-2-10　TTL 集成逻辑门电路

（1）输入全为高电平（3.6 V）时的工作情况

VT_1 工作于"倒置"的状态；VT_2 饱和；VT_3 微导通；VT_4 截止；VT_5 深度饱和。

（2）输入有低电平（0.3 V）时的工作情况

VT_1 深度饱和；VT_2、VT_5 同时截止；VT_3 微饱和；VT_4 微导通状态。

TTL 与非门电路各晶体管的工作情况如表 6-2-8 所示。

表 6-2-8　TTL 与非门电路各晶体管的工作情况

输入	输出	VT_1	VT_2	VT_3	VT_4	VT_5
全高	低	倒置	饱和	微导通	截止	深饱和
有低	高	深饱和	截止	微饱和	微导通	截止

　　输入端由多发射极晶体管 VT_1 组成，其等效电路如图 6-2-11 所示。它相当于把多个晶体管的集电极和基极分别并接在一起，而发射极作为逻辑门的输入端。钳位二极管 VD_1、VD_2、VD_3 的作用是限制输入端可能出现的负极性干扰脉冲。VT_1 的引入，可加快晶体管 VT_2 储存电荷的消散，从而提高了 TTL 与非门的工作速度。

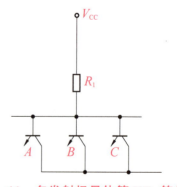

图 6-2-11　多发射极晶体管 VT_1 等效电路

　　中间端由电阻 R_2、R_3 和晶体管 VT_2 组成。它的作用是从 VT_2 的集电极和发射极同时输出两个相位相反的信号，作为输出极中晶体管 VT_3 和 VT_5 的驱动信号，且 VT_2 将前级电流放大以供给 VT_5 足够的基极电流。

　　输出端由晶体管 VT_3、VT_4 和 VT_5 组成互补输出电路。VT_5 导通时 VT_4 截止，VT_5 截止时 VT_4 导通。由于采用了推挽输出，它不仅增强了负载体力，还提高了工作速度。

2. 三态 TTL 门集成逻辑门电路

普通的 TTL 门有两个输出状态，即逻辑 0 和逻辑 1，这两个状态都是低阻输出。三态门除具有这两个状态外，还有高阻输出的第三态（禁止态），这时输出端相当于和其他电路断开。

（1）内部电路结构

三态输出的 TTL 与非电路如图 6-2-12 所示，它是在普通门电路的基础上增加一个控制端 EN 及其控制电路。控制电路是两级反相器和一个钳位二极管。

（2）三态门图形符号

三态门图形符号如图 6-2-13 所示。三态门图形符号中 EN 输入端称为使能端或控制端。无小圆圈表示 EN＝1（高电平）时控制信号有效，三态门正常输出；而 EN＝0（低电平）时禁止输出。有小圆圈表示 EN＝0（低电平）时，三态门正常输出；而 EN＝1 时禁止输出。

（3）三态门的应用

三态门在计算机系统中得到了广泛应用，其中一个重要用途是构成数据总线。当三态门处于禁止状态时，其输出呈现高阻态，可视为与总线脱离。利用分时传送原理，可以实现多组三态门挂在同一总线上进行数据传送。某一时刻只允许一组三态门的输出在总线上发送数据。

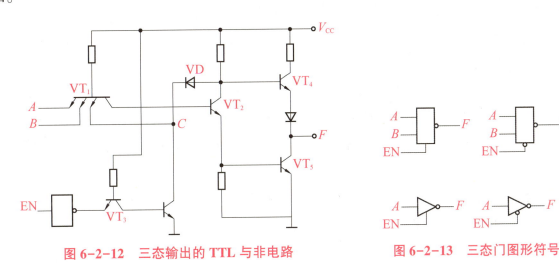

图 6-2-12　三态输出的 TTL 与非电路　　　　图 6-2-13　三态门图形符号

四、显示译码器

译码器用来驱动各种显示器件，从而把用二进制代码表示的数字、文字、符号翻译成人们习惯的形式直观地显示出来，也称为显示译码器。译码器系统由单片机驱动信号、译码器和显示器组成。

1. 显示器

显示器一般由七段数码管组成。发光二极管（LED）由特殊的半导体材料砷化镓、磷砷化镓等制成，可以单独使用，也可以组装成分段式或点阵式 LED 显示器件（半导体显示器）。分段式显示器（LED 数码管）由 7 条线段围成 8 字形，每一段包含一个发光二极管。外加正向电压时二极管导通，发出清晰的光，有红、黄、绿等色。只要按规律控制各发光段的亮、灭，就可以显示各种字形或符号。LED数码管有共阳极、共阴极之分，如图6-2-14所示。

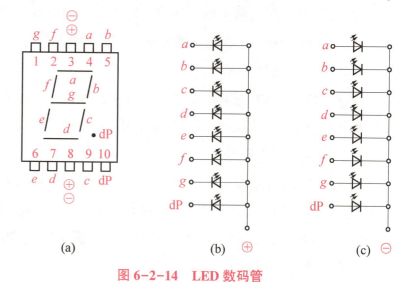

2. BCD 七段译码器

BCD七段译码器的输入是一位BCD码（以D、C、B、A表示），输出是数码管各段的驱动信号（以$Fa \sim Fg$表示），也称4-7译码器。若用它驱动共阴极LED数码管，则输出应为高电平有效，即当输出为高电平时，相应显示段发光。例如，当输入8421码$DCBA = 0100$

图6-2-14　LED数码管
（a）内部结构；（b）共阳极；（c）共阴极

时，应显示4，即要求同时点亮b、c、f、g段，熄灭a、d、e段，故译码器的输出应为$Fa \sim Fg = 0110011$，这也是一组代码，常称为段码。同理，根据组成0~9这10个字形的要求可以列出8421 BCD七段译码器的真值表。共阴极LED数码管的原理如图6-2-15（a）所示，图6-2-15（b）为其图形符号。使用时，公共阴极接地，7个阳极$a \sim g$由相应的BCD七段译码器来驱动（控制），如图6-2-15（c）所示。

BCD七段译码器驱动LED数码管（共阴）电路如图6-2-15（c）所示。电阻是上拉电阻，也称限流电阻，当译码器内部带有上拉电阻时，则可省去。数字显示译码器的种类有很多，现已有将计数器、锁存器、译码驱动电路集于一体的集成器件，还有连同数码显示器也集成在一起的电路。

分段式数码管是利用不同发光段组合的方式显示不同数码的器件。因此，为了使数码管能将数码所代表的数显示出来，必须将数码经译码器译出，然后经驱动器点亮对应的段。例

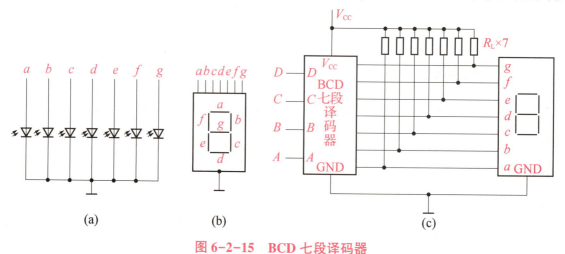

图6-2-15　BCD 七段译码器
（a）共阴极LED数码管的原理；（b）图形符号；（c）驱动LED数码管（共阳）电路

如，对于 8421 码的 0011 状态，对应的十进制数为 3，则译码器驱动器应使 a、b、c、d、g 各段点亮，即对应于某一组数码，译码器应有确定的几个输出端有信号输出，这是分段式数码管电路的主要特点。

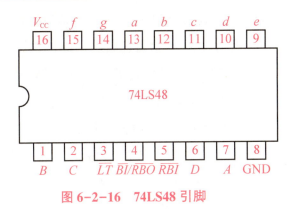

图 6-2-16　74LS48 引脚

3. 74LS48 七段显示译码器

74LS48 芯片是一种常用的七段数码管译码器驱动器，其引脚如图 6-2-16 所示，内部有升压电阻，不需要外置电阻，常用在各种数字电路和单片机系统的显示系统中。74LS48 功能表如表 6-2-9 所示。

表 6-2-9　74LS48 功能表

十进数或功能	输入			输入				BI/RBO	输出							备注
	LT	RBI	D	C	B	A			a	b	c	d	e	f	g	
0	H	H	0	0	0	0	H	1	1	1	1	1	1	0	
1	H	×	0	0	0	1	H	0	1	1	0	0	0	0	
2	H	×	0	0	1	0	H	1	1	0	1	1	0	1	
3	H	×	0	0	1	1	H	1	1	1	1	0	0	1	
4	H	×	0	1	0	0	H	0	1	1	0	0	1	1	
5	H	×	0	1	0	1	H	1	0	1	1	0	1	1	
6	H	×	0	1	1	0	H	0	0	1	1	1	1	1	
7	H	×	0	1	1	1	H	1	1	1	0	0	0	0	
8	H	×	1	0	0	0	H	1	1	1	1	1	1	1	1
9	H	×	1	0	0	1	H	1	1	1	0	0	1	1	
10	H	×	1	0	1	0	H	0	0	0	1	1	0	1	
11	H	×	1	0	1	1	H	0	0	1	1	0	0	1	
12	H	×	1	1	0	0	H	0	1	0	0	0	1	1	
13	H	×	1	1	0	1	H	1	0	0	0	0	1	1	
14	H	×	1	1	1	0	H	0	0	0	1	1	1	1	
15	H	×	1	1	1	1	H	0	0	0	0	0	0	0	
BI	×	×	×	×	×	×	L	0	0	0	0	0	0	0	2
RBI	H	L	0	0	0	0	L	0	0	0	0	0	0	0	3
LT	L	×	×	×	×	×	H	1	1	1	1	1	1	1	4

74LS48 七段显示译码器工作电压为 5 V，其除了有实现七段显示译码器基本功能的输入

（DCBA）和输出端（Ya～Yg）外，74LS48 还引入了灯测试输入端（LT）和动态灭零输入端（RBI），以及既有输入功能又有输出功能的消隐输入/动态灭零输出（BI/RBO）端。

由 74LS48 真值表可获知其所具有的逻辑功能。

（1）七段译码功能（LT=1，RBI=1）

在灯测试输入端（LT）和动态灭零输入端（RBI）都接无效电平时，输入 DCBA 经 74LS48 译码，输出高电平有效的七段字符显示器的驱动信号，显示相应字符。除了 DCBA=0000 外，RBI 也可以接低电平，如表 6-2-9 所示的 1～16 行。

（2）消隐功能（BI=0）

此时 BI/RBO 端作为输入端，该端输入低电平信号时，表 6-2-9 第 16 行，无论 LT 和 RBI 输入什么电平信号，也不管输入 DCBA 为什么状态，输出全为"0"，七段显示器熄灭。该功能主要用于多显示器的动态显示。

（3）灯测试功能（LT=0）

此时 BI/RBO 端作为输出端，为该端输入低电平信号时，表 6-2-9 最后一行与 DCBA 输入无关，输出全为"1"，显示器 7 个字段都被点亮。该功能用于七段显示器测试，判别是否有损坏的字段。

（4）动态灭零功能（LT=1，RBI=1）

此时 BI/RBO 端也作为输出端，LT 端输入高电平信号，RBI 端输入低电平信号，若此时 DCBA=0000，则表 6-2-9 中第 17 行，输出全为"0"，显示器熄灭，不显示这个零。若 DCBA≠0000，则对显示无影响。该功能主要用于多个七段显示器同时显示时熄灭高位的零。

学生互动

提问：

1. 与门电路、或门电路和与非门电路是什么？
2. 见 0 为 1，全 1 为 0 的电路是什么电路？
3. 复合门电路是什么？
4. 什么是译码器？
5. 怎样用万用表检测共阳极数码管？

思考与练习

1. 简述 TTL 集成与非门电路的工作原理。

2. 决定某事件的条件只有一个，当条件出现时事件不发生，而当条件不出现时，事件发生，这种因果关系称为什么逻辑？

3. 给出图 6-2-17 所示材料，画出可以显示 0～9 的拨码显示器电路。

图 6-2-17　拨码显示器

材料有面包板、74LS48、拨码开关、共阴极数码管、杜邦线和电源。

五、门电路逻辑功能及实验

1. 实验目的

①熟悉门电路逻辑功能。

②熟悉数字电路学习机及示波器的使用方法。

2. 实验器材

①双踪示波器。

②器件：74LS00 二输入四与非门 2 片、74LS20 四输入双与非门 1 片、74LS86 二输入四异或门 1 片、74LS04 六反相器 1 片。

③数字电路实验箱。

3. 预习要求

①复习门电路工作原理及相应逻辑函数表达式。

②熟悉所用集成电路的引线位置及各引线用途。

③了解双踪示波器使用方法。

4. 实验内容与步骤

实验前按学习机使用说明先检查学习机电源是否正常，然后选择实验用的集成电路，按自己设计的实验接线图接好线。需要注意的是，V_{CC} 及地线不能接错，线接好后经实验指导教师检查无误方可通电实验。实验中改动接线须先断开电源，接好线后再通电实验。与非门 74LS20 实验电路如图 6-2-18 所示。

（1）与非门电路逻辑功能测试

①选用四输入双与非门 74LS20 一只，插入面包板按图接线，输入端接 $S_1 \sim S_4$（电平开关输出插口），输出端接电平显示发光二极管（$VD_1 \sim VD_8$ 任意一个）。

②将电平开关按表 6-2-10 置位，分别测输出电压及逻辑状态，将结果填入表中。

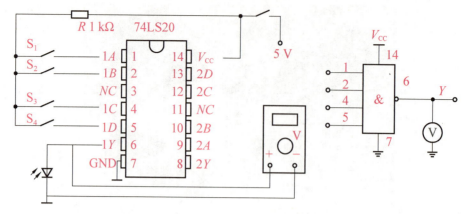

图 6-2-18　与非门 74LS20 实验电路

表 6-2-10　74LS20 输出电压及逻辑状态

输入				输出	
1	2	3	4	Y	电压/V
H	H	H	H		
L	H	H	H		
L	L	H	H		
L	L	L	H		
L	L	L	L		

（2）异或门电路逻辑功能测试

①选二输入四异或门电路 74LS86，按图 6-2-19 所示接线，输入端 1、2、4、5 接电平开关，输出端 A、B、Y 接电子显示发光二极管。

②将电平开关按表 6-2-11 置位，将结果填入表中。

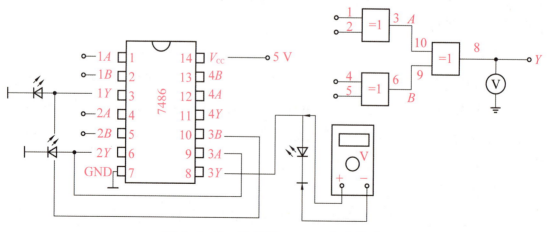

图 6-2-19　异或门 74LS86 实验电路

表 6-2-11　74LS86 输出电压及逻辑状态

输入				输出			
				A	B	Y	Y 电压/V
L	L	L	L				
H	L	L	L				
H	H	L	L				
H	H	H	L				
H	H	H	H				
L	H	L	H				

（3）逻辑电路的逻辑关系

①用 74LS00 按图 6-2-20 和图 6-2-21 所示接线，将输入、输出逻辑关系分别填入表 6-2-12 和表 6-2-13 中。

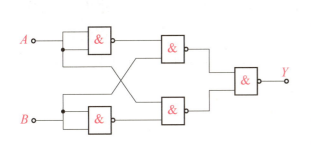

图 6-2-20　与非门 74LS00 实验电路 1

表6-2-12　74S00逻辑状态1

输入		输出
A	B	Y
L	L	
L	H	
H	L	
H	H	

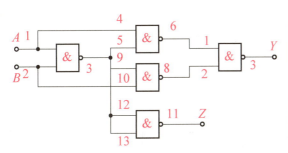

图 6-2-21　与非门 74LS00 实验电路 2

表6-2-13　74LS00逻辑状态2

输入		输出	
A	B	Y	Z
L	L		
L	H		
H	L		
H	H		

②写出上面两个电路逻辑函数表达式。

（4）逻辑门传输延迟时间的测量实验

用六反相器（非门）74LS04 按图 6-2-22 所示接线，输入 80 kHz 连续脉冲，用双踪示波器测输入，输出相位差，计算每个门的平均传输延迟时间 tp_d 值。

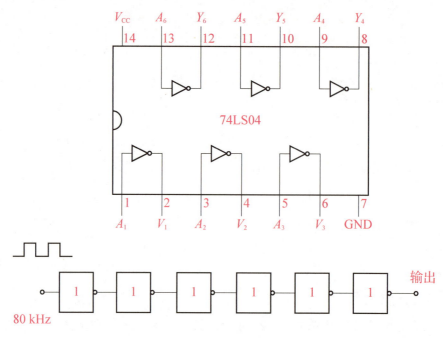

图 6-2-22   六反相器(非门)实验路

（5）逻辑笔电路实验

逻辑笔也称逻辑检测探头，它是数字电路中检测各点逻辑状态的常用工具。数字电路中的逻辑状态一般分三种，即高电平"1"、低电平"0"和"高阻态"（悬空）。逻辑状态的测试结果可由发光二极管来显示，也可用发声器来提示，还可用数码发光二极管来显示。图 6-2-23 为用六反相器 CD4069（74LS04）与发光二极管组成的逻辑笔。

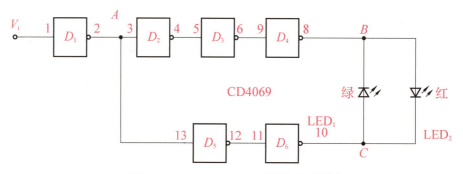

图 6-2-23   CD4069 逻辑笔实验①

（6）利用与非门控制输出实验

用一片 74LS00，S 接任一电平开关。用双踪示波器观察 S 对输出脉冲的控制作用，按图 6-2-24 所示接线。

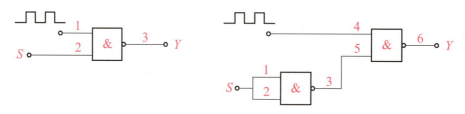

图 6-2-24   与非门 74LS00 实验电路

①   7 脚和 14 脚分别为电源的负极和正极，未在图中显示。

（7）用与非门组成其他门电路并测试验证

①组成或非门：用一片二输入端四与非门组成或非门。逻辑函数表达式为

$$Y = \overline{A + B} = \overline{A} \cdot \overline{B}$$

画出电路，测试并把结果填入表 6-2-14 中。

②组成异或门。

③将异或门逻辑函数表达式转化为与非门逻辑函数表达式。

④画出逻辑电路。

⑤测试并把结果填入表 6-2-15 中。

表 6-2-14　或非门真值表

输入		输出
A	B	Y
0	0	
0	1	
1	0	
1	1	

表 6-2-15　与非门真值表

输入		输出
A	B	Y
0	0	
0	1	
1	0	
1	1	

六、CD4069 反相器电路实验

1. 实验目的

利用 CD4069 制作一个逻辑笔电路，方便检测数字电路中的高、低电平信号。

2. 实验器材

数字万用表，直流电源，多孔万能板，CD4069，电阻 100 Ω、51 Ω 各 1 个，二极管 IN4140 2 个，共阳极 8 字数码管 1 个，电烙铁，焊锡丝等，如图 6-2-25 所示。

图 6-2-25　CD4069 制作一个逻辑笔电路实验器材

3. 实验内容与步骤

（1）用 CD4069 制作逻辑笔电路

用门电路可组成文字显示型逻辑笔。这里所指的"文字"并非我们的汉字"高"和"低"，而是英文中高、低两字的首字母"H"和"L"。由于这两个字母字形的特殊性，正好与 LED 数码管

中的笔段相符合，所以可以很方便地用它来组成逻辑电平测试笔。

CD4069 由 6 个 COS/MOS 反相器电路组成，由它制作的逻辑笔电路，电路结构简单，操作方便，其电路如图 6-2-26 所示。

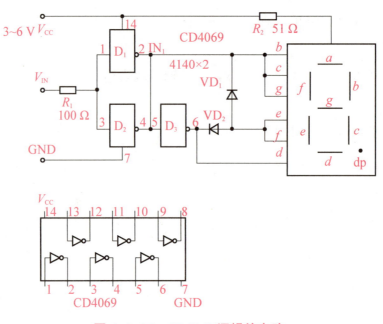

图 6-2-26　CD4069 逻辑笔电路

（2）焊接 CD4069 逻辑笔电路

按图 6-2-26 所示焊接电路并进行调试，输入直流 6 V，接上探针进行观察对应的高、低电平信号，高电平时显示 H，低电平时显示 L 字符。

（3）CD4069 逻辑笔电路元件清单及注意事项

CD4069 逻辑笔电路元件清单如表 6-2-16 所示，注意 CD4069 引脚不能接错。

表 6-2-16　CD4069 逻辑笔电路元件清单

元件名称	编号及位置		数量/只	元件名称	编号及位置		数量/只
集成电路	IC	CD4069	1	数码管	8 字共阳极		1
电阻	R_1	100 Ω	1	二极管	VD₁　VD₂　IN4140		2
	R_2	51 Ω	1				

 **时序逻辑电路的认知与实验**

学习目标

◆掌握触发器的工作原理及逻辑功能。

◆掌握寄存器、计数器的工作原理及构成。

◆掌握数模/模数转换器的组成及工作原理。

观察思考

能够掌握图 6-3-1 所示的集成电路的用途吗？

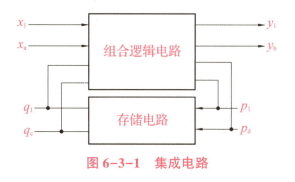

图 6-3-1　集成电路

想　一　想

　　数字电路通常分为组合逻辑电路和时序逻辑电路两大类，组合逻辑电路的有关内容在前面单元里已经做了介绍，组合逻辑电路的特点是输入的变化直接反映了输出的变化，其输出的状态仅取决于输入的当前状态，与输入、输出的原始状态无关。而时序逻辑电路的特点是输出不仅与当前的输入有关，还与其输出状态的原始状态有关。现在我们来学习时序逻辑电路的知识。

一、时序逻辑电路

1. 特点

　　时序逻辑电路任一时刻的输出不仅取决于该时刻的输入，还与过去各时刻的输入有关。常见的时序逻辑电路有触发器、计数器、寄存器等。由于时序逻辑电路具有存储或记忆的功能，所以检修起来比较复杂。

带有时序逻辑电路的数字电路主要故障分析。

（1）时钟

时钟是整个系统的同步信号，当时钟出现故障时会带来整体的功能故障。时钟脉冲丢失会导致系统数据总线、地址总线或控制总线没有动作。时钟脉冲的速率、振幅、宽度、形状及相位发生变化均可能引发故障。

（2）复位

含有微处理器（MPU）的设备，即使是最小系统，一般都具有复位功能。复位脉冲在系统上电时加载到 MPU 上，或在特定情况下使程序回到最初状态（如看门狗 WatchDog 程序）。当复位脉冲不能发生、信号过窄、信号幅度不对、转换中有干扰或转换太慢时，程序就可能在错误的地址启动，导致程序混乱。

（3）总线

总线传递指令系列和控制事件，一般有地址总线、数据总线和控制总线。当总线即使只有一位发生错误时，也会严重影响系统功能，出现错误寻址、错误数据或错误操作等。总线错误可能发生在总线驱动器中，也可能发生在接收数据位的其他元件中。

（4）中断

带 MPU 的系统一般都能够响应中断信号或设备请求，产生控制逻辑，以暂时中断程序执行，转到特殊程序，为中断设备服务，然后自动回到主程序。中断错误主要是中断线路黏附（此时系统操作非常缓慢）或受到干扰（系统错误响应中断请求）。

（5）信号衰减和畸变

长的并行总线和控制线可能会发生交互串扰和传输线故障，表现为相邻的信号线出现尖峰脉冲（交互串扰），或驱动线上形成减幅振荡（相当于逻辑电平的多次转换），从而可能加入错误数据或控制信号。发生信号衰减的可能原因比较多，常见的有高湿度环境、长的传输线、高速率转换等。大的电子干扰源会产生电磁干扰（EMI），导致信号畸变，引起电路的功能紊乱。

2. 触发器

触发器的基本特点如下。

①具有两个稳定的（0 和 1）状态，能存储一位二进制信息。

②根据不同的输入，可将输出置成 0 或 1 状态。

③当输入信号消失后，被置成的状态能保存下来。

④触发器和其他逻辑电路一样，可以用真值表、逻辑函数表达式、时序图等方法表示其逻辑功能。

⑤触发器有四种结构形式：基本 RS 触发器、门控 RS 触发器、主从 RS 触发器和 CMOS 边沿触发器。它们有各自的组成、工作原理和在状态转换时不同的动作特点。

⑥触发器在逻辑功能上的四种主要类型：RS 触发器、JK 触发器、D 触发器、T 触发器。

它们有各自的功能特点和逻辑功能的表示形式，表 6-3-1 列出了四种结构触发器的特点。

表 6-3-1 四种结构触发器的特点

电路类型	基本触发器	门控触发器	主从结构触发器	边沿触发器
主要逻辑功能类型	RS	RS、D	RS、D、JK、T	D、JK、T
状态转换功能特点	电平触发，输入信号直接控制输出 Q 的状态。输入信号之间有约束	电平触发，在输入控制端 D 的有效期间完成基本 RS 触发器的状态转换功能	状态翻转分两步进行：$CP=1$ 时，主触发器接受输入信号，CP 下降沿时，将主触发器最后的信号传给从触发器	触发器状态的转换发生在 CP 的前、后沿的瞬间，其次态仅决定于 CP 前、后沿到达瞬间输入信号的状态

触发器按功能可分为 RS 触发器、D 触发器、JK 触发器、T 触发器。表 6-3-2 和表 6-3-3 分别为 RS、JK 触发器和 D、T 触发器的功能。

表 6-3-2 RS、JK 触发器的功能

R	S	Q^{N+1}	说明	J	K	Q^{N+1}	说明
0	0	Q^{N+1}	保持	0	0	Q^N	保持
0	1	1	置1	0	1	0	置1
1	0	0	置0	1	0	1	置0
1	1	不允许	不定状态	1	1	Q^N非	计数翻转

表 6-3-3 D、T 触发器的功能

D	Q^{N+1}	说明	T	Q^{N+1}	说明
0	0	置0	0	Q^N	保持
1	1	置1	1	Q^N非	计数翻转

二、基本 RS 触发器

1. 基本 RS 触发器电路结构及图形符号

我们学习了各种门电路，若把两个反相器按照图 6-3-2(a)所示的形式连接起来，可以看出，A 点和 B 点信号是反相的，而 A 点和 C 点始终保持同一电平。这样，可以把 A、C 视为同一点[见图 6-3-2(b)和图 6-3-2(c)]。在图 6-3-2(c)中，A、B 两点始终反相，而且电路状态稳定，在没有外界干扰或者触发的状态下，电路能够保持稳定的输出(这一点，大家可以稍作分析即可得知)。图 6-3-2(d)是图 6-3-2(c)的习惯画法。将图 6-3-2(d)加上触发端，就构成了基本 RS 触发器。

图 6-3-3 为基本 RS 触发器的逻辑图和图形符号。它由两个与非门交叉耦合组成，有两输

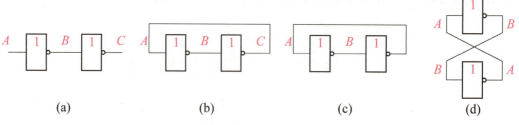

图 6-3-2 RS 触发器

入端(触发端) A 和 B。基本 RS 触发器有两个稳定的状态:一个是 $Q=1$, $\bar{Q}=0$ 的 1 状态(Q、$\bar{Q}$ 分别表示触发器的同相和反相输出端,如果 Q 端输出为 1,则称触发器为 1 状态;如果 Q 端输出为 0,则称触发器为 0 状态);另一个是 $Q=0$, $\bar{Q}=1$ 的 0 状态。正常工作时, Q 和 $\bar{Q}$ 是一对互补的输出状态。两个输入端 A、B 中,使 $Q=1$ 的输入端称为置位端(Set),使 $Q=0$ 的输入端称为复位端(Reset),图 6-3-3 中的 A 端和 $\bar{S}$ 端称为置位端, B 端和 $\bar{R}$ 端为复位端,将设计的 R-S 触态列成一个表,称为触发器的特性表或功能表,如表 6-3-4 所示。

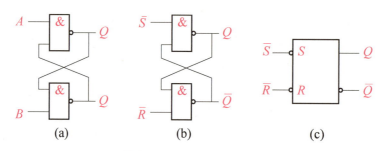

图 6-3-3 基本 RS 触发器的逻辑图和图形符号

表 6-3-4 基本 RS 触发器逻辑功能表

R	S	Q	功能
0	0	不定	不允许
0	1	0	置0
1	0	1	置1
1	1	不变	保持

由表 6-3-4 可以看出:

①基本 RS 触发器具有保持功能($\bar{R}=1$, $\bar{S}=1$);

②当 $\bar{R}=0$($\bar{S}=1$)时,触发器具有置 0 功能,将 $\bar{R}$ 端称为复位端,低电平有效;

③当 $\bar{S}=0$($\bar{R}=1$)时,触发器具有置 1 功能,将 $\bar{S}$ 端称为置位端,低电平有效;

④由与非门组成的基本 RS 触发器输入低电平有效。

当 $\bar{R}$、$\bar{S}$ 端均为 0 时,由于基本 RS 触发器在触发器正常工作时,不允许出现 $\bar{R}$ 和 $\bar{S}$ 同时为 0 的情况,规定了约束方程 $\bar{R}+\bar{S}=1$。触发器正常工作时, $\bar{R}$ 和 $\bar{S}$ 应满足这一约束方程,使其成立。

2. 基本 RS 触发器的动作特点

基本 RS 触发器的动作特点：在输入信号的全部作用时间内，都直接控制和改变输出端的状态。与非门构成的基本 RS 触发器，根据给定的输入信号波形对应画出输出波形。在开始画波形的时候最好将输入波形的前、后沿均用虚线描出，然后在虚线所分割的每一个区间内分析相对应的输出波形，如图 6-3-4 所示。基本 RS 触发器缺点：缺乏统一协调，抗干扰能力差。

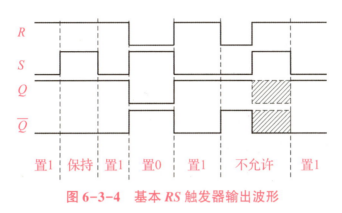

图 6-3-4　基本 RS 触发器输出波形

三、主从触发器

由于门控触发器在 CP 有效期间，故输出状态会随输入信号的改变而多次变化。如图 6-3-5 所示，门控触发器在 CP 有效期间，Q 输出有多次翻转。

有时为了便于控制，希望每来一个控制信号，触发器的状态最多翻转一次。主从触发器具有这种特点，其控制信号称为时钟信号，用 CP 表示。

1. 主从 RS 触发器

（1）主从 RS 触发器电路结构及图形符号

主从 RS 触发器结构如图 6-3-5 所示，由两个结构相同的门控 RS 触发器组成，分别称为主触发器（左）和从触发器（右）。主触发器和从触发器分别由两个相位相反的时钟信号 CP、$\overline{CP}$ 控制。

（2）主从 RS 触发器工作原理

当 CP = 1 时，主触发器工作，接收输入信号，从触发器由于 $\overline{CP}$ = 0 不工作而保持原态不变；当 CP 下降沿（由 1 变为 0）到来时，主触发器不工作，保持下降沿到来时那一刻的状态不变，从触发器工作，接收主触发器的信号，由于主触发器的输出状态保持不变，因而实现了在一个 CP 脉冲期间输出状态只变化一次。

由于输入是基本 RS 触发器，所以触发器的输入端 R 和 S 间仍存在约束。

2. 主从 JK 触发器

主从 JK 触发器由两个可控 RS 触发器串联组成，分别称为主触发器和从触发器，这是"主从"的由来。此外还有一个非门将两个触发器联系起来。J 和 K 是信号输入端，它们分别与 $\overline{Q}$

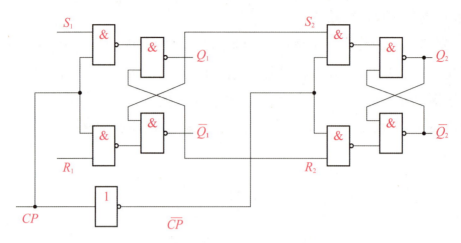

图 6-3-5　主从 RS 触发器结构

和 Q 构成与逻辑关系，成为主触发器的 S 端和 R 端。

（1）主从 JK 触发器电路结构及图形符号

主从 JK 触发器结构及图形符号如图 6-3-6 所示，其是在主从 RS 触发器的基础上加上适当连线构成。

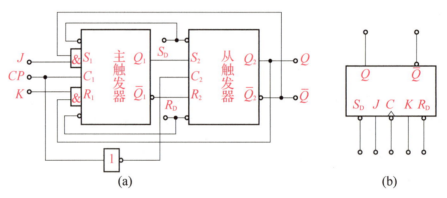

图 6-3-6　主从 JK 触发器结构及图形符号

（a）JK 触发器结构；（b）JK 触发器图形符号

（2）主从 JK 触发器工作原理

分析上述电路可知，当 J、K 分别为 0、0，0、1 和 1、0 时，其功能与 RS 触发器相同，分别是保持、置 0 和置 1。这里着重分析当 $J=K=1$ 时的功能（RS 触发器此状态不允许，有约束方程 $RS=0$），分别分析当 $Q=0$ 和 $Q=1$ 时的工作情况。

主从 JK 触发器逻辑功能表如表 6-3-5 所示。

试根据给定的 CP、J、K 的波形，画出主从 JK 触发器输出 Q 的波形。设触发器的初始状态 $Q=0$，如图 6-3-7 所示。

（3）主从触发器的动作特点

通过以上对主从 RS，JK 触发器工作原理的分析，可以看出以下 2 个动作特点。

①触发器的动作分两步进行，在 $CP=1$ 期间，主触发器接收输入信号，从触发器输出保持原状态不变；当 CP 下降沿到来时，主触发器保持，从触发器接收主触发器保持的 CP 下降

沿到来时的输出信号，从而实现了在一个 CP 期间输出 Q 只变化一次。

表 6-3-5　主从 JK 触发器逻辑功能表

J	K	Q^{n+1}	功能
0	0	Q^n	保持
0	1	0	置0
1	0	1	置1
1	1	$\overline{Q^n}$	翻转

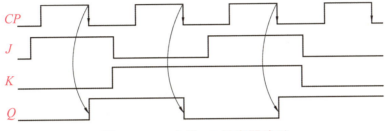

图 6-3-7　主从 JK 触发器波形

②主触发器本身是一个门控 RS 触发器，所以在 $CP=1$ 的整个期间，输入信号都将对主触发器起作用。对于主从 JK 触发器，若在 $CP=1$ 时，输入信号的状态发生多次变化可能导致触发器输出逻辑错误。

四、D 触发型触发器

1. 触发型

触发型触发器是一种应用在数字电路上具有记忆功能的循序逻辑组件，可记录二进位制数字信号"1"和"0"。触发器是构成时序逻辑电路以及各种复杂数字系统的基本逻辑单元，如图 6-3-8 所示。

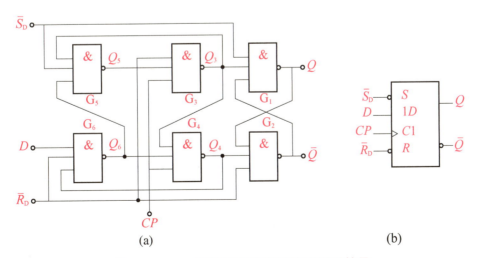

(a)　　　　　　　　　　　　　　　(b)

图 6-3-8　D 触发型触发器结构及图形符号

（a）维持阻塞 D 触发器结构；（b）D 触发型触发器图形符号

2. D 触发型触发器波形

D 触发型触发器逻辑功能表如表 6-3-6 所示，其波形如图 6-3-9 所示。

表6-3-5　D触发型触发器逻辑功能表

D	Q	说明
0	0	复位
1	1	置位

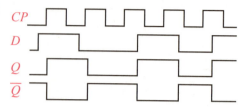

图 6-3-9　D 触发型触发器波形

3. D 触发型触发器的应用

洗衣机定时器控制电路如图 6-3-10 所示。

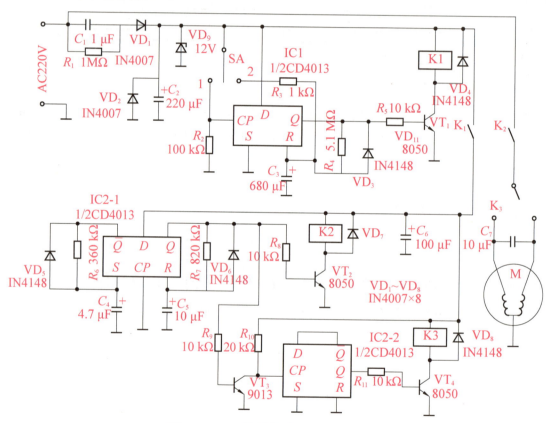

图 6-3-10　洗衣机定时器控制电路

洗衣机定时器控制电路工作原理：IC1、VT_1、K_1 等组成电子定时开关，控制洗衣机的洗涤定时时间。由 IC1（1/2 双 D 触发器 CD4013）组成单稳态电路、电阻 R_4 和电容 C_3 决定了单稳态时间，也就是定时时间。本例电路定时为 40 min，开关 SA 由原洗衣机的定时开关改造制作而成，当刀位投向 1 端时，定时开始，此时 IC1 的 Q 端为高电平，VT_1 导通，K_1 吸合，触点 K_1 闭合，给电动机控制电路供电，电动机转动。在定时时间内，可随时将 SA 拨向 2 端，使电路复位，停止定时。

五、寄存器

寄存器的功能是存储二进制代码，它是由具有存储功能的触发器组合起来构成的。一个触发器可以存储1位二进制代码，故存放 n 位二进制代码的寄存器，需用 n 个触发器来构成。按照功能的不同，可将寄存器分为基本寄存器和移位寄存器两大类。

移位寄存器中的数据可以在移位脉冲作用下依次逐位右移或左移，数据既可以并行输入、并行输出，也可以串行输入、串行输出，还可以并行输入、串行输出，串行输入、并行输出，十分灵活，用途也很广泛。四位双向寄存器能够实现二进制数据存储与传输方式的转换，可作为数据输入、输出接口电路使用，如图6-3-11所示。

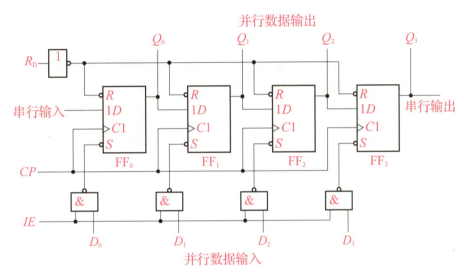

图6-3-11　寄存器电路

学生互动

提问：

1. 触发器有哪些？
2. JK 触发器的特点有哪些？
3. D 触发型触发器是什么？

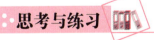 思考与练习

简述门控 RS 触发器和 D 触发型触发器电路工作原理。

六、CD4017 电路实验

1. 实验目的

利用 CD4017 和 NE555 制作一个流水灯电路，掌握数字电路的应用。

2. 实验器材

数字万用表，直流电源，多孔万能板，CD4017、NE555 各 1 个，电阻 1 kΩ、10 kΩ 各 1 个，可调电阻 100 kΩ 1 个，电烙铁，焊锡丝等，如图 6-3-12 所示。

图 6-3-12　CD4017、NE555 制作一个流水灯电路实验器材

3. 实验内容与步骤

（1）CD4017、NE555 制作流水灯的电路工作原理

NE555 组成脉冲信号发生器，脉冲信号从 NE555 的 3 脚输出到 CD4017 的 14 脚。通过改变 R_2 的阻值可以改变流水灯的流水速度。电路上一共有 10 个 LED，每个 LED 有一个限流电阻。

（2）焊接流水灯电路

按图 6-3-13 焊接流水灯电路。

（3）元件清单及注意事项

流水灯电路元件清单如表 6-3-6 所示，注意 CD4017 引脚不能接错。

表 6-3-6　流水灯电路元件清单

元件名称	编号及位置		数量/只	元件名称	编号及位置	数量/只
集成电路	IC	CD4017	1	发光管	LED	10
	IC	NE555	1	电解电容	10 μF	1
电阻	R_1	10 kΩ	1	电容	0.1 μF	1
	R_2	100 kΩ	1			
	R_3	1 kΩ	1			

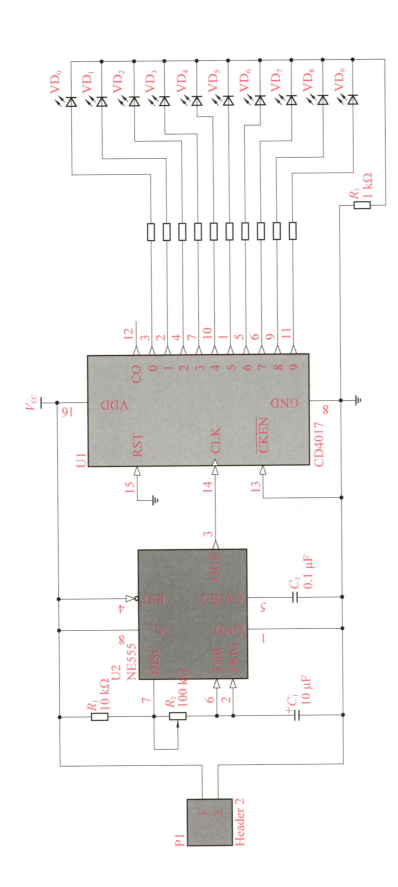

图6-3-13 流水灯电路

单元4 NE555 时基电路的认知与实验

学习目标

◆能够掌握 NE555 时基典型电路的特点和工作原理。

◆掌握 NE555 时基电路在汽车上的应用。

观察思考

能够掌握图 6-4-1 所示的集成电路的用途吗？

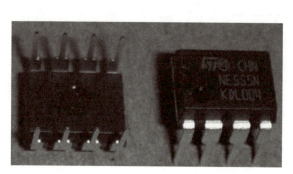

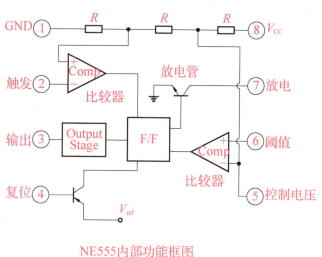

NE555内部功能框图

图 6-4-1 集成电路

想 一 想

数字电路在汽车上应用较为广泛，例如，在桑塔纳轿车的转向灯的电路中就有用数字电路来控制转向灯闪烁的快慢，而控制转向灯闪烁的基本电路就是 NE555 时基电路。该电路的工作原理是什么？试分析其在转向灯电路中的作用。

一、NE555

NE555 是属于 555 系列计时集成电路(IC)中的一种型号，555 系列 IC 的引脚功能及运用都是相容的，555 是一个用途很广且相当普遍的计时 IC，只需少数的电阻和电容，便可产生数位电路所需的各种不同频率的脉波信号。NE555 的特点是只需简单的电阻、电容，即可完成特定的振荡延时作用，其延时范围极广，可由几微秒至几小时；其操作电源范围极大，可与TTL、CMOS 等逻辑闸配合，也就是它的输出准位及输入触发准位，均能与这些逻辑系列的高、低态组合；其输出端的供给电流大，可直接推动多种自动控制的负载；其计时精确度高、温度稳定度佳，且价格便宜。

NE555 内部结构如图 6-4-2 所示，各个引脚说明如下。

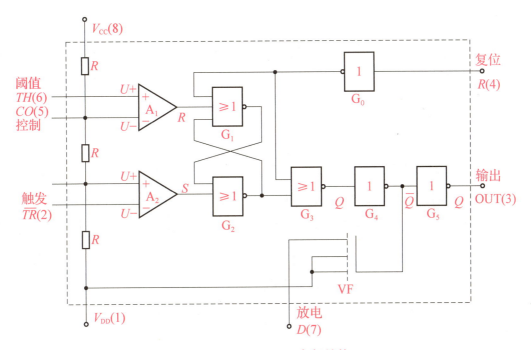

图 6-4-2 NE555 内部结构

1. 接地

接地即连接地线（或共同接地），通常被连接到电路共同接地。

2. 触发点

这个引脚是触发 NE555 使其启动它的时间周期。触发信号上缘电压须大于 $2/3\ V_{CC}$，下缘须低于 $1/3\ V_{CC}$。

3. 输出

当时间周期开始时，NE555 的输出引脚，移至比电源电压少 1.7 V 的高电位。周期结束输出回到 0 V 左右的低电位。于高电位时的最大输出电流大约为 200 mA。

4. 复位

一个低逻辑电位送至这个引脚时会重置（复位）定时器和使输出回到一个低电位。它通常被接到正电源或忽略不用。

5. 控制

这个引脚准许由外部电压改变触发和闸限电压。当计时器经营在稳定或振荡的运作方式下，该输入能用来改变或调整输出频率。

6. 阈值

此引脚用于重置锁定并使输出呈低态。当这个引脚的电压从 1/3 V_{CC} 以下移至 2/3 V_{CC} 以上时启动这个动作。

7. 放电

此引脚和主要的输出引脚有相同的电流输出能力，当输出为 ON 时为 LOW(L)，对地为低阻抗；当输出为 OFF 时为 HIGH(H)，对地为高阻抗。

8. V_{CC}

这是 NE555 计时器 IC 的正电源电压端。其供应电压的范围是 +4.5 V(最小值) 至 +16 V(最大值)。

二、NE555 工作原理

接通 V_{CC} 后瞬间，V_{CC} 通过 R 对 C 充电，当 u_c 上升到 $2V_{CC}/3$ 时，比较器 A_1 输出为 0，将触发器置 0，$u_o = 0$。这时 $\overline{Q} = 1$，放电管 VF 导通，C 通过 VF 放电，电路进入稳态。

u_i 到来时，因为 $u_i < V_{CC}/3$，使 $A_2 = 0$，触发器置 1，u_o 又由 0 变为 1，电路进入暂稳态。由于此时 $\overline{Q} = 0$，放电管 VF 截止，V_{CC} 经 R 对 C 充电。虽然此时触发脉冲已消失，比较器 A_2 的输出变为 1，但充电继续进行，直到 u_c 上升到 $2V_{CC}/3$ 时，比较器 A_1 输出为 0，将触发器置 0，电路输出 $u_o = 0$，VF 导通，C 放电，电路恢复到稳定状态，如图 6-4-3 所示。

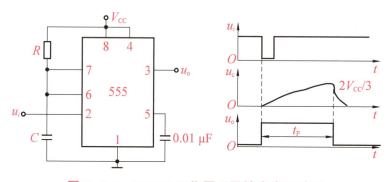

图 6-4-3　NE555 工作原理及输出电压波形

三、数字电路应用举例

1. 555 转向闪光扬声电路

闪光扬声器是由 NE555 集成电路、转向灯开关 K、指示信号灯 ZD 以及扬声器 Y 等组成。

NE555 集成块和 R_1、W、C_1 等组成的无稳态多谐振荡器，其振荡周期 $T = 0.693(R_1 + 2W)C_1$，如图 6-4-4 所示参数的最低频率为 1 Hz 左右，调节 W 可改变其振荡频率，占空比接近 1:1，VT_1 和 VT_2 为驱动级。当汽车左转弯时，按一下转向开关 K，左转向灯亮，与此同时，扬声器 Y 发出"滴……"的转向提醒声，汽车右转弯时，其情况与此类同。

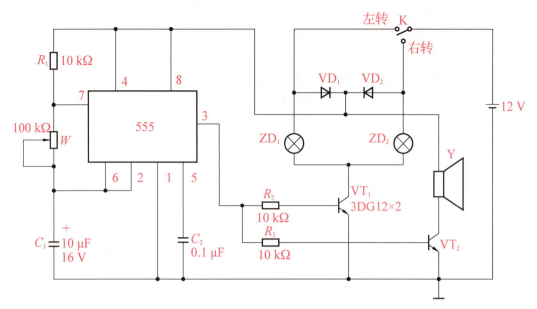

图 6-4-4　转向闪光扬声器

2. 前照灯关闭自动延时控制装置

前照灯关闭自动延时控制装置的主要功能：当汽车夜间停入车库后，为驾驶员下车离开车库提供一段时间的照明，以免驾驶员摸黑走出车库时造成事故。

前照灯关闭自动延时控制装置电路如图 6-4-5 所示，由集成电路 NE555 和继电器 J 组成，其延时关闭时间为 50 s。接通 K_1 和 K_2（前灯控制开关），灯亮；断开 K_2，灯灭。接通 K_1，再按 K_3 后灯亮 50 s 后自动熄灭。工作原理：按 K_3 后电流方向为 12 V 正极 → K_1 → K_3 → VD_1 → 前照灯 → 搭铁，灯亮，同时 K_3 → R_1 → R_2 → C_2 → 搭铁（6 脚低电位 → 3 脚高电位）→ 继电器线圈有 12 V 电压 → 继电器吸合；放开 K_3 后，12 V → 继电器触点 → VD_1 负极 → 前照灯 → 搭铁，灯继续亮，随着 C_2 电压的上升，3 脚电压为 0 V，继电器线圈无电压降，继电器触点断开，灯灭。改变电容 C_2 的容量可以改变自动熄灭时间。

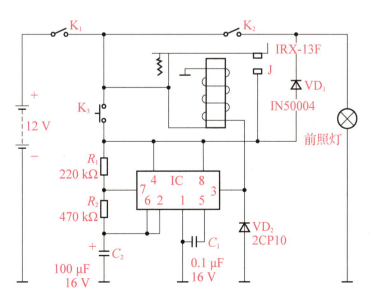

图 6-4-5　前照灯关闭自动延时控制装置电路

学生互动

提问：

　　1. NE555 集成电路有几个引脚，各个引脚有什么作用？

　　2. NE555 集成电路在汽车哪些电路中得到应用？

思考与练习

简述前照灯关闭自动延时控制装置的控制过程。

四、NE555 电路的实验

1. 实验目的

掌握 NE555 电路焊接，掌握数字电路的应用。

2. 实验器材

555，电阻，发光二极管，电容，继电器，灯泡，电源。

3. 实验内容与步骤

按照图 6-4-6 和图 6-4-7 所示电路进行正确连接，焊接时注意有正、负极的元件，合理布置元件位置，要避免短路、错焊、虚焊等；还要注意供电的电压，不要加大供电的电压。改变图 6-4-6 的电容 C 的容量观察二极管闪烁的频率有无变化？

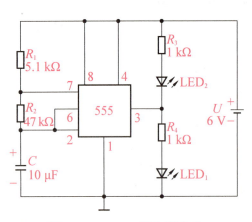

图 6-4-6　555 闪光器电路

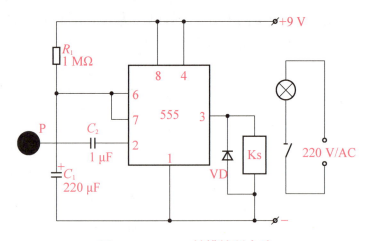

图 6-4-7　555 触摸控制电路

五、NE555 信号发生电路实验

1. 实验目的

利用 NE555 制作一个多路信号发生器电路，方便给设备提供信号源。

2. 实验器材

数字万用表，双踪示波器，直流电源，PCB 线路板，NE555，电阻，电容，二极管，晶体管 9013，短接帽，电烙铁，焊锡丝等，如图 6-4-8 所示。

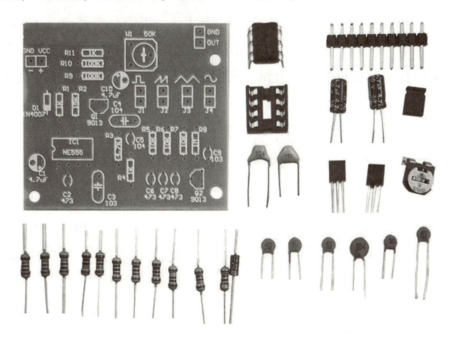

图 6-4-8 多路信号发生器电路元件

3. 实验内容与步骤

（1）NE555 多路信号发生器

NE555 多路发生器可产生方波、锯齿波、三角波、正弦波。通过跳线选择一种波形输出，电路简单，操作方便。NE555 多路信号发生器电路实物如图 6-4-9 所示。

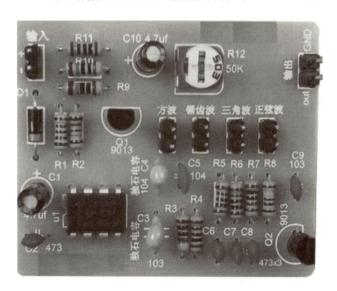

图 6-4-9 NE555 多路信号发生器电路实物

（2）焊接 NE555 多路信号发生器电路

焊接电路，并进行调试，输入直流 6 V，调整相应的波形挡位，接双踪示波器探针观察对应波形。

电路工作原理：电路中 VD 为防电源接反二极管，C_1 为滤波电容。IC1、R_1、R_2、C_2 构成方波发生器，信号从 IC1 的 3 脚输出，C_3 为抗干扰电容。从 IC1 3 脚输出的方波通过 R_3、R_4 分压，C_5 耦合，用短路块短接 J1 即可在输出端输出方波。另一路经过 C_4 耦合与 C_3 分压，经过积分电路 R_5、C_7 形成锯齿波形由 J2 输出，再经过下一级积分电路 R_6、C_8 形成三角波从 J3 输出。最后经过 R_7 后，经 C_9、R_8、VT_2、R_9 组成的放大电路放大后，在 VT_2 集电极变成正弦波。R_{10}、R_{11}、VT_1 组成射极跟随放大电路，最后信号经 C_{10} 耦合 W_1 分压，从输出端输出。如图 6-4-10 所示。

（3）NE555 多路信号发生器文件清单及注意事项

NE555 多路信号发生器电路元件清单如表 6-4-1 所示，注意 NE555 引脚不能接错。

表 6-4-1　NE555 多路信号发生器电路元件清单

元件名称	编号及位置		数量/只	元件名称	编号及位置		数量/只
集成电路	IC1	NE555	1	二极管	VD_1	IN4007	1
电阻	R_1，R_4，R_{11}	1 kΩ	3	晶体管	VT_1，VT_2	9013	2
	R_3	4.7 kΩ	1	电解电容	C_1，C_{10}	4.7 μF/16 V	2
	R_5，R_6，R_7	10 kΩ	3	瓷片电容	C_9	103 pF	1
	R_2	15 kΩ	1		C_5	104 pF	1
	R_9，R_{10}	100 kΩ	2		C_2，C_6，C_7，C_8	473 pF	4
	R_8	1 MΩ	1	独石电容	C_3	103 pF	1
可调电阻	W_1	50 kΩ	1		C_4	104 pF	1
排针	8P		2	短接帽	2P		1

单元5　数/模、模/数转换认知与实验

学习目标

◆ 能够掌握 D/A、A/D 转换器电路的特点和工作原理。

◆ 掌握 A/D 转换器电路在汽车上的应用。

观察思考

能够明白图 6-5-1 所示方框图的意思吗？

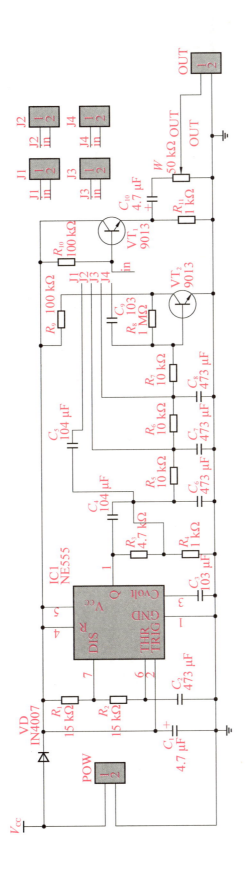

图6-4-10　NE555信号发生器电路

图 6-5-1　思考框图

想 一 想

单片机的输入端只处理数字信号，而对模拟信号不认可，怎样才能使单片机也能够处理模拟信号呢？必须通过一个转换器，这个转换器就是模数转换器，简称为 A/D 转换器，该电路的工作原理是什么？我们现在来学习它的工作原理。

数字电路转模拟电路称数/模转换，简称为 D/A 或 DAC；模拟电路转数字电路称模/数转换，简称为 A/D 或 ADC。

一、A/D 转换器

A/D 转换器就是模/数转换器，通常简称为 ADC，它是一种将模拟信号转换为数字信号的电路。

A/D 转换需经取样、保持、量化、编码 4 个过程，如图 6-5-2 所示。

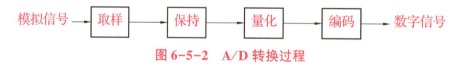

图 6-5-2　A/D 转换过程

1. A/D 转换原理

（1）取样

取样又称为采样，就是按一定的时间间隔对模拟信号进行提取。取样过程如图 6-5-3 所示。经取样后，模拟信号就变成了在时间上断续的（离散）信号了。如果取样脉冲的频率越高，所得到的离散信号就越接近原来的模拟信号，因此要求取样脉冲频率 F_S 不能太低，一般规定 $F_S > 2F_{max}$，其中 F_{max} 表示模拟信号的最高频率。

（2）保持

由于 A/D 转换需要时间，所以，每一次取样所得的"样值"都应保存一段时间，直到下一次取样到来，这个过程称为保持。为了实现保持，应在取样开关 S 的后面增加一个电容 C，如图 6-5-4 所示。此时，V_0 的波形变成了阶梯波，而不是一串离散的脉冲。

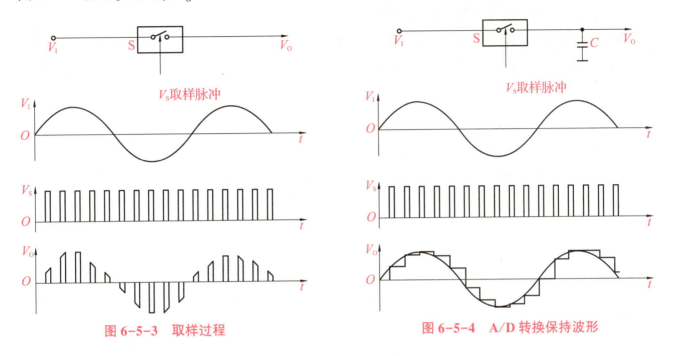

图 6-5-3 取样过程   图 6-5-4 A/D 转换保持波形

（3）量化

量化方法一般有两种：一种是采用只舍不入的方法；另一种是采用有舍有入（四舍五入）的方法。采用有舍有入的方法误差要小。

（4）编码

编码是指用预先规定的方法将文字、数字或其他对象编成数码，或将信息、数据转换成规定的电脉冲信号。

例如，取样—保持电路输出的信号电压幅度变化范围为 0~1 V，要求将其转化为三位二进制数表示的数字信号，量化、编码关系如图 6-5-5。

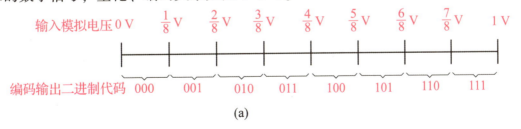

(a)

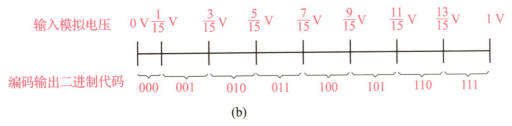

(b)

图 6-5-5 取样—保持电路输出的信号

（a）只舍不入；（b）有舍有入

2. A/D 转换器的主要参数

分辨率：又称为分解度，常用输出二进制数的位数来表示分辨率的高低。

量化误差：在量化编码时产生的误差。

转换时间：指完成一次 A/D 转换所需要的时间。

转换速度：指每秒钟完成 A/D 转换的次数。

3. 常用的 A/D 转换器

A/D 转换器的种类较多，有并行比较型、逐次逼近型、计数型、双积分型等。这里仅以并行比较型为例来说明 A/D 转换器工作过程。

并行比较型 A/D 转换器如图 6-5-6 所示，它由电阻分压器、7 个比较器及编码器组成，采用只舍不入的编码方式。

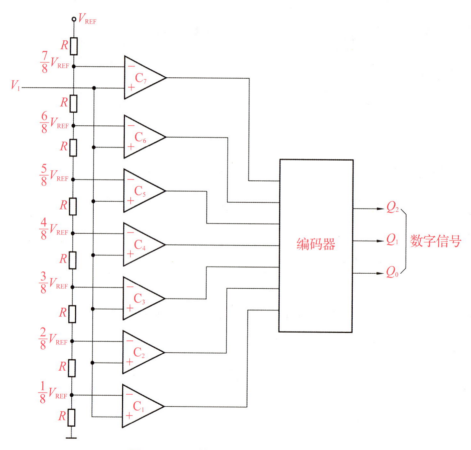

图 6-5-6　并行比较型 A/D 转换器

电阻网络将参考电压 V_{REF} 分压成 7 个比较电压，分别提供给比较器 $C_1 \sim C_7$ 的反相端，A/D 转换器的量化单位为 $\frac{1}{8}V_{REF}$。并行比较型 A/D 转换器输入、输出关系如表 6-5-1 所示。

表 6-5-1　并行比较型 A/D 转换器输入、输出关系

输入电压 V_I	比较器输出							编码器输出		
	C_7	C_6	C_5	C_4	C_3	C_2	C_1	Q_2	Q_1	Q_0
$0 < V_I \leqslant \dfrac{1}{8}V_{REF}$	0	0	0	0	0	0	0	0	0	0
$\dfrac{1}{8}V_{REF} < V_I \leqslant \dfrac{2}{8}V_{REF}$	0	0	0	0	0	0	1	0	0	1
$\dfrac{2}{8}V_{REF} < V_I \leqslant \dfrac{3}{8}V_{REF}$	0	0	0	0	0	1	1	0	1	0
$\dfrac{3}{8}V_{REF} < V_I \leqslant \dfrac{4}{8}V_{REF}$	0	0	0	0	1	1	1	0	1	1
$\dfrac{4}{8}V_{REF} < V_I \leqslant \dfrac{5}{8}V_{REF}$	0	0	0	1	1	1	1	1	0	0
$\dfrac{5}{8}V_{REF} < V_I \leqslant \dfrac{6}{8}V_{REF}$	0	0	1	1	1	1	1	1	0	1
$\dfrac{6}{8}V_{REF} < V_I \leqslant \dfrac{7}{8}V_{REF}$	0	1	1	1	1	1	1	1	1	0
$\dfrac{7}{8}V_{REF} < V_I \leqslant V_{REF}$	1	1	1	1	1	1	1	1	1	1

取样—保持电路送来的信号电压提供给 7 个比较器的同相端。比较器的输出特点是，若同相端电压高于反相端电压，则输出为 1；若反相端电压高于同相端电压，则输出为 0。7 个比较器输出的七位二进制代码送至编码器，由编码器将其编成三位二进制代码 $Q_2Q_1Q_0$。

由表 6-5-1 可知，编码器的逻辑表达式为

$$Q_2 = C_4$$
$$Q_1 = C_6 + C_2\bar{C}_4$$
$$Q_0 = C_7 + C_5\bar{C}_6 + C_3\bar{C}_4 + C_1\bar{C}_2$$

二、D/A 转换器

D/A 转换器的作用是将数字信号转换为模拟信号。

D/A 转换器的种类有很多，如权电阻网络 D/A 转换器、T 形电阻网络 D/A 转换器、倒 T 形电阻网络 D/A 转换器等。下面介绍权电阻网络 D/A 转换器和倒 T 形电阻网络 D/A 转换器的工作过程。

1. 权电阻网络 D/A 转换器

四位二进制权电阻网络 D/A 转换器如图 6-5-7 所示。它由参考电源 V_{REF}、权电阻 2^0R、

2^1R、2^2R、2^3R 构成的电阻网络、4 个电子开关 $S_0 \sim S_3$、求和放大器 A 组成。4 个电子开关 $S_0 \sim S_3$ 分别受输入二进制数码 a_0、a_1、a_2、a_3 的控制,当数码为 1 时,开关接参考电压;当数码为 0 时,开关接地。

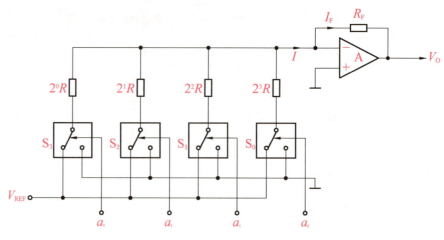

图 6-5-7　四位二进制权电阻网络 D/A 转换器

输入二进制数码 a_3、a_2、a_1、a_0 的权依次为 2^3、2^2、2^1、2^0,开关 S_3、S_2、S_1、S_0 所接的电阻分别为 2^0R、2^1R、2^2R、2^3R。

由图 6-5-7 可知:

$$I = a_3 \frac{V_{REF}}{2^0R} + a_2 \frac{V_{REF}}{2^1R} + a_1 \frac{V_{REF}}{2^2R} + a_0 \frac{V_{REF}}{2^3R}$$

$$= \frac{V_{REF}}{2^3R}(a_3 \times 2^3 + a_2 \times 2^2 + a_1 \times 2^1 + a_0 \times 2^0)$$

$$= \frac{V_{REF}}{2^3R} \sum_{i=0}^{3} a_i \times 2^i$$

故输出的模拟电压为

$$V_O = -I_F R_F = -IR_F = -\frac{V_{REF}R_F}{2^3R} \sum_{i=0}^{3} a_i \times 2^i$$

若取 $R_F = R/2$,则有

$$V_O = -\frac{V_{REF}R_F}{2^3R} \sum_{i=0}^{3} a_i \times 2^i = -\frac{1}{16}V_{REF} \sum_{i=0}^{3} a_i \times 2^i$$

将输入的二进制数码 $a_3a_2a_1a_0$ 的各组取值代入上式,可分别求出对应的输出电压,如表所示 6-5-2。由表 6-5-2 可以清楚看到,当输入二进制数码在 0000~1111 之间变化时,输出的模拟电压按量化单位逐步递增,这样数字信号就被转换成了模拟信号。

表 6-5-2　输入二进制数码与输出模拟电压之间的关系

输入数字信号				输出模拟信号	输入数字信号				输出模拟信号
a_3	a_2	a_1	a_0	V_O	a_3	a_2	a_1	a_0	V_O
0	0	0	0	0	1	0	0	0	$-\frac{8}{16}V_{REF}$

续表

输入数字信号				输出模拟信号	输入数字信号				输出模拟信号
0	0	0	1	$-\dfrac{1}{16}V_{REF}$	1	0	0	1	$-\dfrac{9}{16}V_{REF}$
0	0	1	0	$-\dfrac{2}{16}V_{REF}$	1	0	1	0	$-\dfrac{10}{16}V_{REF}$
0	0	1	1	$-\dfrac{3}{16}V_{REF}$	1	0	1	1	$-\dfrac{11}{16}V_{REF}$
0	1	0	0	$-\dfrac{4}{16}V_{REF}$	1	1	0	0	$-\dfrac{12}{16}V_{REF}$
0	1	0	1	$-\dfrac{5}{16}V_{REF}$	1	1	0	1	$-\dfrac{13}{16}V_{REF}$
0	1	1	0	$-\dfrac{6}{16}V_{REF}$	1	1	1	0	$-\dfrac{14}{16}V_{REF}$
0	1	1	1	$-\dfrac{7}{16}V_{REF}$	1	1	1	1	$-\dfrac{15}{16}V_{REF}$

　　权电阻网络 D/A 转换器的优点是结构简单，但当输入数字信号位数较多时，电阻的值域范围很大，给设计带来不便，特别是不易集成化。

2. 倒 T 形电阻网络 D/A 转换器

　　四位二进制倒 T 形电阻网络 D/A 转换器如图 6-5-8 所示，电子开关 $S_0 \sim S_3$ 分别受输入二进制数码 $a_0 \sim a_3$ 的控制，当数码为 1 时，开关接运算放大器的虚地端；当数码为 0 时，开关接地。

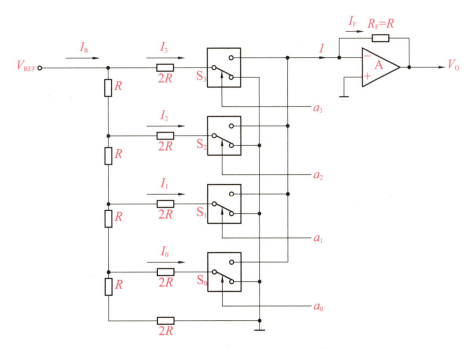

图 6-5-8　倒 T 形电阻网络 D/A 转换器

　　该电路的特点是，不管输入数码是 0 还是 1，开关均相当于接地，流过每个 2R 的电流是恒定的，从而有

$$I_R = \frac{V_{REF}}{R}, \quad I_3 = \frac{V_{REF}}{2R}, \quad I_2 = \frac{V_{REF}}{4R}, \quad I_1 = \frac{V_{REF}}{8R}, \quad I_0 = \frac{V_{REF}}{16R}$$

流入运算放大器的电流为

$$I = I_3 a_3 + I_2 a_2 + I_1 a_1 + I_0 a_0 = \frac{V_{REF}}{2^4 R}(a_3 \times 2^3 + a_2 \times 2^2 + a_1 \times 2^1 + a_0 \times 2^0)$$

$$= \frac{V_{REF}}{2^4 R} \sum_{i=0}^{3} a_i \times 2^i$$

由于倒 T 形网络 D/A 变换器所需的电阻只有两种，故非常有利于集成化。

3. D/A 转换器的主要参数

（1）分辨率

D/A 转换器最小输出电压与最大输出电压的比值称为 D/A 转换器的分辨率。

最小输出电压是指输入数字信号只有最低位为 1 时的输出电压；最大输出电压是指输入数字信号各位全为 1 时的输出电压。分辨率的计算公式为

$$分辨率 = \frac{1}{2^n - 1}$$

（2）转换速度

从输入数字信号起到输出电压（或电流）达到稳态值所需的时间称为转换速度。位数越多，转换时间越长。

（3）转换误差

转换误差分失调误差和满值误差。失调误差是指输入的数字信号全为 0 时，模拟信号实际输出值与理论输出值的偏差；满值误差是指输入数字信号全为 1 时，输出的模拟信号电压与满值电压的偏差。

许多 D/A 转换器设有失调校正和满值校正电路，以减小失调误差和满值误差。

学生互动

提问：

1. 为什么要用 A/D 转换器？

2. D/A 和 A/D 转换器是什么？

3. 取样和编码是什么？

4. ADC0809 集成电路有几个引脚，各个引脚有什么作用？

思考与练习

1. 常用的 A/D 转换器有哪些？

2. A/D 转换器用在什么地方？

三、ADC0809 A/D 转换器实验

ADC0809 是带有 8 位 A/D 转换器、8 路多路开关以及微处理机兼容的控制逻辑的 CMOS 组件。它是逐次逼近型 A/D 转换器，可以和单片机直接接口，可以通过数字实验箱进行实验。

（1）ADC0809 的内部逻辑结构

ADC0809 的内部逻辑结构如图 6-5-9 所示，由一个 8 路模拟量开关、一个地址锁存与译码器、一个 8 路 A/D 转换器和一个三态输出锁存器组成。多路开关可选通 8 个模拟通道，允许 8 路模拟量分时输入，共用 A/D 转换器进行转换。三态输出锁存器用于锁存 A/D 转换完的数字量，当 OE 端为高电平时，才可以从三态输出锁存器取走转换完的数据。

（2）ADC0809 引脚结构

ADC0809 的引脚结构如图 6-5-10 所示，有 28 个引脚，8 个输入 $IN_0 \sim IN_7$，8 个输出 $D_0 \sim D_7$。

ADC0809 对输入模拟量要求：信号单极性，电压范围为 0~5 V，若信号太小，则必须进行放大；输入的模拟量在转换过程中应该保持不变，如果模拟量变化太快，则需在输入前增加采样保持电路。

（3）ADC0809 地址输入和控制线

ADC0809 地址输入和控制线有 4 条。ALE 为地址锁存允许输入线，高电平有效。当 ALE 为高电平时，地址锁存与译码器将 A、B、C 3 条地址线的地址信号进行锁存，经译码后被选中的通道的模拟量进转换器进行转换。A、B 和 C 为地址输入线，用于选通 $IN_0 \sim IN_7$ 上的一路模拟量输入。通过编程后调节 R_1 的电阻值可以在数码管上显示对应的电压值，如图 6-5-11 所示。

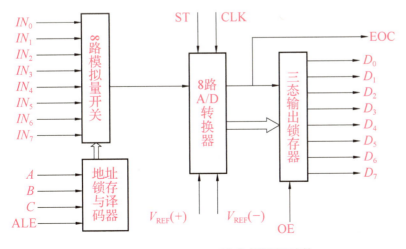

图 6-5-9　ADC0809 的内部逻辑结构　　　　图 6-5-10　ADC0809 的引脚结构

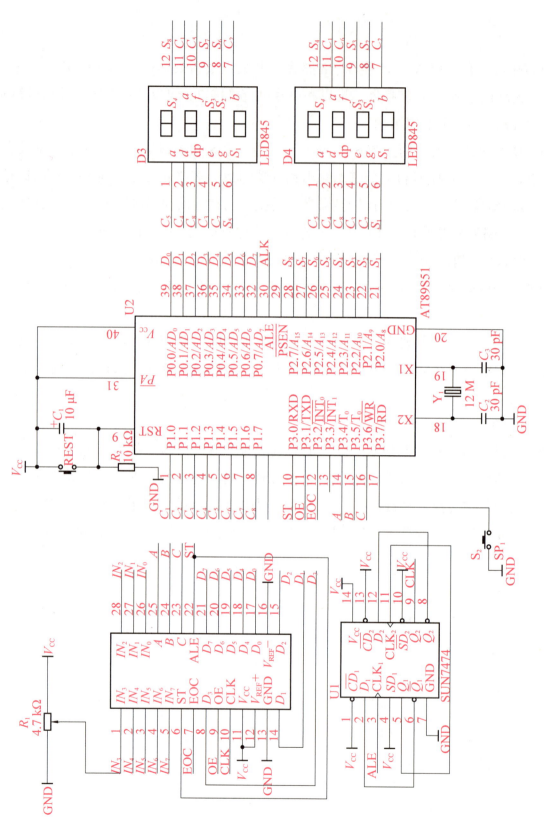

图6-5-11　电压显示器电路

安全用电

 单元1 安全用电的基础知识

学习目标

◆了解触电危害。

◆掌握安全电压、电流。

观察思考

图7-1-1所示是什么宣传标志?

图7-1-1　宣传标志

想 一 想

　　在平时生活和生产中,每年都会发生致伤、致死的电击事故,电流对人体的危害有哪些?对人体来说,安全电流和安全电压又是多少呢?现在,我们来学习这方面的知识。

一、电流对人体的伤害

电流对人体会造成多种伤害，如伤害呼吸、心脏、神经系统，使人体内部组织破坏，乃至最后死亡。当电流流经人体时，人体会产生不同程度的刺痛和麻木，并伴随不自觉的肌肉收缩。触电者会因肌肉收缩而紧握带电体，不能自主摆脱带电体。此外，胸肌、膈肌和声门肌的强烈收缩会阻碍呼吸，甚至导致触电者窒息死亡。

人体触及带电体时，电流通过人体，对人体造成伤害，其伤害的形式主要有电击和电伤两种。

1. 电击

电击是指电流通过人体时所造成的内伤。它可以使肌肉抽搐，内部组织损伤，造成发热发麻，神经麻痹等。严重时将引起昏迷、窒息，甚至心脏停止跳动而死亡。通常说的触电就是电击。触电死亡大部分由电击造成。

①当人体将要触及 1 kV 以上的高电压电气设备时，高电压能将空气击穿，使其成为导体，这时，电流通过人体而造成电击。

②低电压单相(线)触电、两线触电会造成电击。

③接触电压和跨步电压触电会造成电击。

2. 电伤

电伤是指电流的热效应、化学效应、机械效应以及电流本身作用下造成的人体外伤。常见的有灼伤、烙伤和皮肤金属化等现象。

（1）灼伤

灼伤是指电流热效应产生的电伤。最严重的灼伤是电弧对人体皮肤造成的直接烧伤。例如，当发生带负电荷拉合开关、带地线合刀开关时，产生的强烈电弧会灼伤皮肤。灼伤的后果是皮肤发红、起泡、组织烧焦并坏死。

（2）烙伤

灼伤是指电流化学效应和机械效应产生的电伤。烙伤通常在人体和带电部分接触良好的情况下才会发生。其后果是，皮肤表面留下和所接触的带电部分形状相似的圆形或椭圆形的肿块痕迹。烙伤有明显的边缘，且颜色呈灰色或淡黄色，受伤皮肤硬化。

（3）皮肤金属化

皮肤金属化是指在电流作用下，产生的高温电弧使电弧周围的金属熔化、蒸发并飞溅渗透皮肤表层所造成的电伤。其后果是，皮肤变得粗糙、硬化，且呈现一定的颜色。根据人体表面渗入金属不同，呈现的颜色也不同，一般渗入铅为灰黄色，渗入紫铜为绿色，渗入黄铜为蓝绿色。金属化的皮肤经过一段时间后会逐渐剥落，不会永久存在而造成终身痛苦。

二、影响电流伤害程度的因素

1. 电流大小

通过人体的电流越大，人体的生理反应就越明显，感应越强烈，引起心室颤动所需的时间越短，致命的危险越大。一般来说，通过人体的交流电(50 Hz)超过 10 mA、直流电超过 50 mA时，触电者自己难以摆脱带电体，这时就有生命危险。工频电流对人体的影响如表 7-1-1 所示。

表 7-1-1   工频电流对人体的影响

电流范围/mA	通电时间	人体生理反应
0~0.5	连续通电	没有感觉
0.5~5	连续通电	开始有感觉，手指、手腕等处有痛感，没有痉挛，可以摆脱带电体
5~30	数分钟以内	痉挛，不能摆脱带电体，呼吸困难，血压升高，是可以忍受的极限
30~50	数秒到数分钟	心脏跳动不规则，昏迷，血压升高，强烈痉挛，时间过长即可引起心室颤动
150 至数百	短于心脏搏动周期	受强烈冲击，但未发生心室颤动
	长于心脏搏动周期	昏迷，心室颤动，接触部位有电流通过的痕迹
超过数百	短于心脏搏动周期	发生心室颤动，昏迷，接触部位留有电流通过的痕迹
	长于心脏搏动周期	心脏跳动停止，昏迷，可能致命

对于工频交流电，按照通过人体电流的大小和人体所呈现的不同状态，电流大致分为以下 3 种。

（1）感觉电流

感觉电流是指引起人体感觉的最小电流。实验表明，成年男性的平均感觉电流约为 1.1 mA，成年女性约为 0.7 mA。感觉电流不会对人体造成伤害，但当电流增大时，人体反应变得强烈，可能造成坠落等间接事故(成年男性和成年女性直流分别为 5.2 mA 和 3.5 mA)。

（2）摆脱电流

摆脱电流是指人体触电后能自主摆脱带电体的最大电流。实验表明，成年男性的平均摆脱电流约为 16 mA，成年女性的约为 10 mA(成年男性和成年女性直流分别为 76 mA 和 51 mA)。

（3）致命电流

致命电流是指在较短的时间内危及生命的最小电流。实验表明，当通过人体的电流达到 50 mA 以上时，心脏会停止跳动，可能导致死亡(成年男性和成年女性直流分别为 130 mA 和 50 mA)。

2. 人体电阻

皮肤如同人的绝缘外壳，在触电时起着一定的保护作用。当人体触电时，流过人体的电流就与人体的电阻有关。人体电阻越小，通过人体的电流就越大，也就越危险。

人体电阻不是固定不变的，它的数值随着接触电压的升高而下降，如表 7-1-2 所示；又随着条件不同而在很大范围内变动，如表 7-1-3 所示，在皮肤潮湿、多汗、有损伤、带有导电性粉尘，以及电极与皮肤的接触面积加大、接触压力增加等情况下，人体电阻都会降低。不同类型的人，其人体电阻也不同，一般认为人体的电阻为 1 000~2 000 Ω（不计皮肤角质层电阻）。

表 7-1-2　随电压变化的人体电阻

接触电压/V	12.5	31.3	62.5	125	220	250	380	500	1 000
接触电阻/Ω	16 500	11 000	6 240	3 530	2 222	2 000	1 417	1 130	640

表 7-1-3　不同条件的人体电阻

接触电压/V	人体电阻/Ω			
	皮肤干燥	皮肤潮湿	皮肤湿润 *	皮肤浸入水中
10	7 000	3 500	1 200	600
25	5 000	2 500	1 000	500
50	4 000	2 000	875	440
100	3 000	1 500	770	375
250	1 500	1 000	650	325

* 皮肤湿润是指有水蒸气或特别潮湿的皮肤。

3. 通电时间长短

通电时间越长，电流使人体发热和人体组织的电解液成分增加，导致人体电阻降低，反过来又使通过人体的电流增加，触电的危险亦随之增加。通常可用触电电流大小与触电时间的乘积（称为电击能量）来反映触电的危害。通电时间越长，电击能量积累增长，越容易引起心室颤动。电击能量超过 50 mA·s 时，人就有生命危险。现用表 7-1-4 来说明通过人体的允许电流与持续时间的关系。从表中可以看出，通过人体电流持续时间越长，允许电流越小。

表 7-1-4　通电时间长短电流

允许电流/mA	50	100	200	500	1 000
持续时间/s	5.4	1.35	0.35	0.054	0.013 5

4. 电流频率

电流的频率不同，对人体伤害程度也不同，一般认为 50~60 Hz 的交流电对人体最危险。随着频率的增高，危险性将降低。高频电流不仅不伤害人体，还能治病。不同频率的电流对人体的危害程度如表 7-1-5 所示。

表 7-1-5　不同频率的电流对人体的危害程度

电流频率/Hz	对人体的危害程度	电流频率/Hz	对人体的危害程度
10~25	有 50% 的死亡率	120	有 31% 的死亡率
50	有 95% 的死亡率	200	有 22% 的死亡率
50~100	有 45% 的死亡率	500	有 14% 的死亡率

5. 电压高低

人体电流与作用在人体的电压不成正比，这是因为随着作用于人体电压的升高，皮肤会破裂，人体电阻急剧下降，电流会迅速增加。当人体接近高电压时，还有感应电流的影响，也是很危险的。

6. 电流途径

电流通过头部可使人昏迷；通过脊髓可能导致瘫痪；通过心脏造成心跳停止，血液循环中断；通过呼吸系统会造成窒息。因此，从左手到胸部是最危险的电流路径，从手到手、从手到脚也是很危险的电流路径，从脚到脚是危险性较小的电流路径。

研究表面，电流经人体不同部位所造成的伤害中，以对心脏的伤害为最严重。表 7-1-6 显示了电流通过人体的途径与流经心脏电流比例数的关系。

表 7-1-6　电流通过人体的途径与流经心脏电流比例数的关系

电流通过人体途径	流经心脏电流与通过人体总电流的比例数/%
从一只手到另一只手	3.3
从左手到脚	6.4
从右手到脚	3.7
从一只脚到另外一只脚	0.4

7. 人体状况

人体本身的状况与触电的伤害程度有着密切的关系，具体有以下四点。

（1）性别

女性对电的敏感性比男性高，女性的感觉电流和摆脱电流约比男性的低 1/3。因此，在同等的触电电流下，女性比男性更难以摆脱带电体。

（2）年龄

在遭受电击后，小孩的伤害程度比成年人重。

（3）健康状况

凡患有心脏病、神经系统疾病、肺病等严重疾病或体弱多病者，由于自身抵抗能力较差，故比健康人更易受电伤害。

（4）心理、精神状态

有无思想准备，对电的敏感程度是有差异的，酒醉、疲劳过度、心情欠佳等情况会增加触电伤害程度。

三、安全电流、电压的规范

1. 安全电流

电流对人体有危害，通过人体的电流越大，危害越严重。那么，到底流过人体的电流多大不至于对人体造成伤害呢？这就需要知道安全电流值。

（1）确定安全电流值的依据

①一般情况下，可以把摆脱电流看作是人体允许的电流，只要流过人体的电流小于摆脱电流，即可把摆脱电流认为安全电流。

②以大小不同的电流作用到人体，根据人体表现出的不同特征来确定安全电流。这些特征是通过科学实验和事故分析得出的，如表7-1-7所示。

表7-1-7　电流作用下人体表现的特征

电流/mA	50~60 Hz 交流电	直流电
0.6~1.5	手指开始感觉麻刺	无感觉
2~3	手指感觉强烈麻刺	无感觉
5~7	手指感觉肌肉痉挛	感到灼痛和刺痛
8~10	手指关节与手掌感觉痛，手已难以脱离带电体，但仍能脱离带电体	灼热增加
20~25	手指感觉剧痛，迅速麻痹，不能摆脱带电体，呼吸困难	灼热更增，手的肌肉开始痉挛，但还可以脱离带电体
50~80	呼吸麻痹，心室开始震颤	强烈灼痛，手的肌肉痉挛，呼吸困难
90~100	呼吸麻痹，持续3 s或更长时间后心脏麻痹或心房停止跳动	呼吸麻痹
500 以上	延续1 s以上有死亡危险	呼吸麻痹，心室震颤、停止跳动

（2）安全电流值

从表7-1-7中可以看出，当作用于人体的电流，交流为50~60 Hz、10 mA，直流为50 mA时，人手仍能脱离带电体，无生命危险，故可把交流电50~60 Hz、10 mA及直流电50 mA确定为人体的安全电流值。当通过人体的电流低于这个数值时，一般人体是不会受到伤害的。但是，如果电流长时间流过人体，再加上别的不利因素，那么人体也就可能不安全了。

从表7-1-7中也可以看出，100 mA（工频）的电流通过人体3 s，就可能使心跳、呼吸停止。在进行电力作业时，人体误触碰运行中带电的电气设备，通过人体的电流会高达人体安全电流值的几百甚至几千倍。因此，电力工作人员在操作时，一定要高度警惕，千万不要直接接触带电设备，以防发生触电事故。

2. 安全电压

在各种不同环境条件下，人体接触到有一定电压的带电体后，其各部分组织（如皮肤、心脏、呼吸器官和精神系统等）不发生任何损害，该电压称为安全电压。它是为了防止触电事故而采用的特定电源的电压系列，是制订安全措施的依据。

（1）确定安全电压的依据

安全电压是以人体允许通过的电流与人体电阻的乘积来表示的。一般情况下，人体的允许电流可以看成是受电击后能摆脱带电体而解除电危险的电流。人体电阻随条件不同而在很大范围内变化：人体接触电压时，随着电压的升高，人体的电阻会下降；人体接触高压时，皮肤因击穿而破裂，人体电阻也会急剧下降。通常，低于 40 V 的对地电压可视为安全电压。国际电工委员会规定接触电压的限定值（相当于安全电压）为 50 V，并规定在 25 V 以下时，不需要考虑防止电击的安全措施。接触电压的限定值 50 V 就是根据 30 mA 人体允许电流和 1 700 Ω 人体电阻的条件下确定的。也就是说，安全电压系列的上限值决定了，在正常工作或故障情况下，两导体间或任一导体与地之间的电压均不得超过电流（50~500 Hz）有效值 50 V。

（2）安全电压等级

根据我国具体条件和环境，我国规定的安全电压等级是 42 V、36 V、24 V、12 V、6 V 额定值 5 个等级。当电气设备的额定电压超过 24 V 安全电压等级时，应采取直接接触带电体的保护措施，如表 7-1-8 所示。

表 7-1-8　安全电压的等级及选用举例

安全电压（交流有效值）		选用举例
额定值/V	空载上限值/V	
42	50	在触电危险的场所使用的手持式电动工具等
36	43	在矿井、多导电粉尘等场所使用的行灯等
24	29	可供某些人体可能偶然触及带电体的设备选用
12	15	
6	8	

（3）安全电压的选用

电气设备的安全电压应根据使用场所、操作人员条件、使用方式、供电方式和线路状况等多种因素进行选用。我国对此还无具体规定，一般可结合实际情况选用。目前，我国采用的安全电压多为 36 V 和 12 V。发电厂生产场所及变电站等处使用的行灯电压一般为 36 V，在比较危险的地方或工作地点狭窄、周围有大面积接地体、环境湿热场所，如电缆沟、煤斗、油箱等地，所用行灯电压不准超过 12 V，其他情况下的安全电压可参照表 7-1-9 选用。

表 7-1-9　电压等级对人体的影响

电压/V	对人体的影响	电压/V	对人体的影响
20	湿手的安全界限	100~200	危险性急剧增大
30	干燥手的安全界限	200~3 000	人生命发生危险
50	人生命无危害的界限	3 000 以上	人体被带电体吸引

　　最后需要指出的是，不能认为这些电压就是绝对安全的，如果人体在汗湿、皮肤破裂等情况下长时间触及电源，也可能发生电击伤害。

　　我国电力用电标准是，三相四线制和单相制，即工业 380 V×3+零线，民用 220 V(火线+零线)。

学生互动

提问：

1. 为什么要安全用电？
2. 电流对人体的伤害有哪些？
3. 安全电压和安全电流是多少？
4. 什么是电击？
5. 我国的安全电压等级是多少？分别是哪些？

思考与练习

1. 我国的电力用电标准是什么？
2. 人体触及带电体时，电流通过人体，对人体造成伤害，其伤害的形式主要有哪几种？

单元2　防止触电的措施

学习目标

◆了解人体触电的方式。

◆掌握防止人体触电的技术措施。

◆掌握电气设备安全运行知识。

观察思考

图 7-2-1 所示是什么标志？

图 7-2-1　标志图

想 一 想

有个钓鱼人在高压电线下钓鱼，一不小心把渔线甩到高压线上去了，顿时，只听一声巨响，一团火光出现，钓鱼人触电身亡，被电击成一团，人烧焦了，地上还有一个大坑，现场惨不忍睹，这是一起触电的事故。怎样避免触电呢？我们必须掌握安全用电，懂得安全用电操作知识。现在，我们来学习这方面的知识。

一、人体触电方式

人体是导电体，一旦有电流通过时，将会受到不同程度的伤害。由于触电的种类、方式及条件的不同，受伤害的后果也不一样。

1. 单相触电

这是常见的触电方式。人体的某一部分接触带电体的同时，另一部分又与大地或中性线相接，电流从带电体流经人体到大地（或中性线）形成回路，如图 7-2-2 所示。单相触电的危险程度与电压的高低、电网的中性点是否接地、每相对地电容量的大小有关。

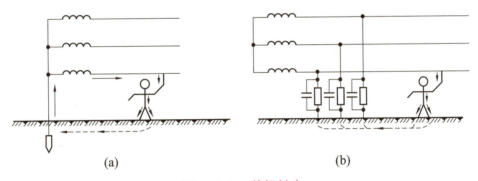

(a)　　　　　　　　　　　(b)

图 7-2-2　单相触电

（a）中性点直接接地；（b）中性点不直接接地

2. 两相触电

人体的不同部分同时接触两相电源时造成的触电，如图 7-2-3 所示。对于这种情况，无论电网中性点是否接地，人体所承受的线电压都比单相触电时高，危险更大。

3. 跨步电压触电

雷电流入地或电力线（特别是高压线）断散到地时，会在导线接地点及周围形成强电场。当人、畜跨进这个区域，两脚之间出现的电位差称为跨步电压 U_{st}。在这种电压作用下，电流从接触高电位的脚流进，从接触低电位的脚流出，从而形成触电，如图 7-2-4（a）所示。跨步电压的大小取决于人体站立点与接地点的距离，距离越小，其跨步电压越大。当距离超过 20 m（理论上为无穷远处）时，可认为

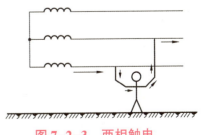

图 7-2-3　两相触电

跨步电压为零，不会发生触电危险。

4. 接触电压触电

电气设备由于绝缘损坏或其他原因造成接地故障时，如人体两个部分(手和脚)同时接触设备外壳和地面时，人体两部分会处于不同的电位，其电位差即为接触电压。由接触电压造成的触电事故称为接触电压触电。在电气安全技术中接触电压是以站立在距漏电设备接地点水平距离为 0.8 m 处的人，手触及的漏电设备外壳距地 1.8 m 高时，手脚间的电位差 U_T 作为衡量基准，如图 7-2-4(b)所示。接触电压值的大小取决于人体站立点与接地点的距离，距离越远，则接触电压值越大；当距离超过 20 m 时，接触电压值最大，即等于漏电设备上的电压 U_{Tm}；当人体站在接地点与漏电设备接触时，接触电压为零。

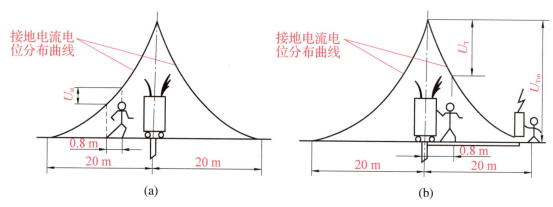

图 7-2-4　跨步电压触电和接触电压触电
(a)跨步电压触电；(b)接触电压触电

5. 感应电压触电

感应电压触电是指当人触及带有感应电压的设备和线路时所造成的触电事故。一些不带电的线路由于大气变化(如雷电活动)，会产生感应电荷，停电后一些可能感应电压的设备和线路如果未及时接地，则这些设备和线路对地均存在感应电压。

6. 剩余电荷触电

剩余电荷触电是指当人体触及带有剩余电荷的设备时，对人体放电造成的触电事故。带有剩余电荷的设备通常含有储能元件，如并联电容、电力电缆、电力变压器及大容量电动机等，在退出运行和对其进行类似摇表测量等检修后，会带上剩余电荷。因此，要及时对其放电。

二、防止人体触电的技术措施和电气设备安全运行知识

当电器设备的金属外壳因绝缘损坏而带电时，并无带电特征，人们不会对触电危险有什么预感，这时往往容易发生触电事故。但是只要掌握了电的规律并采取相应的措施，很多触电事故都是可以避免的。

人身触电事故的发生一般有以下两种情况：一是人体直接触电或靠近电气设备的带电部

分；二是人体触碰平时不带电、因绝缘损坏而带电的金属外壳或金属构架。为了防止人身触电事故，除思想上重视、认真执行《电业安全工作规程》之外，还应该采取必要的技术措施，不直接触及带电设备。使用绝缘防护用具时，必须做到使用合格的绝缘用具，并掌握正确的使用方法。

1. 电气设备安全运行措施

①必须严格遵守操作规程，合上电流时，先合隔离开关，再合负荷开关；分断电流时，先断负荷开关，再断隔离开关。

②电气设备一般不能受潮，在潮湿场合使用时，要有防雨水和防潮措施。电气设备工作时会发热，应有良好的通风散热条件和防火措施。

③所有电气设备的金属外壳应有可靠的保护接地。电气设备运行时可能会出现故障，所以应有短路保护、过载保护、欠电压和失电压保护等保护措施。

④凡有可能被雷击的电气设备，都要安装防雷措施。

⑤对电气设备要做好安全运行检查工作，对出现故障的电气设备和线路应及时检修。

2. 安全操作知识

①在进行电工安装与维修操作时，必须严格遵守各种安全操作规程，不得玩忽失职。

②在进行电工操作时，要严格遵守停、送电操作规定，确实做好突然送电的各项安全措施，不准进行约时送电。

③在邻近带电部分进行电工操作时，一定要保持可靠的安全距离。

④严禁采用一线一地、两线一地、三线一地（指大地）安装用电设备和器具。

⑤在一个插座或灯座上不可引接功率过大的用电器具。

⑥不可用潮湿的手去触及开关、插座和灯座等用电装置，更不可用湿抹布去揩抹电气装置和用电器具。

⑦操作工具的绝缘手柄、绝缘鞋和手套的绝缘性能必须良好，并定期检查。登高工具必须牢固可靠，也应定期检查。

⑧在潮湿环境中使用移动电器时，一定要采用 36 V 安全低压电源。在金属容器内（如锅炉、蒸发器或管道等）使用移动电器时，必须采用 12 V 安全电源，并应有人在容器外监护。

⑨发现有人触电，应立即断开电源，采取正确的抢救措施抢救触电者。

学生互动

提问：

1. 影响电流对人体伤害程度的主要因素有哪些？
2. 什么是单相触电？
3. 什么是两相触电？
4. 什么是接触电压触电？

思考与练习

1. 安全操作知识有哪些？

2. 电线掉水里，水里有电，有人落水里，可以直接下水搭救吗？应该怎样做最好？

3. 有人触电怎么办？

单元3 新能源汽车的安全用电常识

学习目标

◆了解新能源汽车触电的方式。

◆掌握防止维修新能源汽车触电的技术措施。

◆掌握新能源汽车设备安全运行知识。

◆能了解新能源汽车的高压系统电压等级及防护标准。

◆能正确识别和使用新能源汽车个人及车间防护用具。

观察思考

图7-3-1所示是什么标志？

图7-3-1　高压电标志

想 一 想

新能源汽车为什么有高压电？怎样避免触电呢？我们必须掌握新能源汽车维修安全用电，懂得安全操作知识。现在，我们来学习这方面的知识。

一、个人防护用具

具有高电压系统是新能源汽车与传统汽车的最大区别之一。新能源汽车电压等级可高达 200~650 V。如此高的电压，在带电作业时如果防护不当，将会引起触电事故。

在中华人民共和国国家标准 GB/T 18384.3—2020 电动汽车安全要求第 3 部分的人员触电防护标准中，车辆电压在直流 60 V 以上、交流 30 V 以上，必须为人员提供触电防护。新能源汽车电压等级如表 7-3-1 所示。

表 7-3-1   新能源汽车电压等级

电压等级	最大工作电压	
	直流/V	交流/V
A	$0<U\leqslant60$	$0<U\leqslant30$
B	$60<U\leqslant1\,500$	$30<U\leqslant1\,000$

在车辆系统中，高压系统线束和插头均为橙色，在带电作业时必须采取防护措施。

新能源汽车常用的个人高压防护用具有绝缘手套、绝缘鞋、绝缘靴、绝缘服、防护眼镜、绝缘帽等，如图 7-3-2 所示。

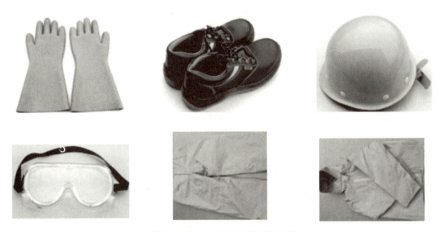

图 7-3-2   高压防护用具

1. 绝缘手套规定标准

带电作业用绝缘手套规定标准如表 7-3-2 所示。

表 7-3-2   带电作业用绝缘手套规定标准

电压级别	适用小于电压/V
0	380
1	3 000
2	10 000

续表

电压级别	适用小于电压/V
3	20 000
4	35 000

新能源汽车用绝缘手套耐压等级需在 1 级以上。绝缘手套使用时要先进行测漏检查。

2. 防护眼镜

防护眼镜可防止腐蚀液体或电弧伤害眼睛。

3. 绝缘鞋

绝缘鞋可防止高压电通过大地与人体形成导电回路。

4. 绝缘帽

绝缘帽可防止头部触碰到高压电。

5. 绝缘服

绝缘服可防止身体触碰到高压电。

二、车间防护设备

新能源汽车常用的车间防护设备主要有防静电工作台、绝缘胶垫、隔离带、车间警示标志、灭火器等，如图 7-3-3 所示。

1. 防静电工作台

在对新能源汽车电力电子部件或总成进行检测时，防静电工作台可防止静电击穿电力电子元器件。

图 7-3-3　车间防护设备

2. 绝缘胶垫

绝缘胶垫具有较大的电阻率，耐电击穿，用于配电等工作场合的台面或铺地绝缘材料，起到绝缘的作用。

3. 隔离带

隔离带是将车辆高压电气系统的作业场地隔离，防止其他人员随意进入，起到隔离和警示的作用。

4. 车间警示标志

车间警示标志用以提醒人员电气设备高压危险。

5. 干粉灭火器

干粉灭火器使用方便、有效期长，一般家庭使用的灭火器都是这一类型。它适用于扑救各种易燃、可燃液体和易燃、可燃气体火灾，以及电器设备火灾。干粉灭火器使用方法如图 7-3-4 所示。

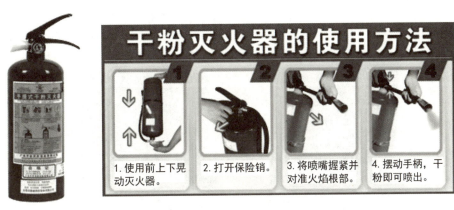

图 7-3-4　干粉灭火器使用方法

6. 二氧化碳灭火器

二氧化碳灭火器灭火性能高、毒性低、腐蚀性小、灭火后不留痕迹，使用比较方便。它适用于各种易燃、可燃液体和可燃气体火灾，还可扑救仪器仪表、图书档案和低压电器设备以及 600 V 以下的电器初期火灾。二氧化碳灭火器使用方法如图 7-3-5 所示。

图 7-3-5　二氧化碳灭火器使用方法

三、新能源汽车火灾急救措施

新能源汽车火灾是指纯电动汽车、油（气）电混合动力汽车、插电式混合动力汽车及其他新能源汽车，由于发生交通事故、自身设备故障或引燃等原因，导致车辆起火，造成人员伤亡和财产损失的灾害。新能源汽车火灾急救措施有以下3点。

①当新能源汽车发生火灾时，应及时报警并根据现场情况帮助救助被困人员。

②如果火势处于初期阶段，且有被困人员时，可使用干粉灭火器对火势进行压制。

③当无被困人员时，可使用干粉灭火器或二氧化碳灭火器对火势进行压制。

四、绝缘工具及安全使用

1. 绝缘工具定义

绝缘工具是指可在额定电压 1 000 VAC（交流电压）和 1 500 VDC（直流电压）的带电和静电工件或器件上进行维修作业的手工工具，绝缘工具组合工具如图 7-3-6 所示。

图 7-3-6 绝缘工具组合工具

2. 绝缘工具依据的标准

国际电工委员会 IEC 60900—2012《耐压最高为 1 000 V AC 和 1 500 V DC 的带电作业绝缘用手工工具》。国家标准 GB/T 18269—2008《交流 1 kV、直流 1.5 kV 及以下等级带电作业用绝缘手工工具》。

3. 绝缘工具使用注意事项

①绝缘工具应避免高温烘烤，以防手柄或绝缘层变形。

②在使用或存放绝缘工具时应避免利器割裂绝缘层。

③在佩戴绝缘手套时，先戴一副面纱手套用以吸附手汗，操作时在绝缘手套外加戴一副帆布手套或羊皮手套，以防导线或电缆的断口划破绝缘手套，从而导致电击。

④避免绝缘工具接触油类或溶剂类液体。

⑤绝缘工具应定期进行耐压试验。

学生互动

提问：

　　1. 新能源汽车高压最高达多少伏?

　　2. 绝缘方式有哪些?

　　3. 维修新能源汽车要准备灭火器吗?

　　4. 绝缘手套耐压要多少伏?

思考与练习

　　1. 什么是绝缘工具?

　　2. 二氧化碳灭火器适合什么场所使用?

参 考 文 献

[1] 侯丽春，赫俊. 汽车电工电子技术[M]. 北京：机械工业出版社，2021.

[2] 王瑜. 新能源汽车电力电子技术[M]. 北京：高等教育出版社，2020.

[3] 刘冰，韩庆国. 汽车电工电子技术基础[M]. 北京：人民邮电出版社，2013.

[4] 申荣卫. 混合动力汽车拆装与检测[M]. 北京：机械工业出版社，2019.

[5] 罗富坤，王彪. 汽车电工电子技术基础[M]. 北京：机械工业出版社，2015.